Jörn Morisse, Rasmus Engler

Wovon lebst du eigentlich?

SERIE PIPER

Zu diesem Buch

In der Kulturwirtschaft sind unter den Erwerbstätigen die Selbständigen mittlerweile die wichtigste Triebfeder für die Wachstumsdynamik. Aber wie finanziert man eigentlich ein kreatives Leben jenseits der Festanstellung? Trotz guter Ausbildung leben viele Freiberufler unterhalb des Existenzminimums und sind auf immer neue Strategien angewiesen, ihren Lebensunterhalt zu bestreiten und dennoch ihre künstlerische Freiheit zu bewahren. Zwischen nervenden Nebenjobs und dem existenziellen Streben nach Selbstverwirklichung sind unterschiedliche Lebensentwürfe entstanden. Jörn Morisse und Rasmus Engler befragen in diesem Buch zwanzig Kulturschaffende wie den Maler Jonas Burgert, den Übersetzer Harrry Rowohlt oder Autoren wie Kathrin Passig und Bernd Cailloux zu ihrer wirtschaftlichen Situation, zu ihren Netzwerken, zu Erfolg, Selbstausbeutung und Begriffen wie »sozialem Kapital«. Herausgekommen ist ein Buch, das offen und ehrlich eine der häufigsten Fragen unserer Zeit beantwortet: Wovon lebst du eigentlich?

Jörn Morisse, geboren 1969, studierte Kulturwissenschaft und Amerikanistik und lebt als freier Lektor und Übersetzer in Berlin. Er ist Mitbegründer und Geschäftsführer der Zentralen Intelligenz Agentur, die als virtuelle Firma an der Schnittstelle von Journalismus, Wirtschaft, Wissenschaft und Kultur tätig ist.

Rasmus Engler, geboren 1979, schreibt als freier Autor für Intro, Konkret und Zünder. Außerdem ist er Schlagzeuger bei den Bands Gary und Herrenmagazin sowie Gitarrist bei Das Bierbeben und Dirty Dishes. Er lebt in Hamburg.

Jörn Morisse
Rasmus Engler

Wovon lebst du eigentlich?

Vom Überleben in prekären Zeiten

Mit 20 Schwarzweißfotos

Piper München Zürich

Mix
Produktgruppe aus vorbildlich bewirtschafteten
Wäldern und anderen kontrollierten Herkünften
www.fsc.org Zert.-Nr. GFA-COC-1223
© 1996 Forest Stewardship Council

FSC

Originalausgabe
Oktober 2007

Umschlag: Büro Hamburg, Heike Dehning, Stefanie Levers
Bildredaktion: Alke Bücking, Charlotte Wippermann, Daniel Barthmann
Umschlagabbildung: Martin Baaske
Autorenfotos: privat
Satz: Filmsatz Schröter, München
Papier: Munken Print von Arctic Paper Munkedals AB, Schweden
Druck und Bindung: Clausen & Bosse, Leck
Printed in Germany ISBN 978-3-492-25065-8

www.piper.de

Inhalt

Zum Geleit

»Künstler sind in der Regel arm. Das war schon vor 100 Jahren so. Trotzdem ist der Beruf des Künstlers seit den 1980er-Jahren der Traumberuf vieler junger Leute. Die Anzahl der Beschäftigten im deutschen Kunst- und Kulturbereich ist in den letzten 15 Jahren um 30 Prozent gestiegen. Ihr Einkommen allerdings nicht«, konstatiert der Kunsthistoriker Christian Saehrendt. Dass es bei bescheidenen Verdienstaussichten ständig mehr werden, beweisen die Zahlen der Künstlersozialkasse (KSK), in der sich freiberufliche Künstler und Publizisten mittels staatlicher Zuschüsse günstig kranken- und rentenversichern können. 2006 waren über 154 000 Deutsche in der KSK gemeldet, mehr als dreimal so viele wie noch Anfang der Neunzigerjahre. Durchschnittlich verdient der typische freie Kulturschaffende 10 814 Euro im Jahr, der Berufsanfänger 7751 Euro, so die Statistik.

Die Lebenswirklichkeit hinter diesen Zahlen bleibt oft ausgeblendet. Dabei besteht darin die eigentliche lebenstaktische Kunst hinter der Kunst: die eigenen Produktions- und Existenzbedingungen wirtschaftlich so auszubalancieren und über Brotjobs und Nebeneinkünfte querzusubventionieren, dass daraus eine selbsttragende und nachhaltige Angelegenheit wird.

Wir haben ausgewählte Protagonisten aus Musik, Kunst, Literatur, Film und Modedesign unter anderem nach Arbeitspraxis und -bedingungen, individuellen Selbstbehauptungsmöglichkeiten, Lebensführung zwischen Arbeits- und Privatsphäre und nicht zuletzt nach dem bisherigen Berufs- und Lebensverlauf befragt. Welche Mischkalkulation ermöglicht dem Selbstständigen im Kunst- und Kulturbetrieb seine künstlerische Freiheit? Wie steht es um Versicherung, Familienplanung und Urlaub, wenn sich Leben, Kunst und Arbeit vereinigen? Und was verdient man eigentlich so als Schriftsteller?

In zwanzig Gesprächen forschen wir vor allem nach den ökonomischen Bedingungen, unter denen heutzutage Kunst produziert wird – speziell im Segment der nicht arrivierten und außerhalb öffentlicher Institutionen und Fördermaßnahmen stattfindenden Kulturproduktion. In vielen Interviews wird klar: Selbstbestimmung und der Versuch, einer entfremdeten Arbeit zu entgehen, kann auch Selbstausbeutung bedeuten. Einige unserer Gesprächspartner leben unter mangelhaftem sozial- und arbeitsrechtlichen Schutz und unter der Bedrohung durch materielle Armut. Insofern sind Gemeinsamkeiten dieses kleinteiligen Wirtschaftszweigs mit anderen Prekarisierten durchaus vorhanden.

In »Wovon lebst du eigentlich?« geht es aber nicht in erster Linie um schlecht oder gut bezahlte Jobs, Hartz IV, Ein-Euro-Fronarbeit oder gut ausgebildete Akademiker, die sich von Praktikum zu Praktikum hangeln. Unsere Protagonisten haben sich entschieden, ihren Leidenschaften zu folgen, selbstständig künstlerisch tätig zu sein und das Beste aus den sich verändernden gesellschaftlichen Bedingungen zu machen, in denen das Normalarbeitsverhältnis ständig an Bedeutung verliert.

Auch sind Künstler, freiberuflich tätige Kulturschaffende, immer Unternehmer in eigener Sache. Den gleichen Stellenwert wie das Album, der Film oder das Bühnenstück selbst hat die Abwägung, wie viel Arbeit man investiert, wie hoch die Studiokosten sind, die Büromiete, ob man vielleicht auf andere Einnahmequellen zurückgreifen muss.

Wir möchten die Überlebensstrategien von freiberuflichen Künstlern mit Geschichten aus dem wahren Leben belegen. Neben finanziellen Balanceakten interessiert uns dabei auch die innere Zerrissenheit, der sich ein Künstler in prekären Zeiten aussetzt. Wir fragen nach Euphorien, Ängsten und eventuell neu entdeckten Qualitäten, die entstehen, wenn man sich entschließt, für und von seiner Kunst zu leben. Denn so wichtig der ökonomische Balanceakt ist, bleibt er stets Mittel zum Zweck einer Produktion von Inhalten, die fremden und eigenen Ansprüchen gerecht werden muss.

Der Schriftsteller Wolfgang Herrndorf veranschaulicht den

immerwährenden Angriff auf die ganze Persönlichkeit folgendermaßen: »Wenn ein Maurer eine schlechte Mauer mauert, dann ist das Pfusch am Bau, und man muss die einreißen, oder er wird zur Rechenschaft gezogen, oder das Geld wird gekürzt. Aber es gibt keinen Maurer, der nicht insgeheim weiß, dass er eine tragende Mauer hochziehen kann, wenn er sich bemüht. Als Schriftsteller weiß man das nie so genau, da ist man immer sofort als Person infrage gestellt.«

Denn eine kreative Arbeit ist kein Job, der getan werden muss und getrennt ist vom restlichen Leben. Als Entschädigung für etwaige finanzielle Miseren und mittelmäßigen Erfolg gibt es lediglich das ambivalente Gefühl zu verdienen, die Zeit mit seiner Herzensangelegenheit zu verbringen. In dem Interview mit der Journalistin Nic Koskowski heißt es beispielsweise: »Wenn aber jemand sagt, ich möchte eine Arbeit machen, mit der ich mich weitestgehend identifizieren kann, ich will keinen Chef haben, der mir über die Schulter guckt, und es ist mir egal, wenn ich mal zwei Wochen lang nur Nudeln mit Sojasauce essen muss – o.k., dann mach das. Eingeschränkt empfehlenswert.« Diese Aussage redet nicht einem neuen Modell des selbstständigen und flexiblen Arbeitsethos im Sinne der Marktgesetzlichkeiten das Wort, sondern steht für den Wunsch, sich selbstbestimmt in seiner Arbeit ein hohes Maß an persönlicher Freiheit und Kreativität zu erhalten.

Unsere Gespräche zeigen, dass diese Ansprüche unseren Protagonisten auch die Möglichkeit geben, sich den Zumutungen des Marktes ein Stück weit zu verweigern. Ihre Erfahrungen sind dabei exemplarisch für viele Freiberufler in Deutschland, deren kreatives Potenzial ihre einzige Altersversorgung sein wird.

Insgesamt bietet sich in »Wovon lebst du eigentlich?« ein differenziertes und zwiespältiges Bild von Chancen und Risiken künstlerischer selbstständiger Arbeit. Man muss Geduld und Mut mitbringen, um als Filmemacher, Schriftsteller, Musiker, DJ, Modedesigner oder Labelmacher zu reüssieren: »Ich glaube, man braucht, wenn man selbstständig sein will, as opposed to fest angestellt, eine gewisse Gemütsruhe. Man darf nicht nachts wach liegen, weil man überlegt, ob das wohl in Zukunft so weitergeht«, sagt die Autorin Kathrin Passig.

Oft stellt sich Erfolg, wenn überhaupt, erst nach jahrelanger Investition von Zeit, Geld und Nerven ein. Dementsprechend ist die Identifikation mit der Arbeit so hoch, dass sie die gesamte Lebensführung dominiert. Nicht jeder bringt solche Voraussetzungen für seine Profession mit wie Nagel, Sänger der Band Muff Potter, der sagt: »In meinem Leben gibt es überhaupt keine Regelmäßigkeit, auch langfristig nicht. Und deswegen rede ich auch immer von der Band. Ich kann nicht unterscheiden zwischen Beruf und privat. Ich habe kein Privatleben. Ich muss sogar so weit gehen, Privatleben interessiert mich manchmal gar nicht.«

In diesem Gespräch wird deutlich, wie sehr die Kunst die Identität bestimmt und Selbstvergessenheit generiert: Man kann eigentlich nur das mit gutem Gewissen tun, was man aus eigenem Denken und eigener Kreativität heraus erschaffen hat. In der selbst gewählten Position liegt damit einerseits das Potenzial für eine subjektiv befriedigende Karriere, andererseits jedoch das permanente Risiko des Scheiterns. Unser Buch soll zeigen, wie man trotz prekärer Lage den Mut findet, Zukunftsprojekte zu entwerfen, um die Gestaltungsmacht für eine glückliche Gegenwart sich nicht aus der Hand nehmen zu lassen.

Sport

Musikgruppe

»Wir waren schon immer Prekariat«

Die Gruppe Sport wurde 1996 in Hamburg von Gitarrist und Sänger Felix Müller (Jahrgang 1973), Bassist Christian Smukal (Jahrgang 1970) und Schlagzeuger Martin Boeters (Jahrgang 1972) gegründet. 2006 erschien nach längerer Veröffentlichungspause das zweite Album »Aufstieg und Fall der Gruppe Sport« bei dem Hamburger Label Strange Ways Records. Müller spielt zudem Gitarre bei der Band Kante. Smukal ist Inhaber des Musikinstrumentenladens Rückkopplung und Organist bei dem Folk-Pop-Duo Künnecke und Smukal. Boeters verdingt sich als Pizza-Taxi-Fahrer und als Live-Mischer im Kleinst-Club Astra-Stube.

Wisst ihr, wo die offizielle Armutsgrenze dieses Landes liegt?
Felix: Nein. Manchmal lese ich was und denke, das betrifft mich auch.
Christian: Bestimmt weit über meinem Verdienst. Ich schätze, sie liegt bei 1250 Euro.

Nach UN-Definition berechnet sich die Armutsgrenze aus sechzig Prozent des mittleren Einkommens. In Deutschland liegt sie also bei 938 Euro.
Christian: Hin und wieder liege ich noch darunter. Das ist nicht wirklich viel.
Felix: Wirklich wenig ist es auch nicht. Wenn ich überlege, was ich mit dem Kram verdiene, den ich mache.
Martin: Richtig. Da sind 940 Euro eigentlich 'ne ganze Menge Geld.

Eure letzte Platte trägt den Titel »Aufstieg und Fall der Gruppe Sport«. Spielt ihr damit auch auf das finanzielle Auf und Ab der Gruppe Sport an?
Felix: Auf der Platte geht es generell um Höhenunterschiede. Oben und unten, aufwärts und abwärts. Ohne Wertung. Eher eine Betrachtung des Weges hinab zum Beispiel. Es ist wohl auch in die Platte hineingeflossen, dass wir persönlich auch auf niedrigem Level leben, aber dass wir damit klarkommen und eigentlich ganz glücklich sind.

Weil man gewisse Konventionen hinter sich gelassen hat?
Christian: Ich glaube, man schlittert da eher rein. Bei mir war es zumindest keine bewusste Entscheidung, zwölf Jahre lang wenig Geld zu verdienen, keine Rentenbeiträge zu haben. Irgendwann bestimmt es sich selbst. Dann merkst du plötzlich, dass du sechs Jahre nicht im Urlaub warst. – Diese finanzielle Situation ist grundsätzlich ein Nachteil. Wenn ich mich mit meinem Bruder vergleiche, der zwei Jahre jünger ist als ich, wie viel Geld der im Monat verdient, da wird mir wirklich schlecht. Wie viel Geld da auch übrig bleibt. Und der kauft sich nicht einmal Gitarren oder Platten.

Fragt ihr euch manchmal, wie lange das noch gut gehen kann?
Christian: Wir haben ja nichts mit straighten Karriereplänen zu tun. Das ist für andere Leute.
Felix: Es gibt auf der Platte das Stück »Ein Ende«, da löst eine Band sich auf. Ausschlaggebend ist in diesem Fall die Plattenfirma, die sagt, das läuft nicht mehr richtig, und noch eine Platte machen wir nicht mit euch. Die Band sagt sich, dann ist es vielleicht mal gut. Und dann machen sie eben alle etwas anderes. Das war inspiriert von der Geschichte der Gruppe Tar. Die haben in den Neunzigern als sechste Platte eine LP namens »Over and Out« auf Touch & Go herausgebracht, deren ganz klare Ansage war: »Das war eine tolle Zeit, wir hatten immer viel Spaß, aber wir haben uns gedacht, dass wir auch mal was

anderes machen könnten.« Also haben sie aufgehört. Sehr rechtschaffen.

Christian: Wer zwingt dich denn, die Band weiterzumachen?

Felix: Ihr.

Christian: Ich mach' mir um unsere Zukunft jedenfalls keine Sorgen.

Martin: Ich mache mir wöchentlich Sorgen um meine Zukunft. Ich spare mir seit acht Jahren die Krankenversicherung und habe nur ein Zimmer zur Miete in einer WG. Ich würde mich jetzt nicht als arm bezeichnen. Es reicht zwar nicht für ein Paar Schuhe extra, aber zum Essen und Trinken schon gerade noch. Eine Familie könnte ich nicht ernähren.

Felix: Das muss ja keiner von uns.

Martin: Es kann aber schnell passieren. Und dann muss man sich schon ein paar Gedanken machen.

Christian: Richtig schlimm wird es erst, wenn man anfängt, Schulden anzuhäufen. Wenn man seinen Dispo ausreizt, wenn du das wenige Geld, das du verdienst, nur noch in die Schuldentilgung reinhauen musst, dann muss sich was ändern. Und selbst dann wird oft einfach weitergemacht. Manchmal steht man einfach so an der Wand, alles drückt finanziell, dass man nicht mehr weiß, was man machen soll. Es kommen nur Rechnungen, alle wollen sie Kohle von dir. Der Witz ist, dass eine Heizkostenabrechnung oder eine Stromvorauszahlung über Leben und Tod deines Kontos entscheiden können.

Martin: Noch schlimmer ist es, wenn dir Telefon und Internet-Anschluss abgestellt werden, du aber leider von Telefon und Internet abhängig bist, um dein Geld zu verdienen, weil mal 50 Euro gefehlt haben für die Rechnung.

Christian: Das geht doch schon bei fünf Euro los. Und du bekommst ja einfach keinen Pfennig. Der Dispo kann nicht erhöht werden, weil man kein verwertbares Einkommen hat.

Felix: Vor allem kein regelmäßiges Einkommen. Es kommt ein paar Monate nichts rein, dann macht man eine Tour oder bekommt eine Auszahlung, beispielsweise von der GEMA, und auf einen Schlag sind da tausend oder zweitausend Euro.

Christian: Aber das interessiert bei den deutschen Banken nie-

manden. Wer ein regelmäßiges Einkommen hat, darf sich schön in die Schuldenfalle reinbugsieren. Und die machen nicht mal Musik, die kaufen sich Ikea-Möbel davon. Diese Leute sind keinesfalls Kulturschaffende.
Martin: Reden wir jetzt über die Band oder darüber, wie wir sonst unseren Lebensunterhalt bestreiten müssen? Was die Band betrifft, haben wir einen ziemlich guten Schritt gemacht. Das fühlt sich schon sehr gut an. Unser Bandkonto ist im Plus. Meines nicht.

Das lässt sich doch nicht trennen, oder? Zumal sich ja die Frage stellt, ob du ohne die Band auch so leben würdest.
Martin: Die Band ist mir so wichtig, dass ich dieses Leben so weiterführe. Natürlich wüsste ich, wie ich mich ernähren würde, aber ich wüsste nicht mehr, warum ich das so machen soll. Wenn ich die Band nicht hätte, dann wäre das etwas sinnlos. *(überlegt)* Vielleicht würde ich wieder mehr Fußball spielen. Mit 35 als Quereinsteiger noch eine Profifußball-Karriere. Nein, das ist Quatsch! Musik machen ist doch das Wichtigste. Und zwar nicht nur der Ton-Job in der Astra-Stube, sondern selber machen.
Christian: Was du in der Astra-Stube machst, kann man doch kaum als Job bezeichnen, früher nannte man das Nachbarschaftshilfe! Wenn man sich anguckt, welchen Stundenlohn ein Handwerker bekommt, und du stehst da den ganzen Abend hinterm Pult für nicht mal zehn Prozent davon! Das ist ja gerade mal eine Aufwandsentschädigung. Das ist eine Kette, die sich fortsetzt. Die Veranstalter können nichts an die Bands zahlen, die Bands können nichts an den Mischer zahlen und so weiter. Die Einzigen, die immer Geld bekommen, sind die Leute, die was vermieten. Da habe ich mich auf die richtige Seite gestellt.
Martin: Das ist schlicht ein Job, den ich nur aus Bock mache. Eigentlich bekomme ich da noch weniger als beim Pizza-Taxi Fahren. Da habe ich einen Stundenlohn von 5,50 Euro fest plus Trinkgeld. Wenn ich den Lohn in der Astra-Stube runterrechne, bleibt mir nicht einmal das.
Felix: Das ist eben das Prinzip, wenn es funktionieren soll. So

wie unser Mischer kaum Geld von uns bekommen hat, weil es sonst nicht hätte weitergehen können, bekommst du in dem Laden eben nur einen Bruchlohn.
Christian: Das ist ein typischer Fall von Selbstausbeutung. Aber ich beute mich doch lieber selbst aus, als dass ich mich ausbeuten lasse. Mal ganz abgesehen von den beschissenen Arbeitszeiten, machst du ja alles nur für irgendeinen Chef.

Spielt das eine Rolle für den Lebensentwurf, dass man nur Eigenverantwortung übernehmen muss?
Felix: Bei meiner zweiten Band Kante spielen zwei Leute mit, die Kinder haben. Da geht es auch irgendwie. Beide Elternteile arbeiten, damit es funktioniert. Unter Umständen macht man sich dann generelle Gedanken, was einen Lebensentwurf betrifft. Viele Leute aus dem Bekanntenkreis machen sich ja keinen direkten Lebensplan.
Christian: Weil es um andere Sachen geht. Ich hätte damals die Möglichkeit gehabt, Karriere zu machen, habe mich aber dagegen entschieden. Ich hätte Richtung Abteilungsleiter weitermachen können und irgendwann mal ein Haus leiten können. Mein damaliger Mit-Azubi ist diesen Weg gegangen. Dafür spielt er nicht mehr in einer Band. Man kann nicht in einer Band spielen und berufliche Karriere machen, das geht nicht. Dafür frisst eine halbprofessionelle Band wie Sport zu viel Zeit. Wie viele 35-Jährige gibt es in Hamburg, die in einer Band spielen, die mehr als zwanzig Tage im Jahr auf Tour ist? Das sind doch keine sechzig Leute. Vielleicht sind wir ja auch einfach selber schuld. Man hätte ja auch die tolle Abteilungsleiterkarriere machen können. Aber ich bezweifle, dass es dann mit der Band noch funktioniert hätte.
Felix: Aber du hast es ja nicht nur wegen der Band nicht gemacht, oder?
Christian: Ich hatte vor allem keinen Bock mehr auf Kaufhaus.
Felix: Christian war nämlich früher bei der Firma Brinkmann und hat von der Pike auf Einzelhandelskaufmann im Fachbereich Musikinstrumente gelernt.
Christian: So ist es. Heute habe ich meinen eigenen kleinen

Laden, verkaufe Musikinstrumente und habe einen Backline-Verleih für Clubs und Diskotheken. Martin repariert im Keller Schlagzeuge. Worum soll es eigentlich gehen in diesem Buch?

Es geht unter anderem darum, dass man macht, was man machen möchte. Und obwohl man kaum oder kein Geld damit verdient, macht man weiter.
Christian: So machen es ja alle.

Das machen nicht alle.
Felix: Das machen sogar sehr, sehr viele Leute nicht.
Christian: Ja gut, ich meinte unser Umfeld. Was die anderen betrifft – ich kann es ziemlich gut verstehen, dass es viele gibt, die nicht das Risiko auf sich nehmen, zu machen, was sie eigentlich machen wollen. Und wenn man es doch tut – vor allem muss man vorher nicht wissen, auf was man sich eigentlich einlässt. Man schlittert ja doch einfach hinein. So ist es aber nicht bei jedem Selbstständigen. So ist auch nicht bei jedem Künstler. Hier ist ist es nicht so hart wie in London oder New York, wo man einfach vier Jobs brauchst, um über die Runden zu kommen. Ich habe ganz schön viel Freizeit in meinem Leben.
Martin: Das sehe ich genauso. Ich habe lieber ein bisschen weniger Knete und kann dafür mal ausschlafen …
Felix: … mal!
Martin: … anstatt dass ich jeden Morgen irgendwo auf der Matte stehen muss, und so'n Chef erzählt mir, was ich zu tun hab. Leider habe ich mir ein teures Hobby ausgesucht, das ich mir nicht mehr leisten kann. Als Student konnte ich noch günstig Golf spielen, aber studiert habe ich ja auch nicht wirklich, also bin ich nicht mehr eingeschrieben. Auf dem Golfplatz müsste ich nun teuer bezahlen.

Felix, du hast es an der Universität auch nicht weit gebracht?
Felix: Ich hab halt irgendwann so studiert, aber nebenbei immer noch Musik gemacht. Ich dachte, was kann man denn so studieren? Ah, Musikwissenschaft. Dieses Studium hat mich allerdings dermaßen angegähnt, dass ich mir jedes Semester aufs

Neue gedacht habe: Was ist hier eigentlich alles nicht los? Ich bin bei Kante eingestiegen, also wurde es mit dem Musikmachen immer mehr und mit dem Studieren immer weniger. Wenn man Musik macht, gibt es immer wieder Phasen, in denen man nichts anderes machen kann. Man nimmt eine Platte auf oder geht auf Tour, und wenn so etwas am Anfang eines Semesters liegt, kann man gleich ein halbes Jahr falten. Gnadenreicherweise wurde der Bachelor-Abschluss eingeführt, dafür kann ich dann noch die Scheine zusammensammeln. Es ist möglich, dass ich irgendwann eine Abschlussarbeit verfasse. Für meinen Bettler-Abschluss.
Martin: Für den du dir ja auch nichts kaufen kannst. Aber immerhin ist es ein Abschluss.
Felix: Ja. Freut man sich. Ich weiß gar nicht, ob ich damit was anfangen wollen würde. Es ist ein komisches Gefühl, wenn man sich fragt, wofür man das alles gemacht hat und immer noch nichts in der Hand hat. Und wenn man einen Schein hat, kann man den einrahmen und an die Wand hängen. Eigentlich will ich Musik machen in meinem Leben, aber irgendetwas sagt mir, ich setze mich noch mal einen Monat hin und schreibe diese Arbeit.
Christian: Ach so. Ich dachte, eine neue Platte. Du wolltest doch Musik machen in deinem Leben.
Martin: Musik machen in meinem Leben, das war auch meine Idee. Das war immer im Hinterkopf, deswegen habe ich nie eine Ausbildung fertig gemacht, das Studium habe ich auch abgebrochen. Ich habe letztlich lieber irgendwelche Jobs gemacht, die mich über Wasser gehalten haben. Ich habe den 400-Euro-Job beim Pizza-Taxi für die Miete. Zwischendurch habe ich auch auf dem Bauspielplatz als Kinderbetreuer gearbeitet, als Quereinsteiger ohne jede Ausbildung.
Felix: Ich meine, wir können zufrieden sein, wenn man die Ebene betrachtet, auf der wir arbeiten. Dass wir immer alles so machen, dass es gerade eben geht. Heutzutage ist es doch eine Seltenheit, dass eine Band eine Platte aufnimmt und Plus macht.
Martin: »Plus machen« ist jetzt aber so gemeint, dass die Plattenfirma kein Minus macht. Die 3000 Platten, die wir verkauft

haben, konnten mir jedenfalls nicht einen Cent in die Kasse spülen. Nach unserer letzten Tour war wirklich mal was übrig, weil unser Booker Gagen ausgehandelt hat, die o.k. waren. Aber das ist für mich das Geld, das ich in dieser Zeit nicht verdienen konnte.

Felix: Das Geld verdient man dann eben mit der Tour. Dann macht man den Job, der auch noch Spaß macht. Darum geht es schließlich.

Christian: Wenn am Ende einer Tour nichts übrig bliebe, wäre es ja wie Urlaub. Dann müsste man vorher sparen. Bezahlten Urlaub kennen wir ja nicht. Die Errungenschaften des Sozialstaates treffen uns voll nicht.

Nach der ersten Platte gab es eine recht lange Veröffentlichungspause.

Martin: Diese Pause hatte tatsächlich finanzielle Gründe. Wir haben das Grundgerüst eingespielt, und dann war die Knete alle, um weiterzumachen. Da standen wir also und mussten überlegen, was wir machen sollten. Wir haben eine Demo-CD zusammengeschustert, um vielleicht doch noch ein Label zu finden, das Bock drauf hat – und das hat funktioniert. Der Vorschuss von Strange Ways Records kam zwar sehr spät, aber damit konnten wir die Platte fertig machen, und dann war er auch wieder aufgebraucht.

Christian: Es waren die Drumspuren fertig, ein paar Gitarrenspuren und ein paar Gesangsspuren. Die Plattenfirma hat uns die Frage gestellt: »Wie lange braucht ihr noch?« Wir haben kurz überschlagen, dass wir noch mal drei Wochen ins Studio müssen, und das ist dann letztlich bezahlt worden. Sonst hätte das sicher noch mal ein Jahr gedauert.

Felix: Das Geld war aber nicht das rein Entscheidende. Vor allem hatten wir eine Perspektive, dass es ein Label gab, das diese Platte veröffentlichen wollte. In diesem Moment hatten wir neuen Elan, den neuen Antrieb, das endlich fertig zu machen.

Dieser Elan war euch im Lauf der Zeit abhanden gekommen?

Christian: Ja, das ist dieser Kreislauf, in dem man stagniert: ohne Platte keine Konzerte, ohne Konzerte kein Geld für die Aufnahmen. Man muss irgendwo anfangen. Da haben wir jetzt sicherlich leicht reden mit einem tollen Partner wie Strange Ways, die etwas für uns tun.

Felix: Die Platte ist auch deswegen so geworden, weil sich der Produktionsprozess über eine so lange Zeit hingezogen hat. Das greift ja ineinander. Dadurch, dass wir die Aufnahmen auf so einem Do-It-Yourself- und Low-Level gemacht haben. Dass man sagt: In zwei Monaten habe ich ein bisschen Geld übrig, dann können wir für ein paar Tage ins Studio, oder der Soundmann sagt: »Ich muss jetzt erst mal drei Monate auf Tour gehen, dann kann ich für 'nen Appel und 'n Ei noch ein paar Tage mit euch im Proberaum aufnehmen«, dadurch hatten wir ja immer Zeit, in unserem Sud weiter zu köcheln. Das kann der Entwicklung einer Platte durchaus guttun. Es ist eine andere Arbeitsweise, als wenn man ein bestimmtes Budget für eine bestimmte Studiozeit zur Verfügung hat. Ich kann mir durchaus vorstellen, dass wir uns bei der nächsten Platte auch wieder zwei Jahre Zeit lassen. Dass man das Ergebnis mit der Zeit erarbeitet.

Christian: Trotz aller Demokratisierung im Produktionsprozess, sprich: Computer- und Aufnahmetechnik für jedermann, was ja das Thema der letzten zehn Jahre ist, ist es einfach so, dass man für bestimmte Dinge Geld braucht. Du hast immer laufende Kosten. Die Proberaummiete, ständig musst du dir Saiten, Felle kaufen, Mikrofone, Kabel, das ist schwierig. Deswegen haben die Aufnahmen immer wieder gestockt. Also musste man erst mal wieder Geld sparen, bis es weitergehen konnte. Wir haben ziemlich viel zu Hause oder im Übungsraum aufgenommen.

Felix: Wenn man selbst nur ein Halbwissen von gewissen technischen Dingen hat, macht man die eben mit der Hilfe von Leuten, die in demselben klapprigen Kahn sitzen. Unser Soundmann hat uns bei der Platte sehr viel geholfen und so wie wir immer sehr wenig verdient – und so gibt man das dummerweise weiter. Diese ganze Kumpelgeschichte, die zu kreativer Selbstausbeutung führt. Es passiert zwar immer viel, aber alle machen es nur umsonst. Oder zumindest halbumsonst.

Aber eine komplett finanzierte Plattenproduktion von drei Wochen könntet ihr euch auch vorstellen?
Martin: Das wäre interessant, weil das Ergebnis ganz anders sein könnte.
Felix: Das geht auch. Das kann auch toll sein. Das haben wir mit Kante gerade gemacht. Eine Zwischendurchplatte, da waren die Texte bereits fertig, im Studio haben wir innerhalb von zehn Tagen die Stücke erarbeitet und direkt aufgenommen, danach eine Woche abgemischt und fertig. Es kommt grundsätzlich darauf an, was man will. Die Produktionsmittel, die man zur Verfügung hat, die beeinflussen und bestimmen das, was man gerade damit macht. Man fuchst sich da halt rein, und dadurch entstehen super Sachen. So ist das in allen Bereichen, das muss ja nicht unbedingt Musik sein, genauso geht das im Film ... oder, was weiß ich ... alles, eigentlich.

Das Leben. (Hohngelächter)
Felix: Leben. Ja, zum Beispiel.

Rückt der Gedanke, von der Gruppe Sport leben zu können, manchmal in greifbare Nähe?
Felix: Wenn, dann am ehesten jetzt.
Martin: Wenn wir jetzt 1995 hätten und es Sinn machen würde, ein geiles Video zu drehen, weil es noch einen Sender gäbe, wo so etwas gespielt wird, und wenn es noch Leute gäbe, die Schallplatten kaufen, dann wäre vielleicht so etwas möglich. Aber ich mache mir keine Illusionen, dass man damit Geld verdienen kann.
Felix: Es kann ja durchaus passieren. Im Bekanntenkreis gibt es ein paar Bands, die allein mit Musik über die Runden kommen. Mit Kante ist es momentan so, dass wir in Wien die Musik für ein Theaterstück machen. Und das ist eben staatlich subventionierter Kulturbetrieb. Das ist ein ganz anderes Arbeiten, weil

es da halt Geld gibt. Das ist erstaunlich. Das gelobte Land. Dadurch habe ich zum ersten Mal recht stete Einkünfte.
Christian: Über die Runden zu kommen, würde doch schon völlig ausreichen. Bei Sport kann es noch geschehen, dass man mehr Platten verkauft, dementsprechend größere Touren spielt. Ohne dass wir uns verbiegen müssten. Wir können schon so weiter machen auf diesem Level, aber da ist kein Geld zu verdienen.
Martin: Ich finde diese Ebene schon ziemlich o.k. Wir müssen uns keine Gedanken mehr darüber machen, wie zum Teufel wir die nächste Platte finanzieren können, oder dass wir um Spritgeld bei Konzerten betteln müssen.

Ich habe die Frage auch deswegen gestellt, weil es euch jetzt über zehn Jahre in unveränderter Besetzung gibt.
Christian: Erinner' mich nicht daran. Wir hatten Glück, dass drei zusammengekommen sind, die nicht nur denselben Musikgeschmack haben, sondern auch dieselbe Vorstellung von Karriereplanung haben.
Felix: Das Wort Karriereplanung ist lustig. Das klingt immer so fremd. Offensichtlich war der Grundgedanke dieser Band nicht, dass wir es unbedingt schaffen wollen. Wir wollen einfach Musik machen.

Mit der letzten Platte gab es ja recht viel Presse für euch. Werdet ihr damit konfrontiert, dass die Leser der Artikel eure ökonomischen Verhältnisse völlig falsch einschätzen?
Martin: Ich wurde tatsächlich häufiger gefragt, ob ich jetzt von der Musik leben könnte. Das ist schon witzig. Wir sind nach wie vor auf einem Indie-Label, das passiert alles im kleineren Rahmen. Viele können sich einfach kein Bild machen.
Christian: Wenn man eine Null an die Verkaufszahlen dranhängt, kann man mal darüber nachdenken, ob da was hängen bleibt. Wir müssten erheblich mehr Platten verkaufen.

Das scheint euch ja nicht wirklich zu belasten.

Christian: Wieso auch? Man muss sich nicht alle drei Jahre ein neues Auto kaufen. Mit denjenigen, die so etwas nötig haben, hat man seit der Schulzeit nichts mehr zu tun. Ich spiele seit fünfzehn Jahren denselben Bass. Wir waren schon immer »Prekariat«.

Martin: Das Gerede vom Prekariat interessiert mich nicht. Ich war noch nie in einer anderen Situation.

Christian: Manchmal wird man noch eingeladen in andere Sphären des Lebens, man hat ja Verwandte. Da merke ich dann, wie weit ab ich von allem bin. In welcher Blase man hier vor sich hin existiert.

Martin: Manche sehen das genau andersherum. Ein guter Freund von mir, der mittlerweile Lehrer ist und Familie hat, meinte letztens zu mir: »Martin, ich glaube, du hast es doch besser getroffen. Du kannst immer noch jeden Abend auf Konzerte gehen.« Wir sind uns unserer Sache wenigstens sicher. Und wir haben Zeit.

Christian: Ich denke, wenn ich am Ende meines Lebens zurückblicke oder in zwanzig Jahren …

Martin: Das *wird* dein Lebensende sein!

Christian: … dann werde ich glücklicher sein, als ich es jemals als Angestellter hätte sein können.

Benjamin Quabeck
Regisseur

»Ich bin eigentlich ein Verbesserer«

Benjamin Quabeck, geboren 1976 in Wuppertal, ist Filmregisseur und lebt in Berlin. Er studierte ab 1997 Regie an der Filmakademie Baden-Württemberg in Ludwigsburg. 2001 brachte er »Nichts bereuen« in die Kinos, als Studentenproduktion mit einem minimalen Budget realisiert. 2003 erschien »Verschwende deine Jugend« mit Tom Schilling und Robert Stadlober in den Hauptrollen. Mittlerweile schreibt und produziert er zusammen mit dem Musiker Lee Buddah Hörspiele für den WDR und dreht Musikvideos. Außerdem arbeitet er als freier Cutter mit dem Künstler John Bock.

Zuerst mal, wie war dein Werdegang als Regisseur?
Ich war sehr sehr jung, als ich mich auf der Filmhochschule beworben habe. Ich bin mit 20, also direkt nach dem Zivildienst dahin, habe das Studium durchgeprügelt und mit 24 dann »Nichts bereuen« gemacht. Während der Film noch in die Kinos gebracht werden musste, habe ich schon das Angebot für »Verschwende deine Jugend« bekommen.

»Verschwende deine Jugend« war dann nicht so einfach zu finanzieren, und der Schnitt hat relativ lange gedauert. Was dazu führte, dass ich eigentlich fünf Jahre am Stück komplett durchgearbeitet habe, ohne eine Woche Pause, praktisch ohne Wochenenden. Danach war ich erst mal fertig, hatte keine Kraft mehr. Ich habe mich zu der Zeit auch gefragt, was es für einen Sinn macht, überhaupt noch Filme zu drehen.

Mit dem Erfolg von »Verschwende deine Jugend« konnte man dann auch nicht besonders glücklich sein. Der Film ist in dem Jahrhundertsommer 2003 ganz klar unter den Erwartungen geblieben. Da war sechs Wochen ja überhaupt kein Mensch im Kino, als der rauskam. Wir sind mit dem Film einfach in so eine Nische gerutscht, die Leute, die sich für die Buchvorlage, den Doku-Roman von Jürgen Teipel, interessiert haben, haben sich unter Umständen für den Film nicht interessiert, und selbst wenn, wären es nicht genug gewesen, um die Erwartungen des Films zu erfüllen.

Danach hattest du die Schnauze voll vom Filmemachen?

Ja. »Verschwende deine Jugend« war ja eine Auftragsregie. Claussen + Wöbke als Produktionsfirma fand ich sowieso super. Das war eigentlich mein Traum, dass die mich irgendwann mal fragen. Da habe ich gesagt »Ich mach das«. Ich durfte dann auch an dem Drehbuch mitschreiben. Aber letztendlich immer mit dem Hintergedanken »Dieser Film muss für ein großes Publikum funktionieren, und das kann man nicht so machen wie ›Nichts bereuen‹«.

Wenn ich gewusst hätte, dass der Film am Ende nur 120 000 Zuschauer erreicht und nicht mehr, hätte ich »Verschwende deine Jugend« anders aufgezogen. Bei 800 000 Zuschauern wäre für mich alles in Ordnung gewesen. Zu der Zeit habe ich gemerkt, dass es sich nicht lohnt, Sachen zu machen, hinter denen ich nicht komplett stehe, weil ich einfach nicht einschätzen kann, in welchem Verhältnis Aufwand und Ertrag stehen. Und sicherlich ist der Weg schwieriger, nur die eigenen Sachen zu machen, aber am Ende vermutlich erfüllender.

Nach »Verschwende deine Jugend« habe ich durchaus Angebote bekommen. Beispielsweise einen Pro7-Fernsehfilm, der mir mit den Worten angepriesen wurde: »Guck mal, das ist genau wie ›Nichts bereuen‹, sind aber 15-Jährige auf einer Klassenfahrt.« Und wenn man dann so ein Buch liest und merkt, das hat so gar nichts mit »Nichts bereuen« zu tun, das ist einfach eine andere Welt – derjenige, der es geschrieben hat, kommt aus einer anderen Welt, die Leute, die es hinterher sehen sollen, kommen aus einer anderen Welt –, dann gibt's natürlich keinen Grund, als Regisseur sich darauf einzulassen.

Man denkt, bei einem Fernsehfilm wäre es möglich, den Job einfach mal zum Geldverdienen runterzuhauen, selbst wenn man das Buch nicht mag. Letztendlich wird aus dem halben Jahr, das man dafür einplant, doch ein ganzes oder noch länger, weil es immer irgendwelche Probleme gibt. Und sitzt man dann an diesem Film und hat man erst viel Arbeit investiert, wird es doch plötzlich ein persönliches Projekt. Man erkennt, dass man an Grenzen kommt, an Grenzen der Redaktion, an Grenzen der eigenen Freiheit, und von daher habe ich mich bislang noch nicht auf Fernsehfilme eingelassen. Und wenn man erst mal ein paar Sachen abgelehnt hat, dann bleiben irgendwann die Angebote ja auch aus.

Du hättest natürlich auch damals denken können, jetzt probiere ich mal Fernsehen aus, das kenne ich noch nicht.
Ich habe übrigens nichts gegen Fernsehen pauschal. Aber die Bücher, die mir angeboten wurden, waren nicht so, dass ich sie umsetzen wollte. Ich habe auch nicht mit dem Filmgeschäft abgeschlossen. Ich würde gern einen neuen Kinofilm machen.

Wo sammelt man denn da Geld ein?
Die Frage stellt sich mir ja ganz konkret bei meinen neueren Projekten. Man klopft zuerst bei den Länderförderungen an. Aber die steigen nicht ein, wenn es nicht schon etwas auf der Haben-Seite gibt, was im Normalfall der Verleihvertrag ist.

Noch vor zehn Jahren haben die Kinoverleiher einen Verleihvertrag angeboten, wenn sie ein Projekt interessant fanden, und eine Minimumgarantie zugesichert. Da hieß es dann, »Wir kaufen die Fernsehrechte schon im Voraus und geben dafür beispielsweise 600 000 oder 800 000 Mark«. Damit war zumindest schon mal das Startgeld gesichert. Und dann hat so eine Förderung, meinetwegen Medienboard Berlin-Brandenburg, diese Garantie gesehen und ebenfalls einen Zuschuss bewilligt. Mit diesen Summen ist man bei der Filmförderungsanstalt FFA vorstellig geworden und hat ebenfalls ein paar Hunderttausend eingesammelt, und dann war irgendwann der Film finanziert.

Wenn man aber jetzt als relativ junger Filmemacher ankommt und keine große Produktionsfirma wie beispielsweise X-Filme im Rücken hat, wird es schon ungleich schwieriger, und vor allem gibt es diese Verleihverträge mit Minimumgarantie nur noch sehr selten. Für eins meiner aktuellen Projekte hatte ich sogar schon einen Verleih gefunden, aber die konnten nicht garantieren, in jedem Fall 80 Kopien herzustellen, weil der Verleih selbst zu klein war. Und dann springen die Förderungen halt auch ab.

Aber theoretisch müsstest du es doch jetzt leichter haben als zu »Nichts bereuen«-Zeiten.
Überhaupt nicht. Selbst mit zwei Kinofilmen gelte ich immer noch als Jungregisseur. Gerade bei den Förderern. Ich falle eigentlich durch jedes Raster, weil es wahnsinnig viele Debütfilmförderprogramme gibt, sowohl von den Sendern als auch von den Förderinstituten, aber für den dritten Film ist es schwierig. Wenn ich darüber nachdenke, werde ich immer kurz nervös. Deswegen bin ich dazu übergegangen, einfach andere Sachen zu machen, um mir nicht die Laune zu verderben.

Du sagst, du hast fünf Jahre lang kein Privatleben gehabt?
Ohne Scheiß, »Verschwende deine Jugend« war achteinhalb Monate Schneiden, und das bedeutete von morgens bis abends im Schneideraum sitzen. Ich musste einfach die ganze Zeit dabei sein. Ich habe drei Jahre in München gewohnt und in der Zeit war ich vielleicht fünfmal im Atomic Café. Aber mir hat's Spaß gemacht, ich war ja auch wahnsinnig. Alles andere war mir nicht so wichtig.

Das ging schon an der Filmakademie Ludwigsburg los. Wenn ich älter gewesen wäre, hätte ich das Hochschulstudium auf diese Weise niemals durchgezogen. Ich bin ja im ersten Jahr jeden Morgen um 9.00 in die Akademie, habe bis 17.00 Uhr den Unterricht mitgemacht, um dann um 18.00 Uhr an meinen Filmen weiterzuarbeiten bis Mitternacht. Danach habe ich mir noch bis 3.00 Uhr sieben Bier reingehauen und bin um 9.00 wieder los. Dieses Pensum habe ich in der Woche an drei bis vier Abenden abgerissen, und die anderen drei Nächte habe ich vielleicht eine Stunde länger geschlafen. Ich dachte auch, ich halte das durch. Mir wurde erst mit der Zeit klar, dass das nicht ein Leben lang so geht.

Warst du zu ehrgeizig?

Übertriebener Ehrgeiz war es eigentlich nicht. Besessenheit trifft es eher. Für mich als 20-Jährigen hatte es einen ganz besonderen Reiz, auf einmal mit den Arri-16mm-Kameras drehen zu können. Ich war der Jüngste, der je auf der Hochschule genommen wurde, für Animation, aber eigentlich wollte ich in den Regie-Spielfilmkurs. An der Filmakademie Ludwigsburg gab es ein Qualifikationsverfahren, das es mittlerweile so nicht mehr gibt, bei dem man über die Filme, die in den ersten zwei Jahren entstanden, sich für den Regiekurs empfehlen konnte oder auch nicht. Das wollte ich unbedingt.

Und als ich dieses Ziel erreicht hatte, habe ich mich auf »Nichts bereuen« gestürzt. Obwohl die Hochschule mir zunächst Steine in den Weg gelegt hat. Da kam dann Professor Albrecht Ade zu mir und sagte: »Sie, Herr Quabeck, drehen keinen Langfilm, damit wir uns da mal richtig verstehen.«

Da habe ich ihn nur angegrinst, »Na ja, das werden wir noch sehen«, und bin gegangen. Ich dachte, wenn ich mit 24, 25 aus der Hochschule rausgehe und nur Kurzfilme vorweisen kann, lässt mich sowieso keiner einen Langfilm drehen. Und deswegen wollte ich probieren, das auf der Hochschule schon durchzuziehen. Hat ja auch geklappt. »Nichts bereuen« war der erste Diplom-Langfilm, der in Ludwigsburg je entstanden ist. Und gleich danach habe ich mit »Verschwende deine Jugend« angefangen.

Kennst du viele Leute, die das so durchknüppeln?

Es gibt ja viele Regisseure, die zwei, drei coole Filme machen und dann für den Rest ihres Lebens nur noch sinnentleerten Scheiß. Aber so wollte ich nicht enden. Ich hatte das Bedürfnis, wieder näher am Leben dran zu sein. München hat mir als Stadt nicht so besonders gut gefallen, und plötzlich verdiente ich auch ziemlich viel Geld und konnte abends weggehen, wenn ich wollte. Habe ich zwar nicht gemacht, aber die Male, wo ich dann unterwegs war, sind die Hunderter nur so aus dem Portemonnaie geflogen.

Ich bin mir selbst in dieser Zeit ziemlich fremd geworden und habe mir plötzlich vorgestellt, dass ich in meinen Filmen irgendwann Geschichten über die Münchner High Society erzählen muss, weil ich ansonsten keinen Kontakt mehr zur Welt habe. Das war zwar nicht so, aber ich habe die ganze Zeit gedacht, das geht jetzt dahin, wenn ich noch ein Jahr so weiterlebe. Und dann bin ich nach Berlin-Neukölln, Rütlikiez, Pannierstraße gezogen.

Beim Regieführen wirst du aber auch keine Unsummen verdient haben, oder?

Bei »Verschwende deine Jugend« gab es noch keine volle Regiegage, sondern eher eine Newcomer-Gage. In dem gleichen Jahr habe ich aber auch noch einen Film für die VW-Autostadt gedreht. Und das war relativ lukrativ. Außerdem wurde »Nichts bereuen« als Buch veröffentlicht, der Roman erschien dann bei Goldmann.

Bekommt man als Regisseur eine Pauschalgage?

Ja. Das war bei »Verschwende deine Jugend« auch ein bisschen der Haken an der ganzen Geschichte. Ich hatte eineinhalb Jahre eingeplant. Für diesen Zeitraum wäre die Kohle auch sehr o.k. gewesen, dann hat der Film aber zweieinhalb Jahre gedauert. Als Regisseur bekommt man immer Pauschalgagen. Aber nicht selten kommt es vor, dass der Cutter am Ende mehr Geld übrig behält als der Regisseur, weil der Cutter eine Wochengage bekommt. Und wenn es mit dem Schnitt so läuft wie bei »Verschwende deine Jugend« …

Ich habe ja gehört, du hast dir von deinem Geld einen roten Sportwagen gekauft.

Rot ist ganz falsch. Schwarz mit beigen Ledersitzen. Einen Lotus Esprit.

Und der steht jetzt in Neukölln in der Pannierstraße?
In einer Garage. Dieser Wagen war ein romantischer Traum aus meiner Jugendzeit. Ich konnte mich schon immer für Autos begeistern, und auf dem Amiga gab's dieses Spiel »Lotus Turbo Challenge« mit dem Lotus Esprit Turbo SE, der schnellste Serien-Vier-Zylinder, der je gebaut wurde.

Lotus ist auch eine sehr spezielle Firma, weil die nicht so auf fette Motoren gehen, sondern leichte Autos in Kleinstserien produzieren. Der Wagen ist schon 17 Jahre alt, Baujahr 90, aber von 0 auf 100 in 4,8 Sekunden. Fährt 260, ein super Auto, ist vor allem wahnsinnig selten. Die Leute sind immer total überfordert, wenn sie den sehen, weil sie gar nicht verstehen, was das jetzt für ein Wagen sein soll.

Und wann holst du den mal raus aus der Garage?
Momentan ist er leider kaputt. Außerdem habe ich keine Zeit für Spritztouren. Aber ich wollte mir nicht erst mit 50, mit 60 so eine Karre kaufen. Ich habe gedacht, wenn ich das mache, dann erfülle ich mir diesen Traum in jungen Jahren. Es ging mir nie darum, dieses Auto als Status-Symbol zu besitzen, der Wagen hat nicht mal ein Viertel von den 100 000 Euro gekostet, die die Leute immer annehmen.

Mir ging es um das Sportliche, um die Idee des Autos selbst, um das Layout. Dass es einfach total irre ist, so ein Auto zu bauen. Colin Chapman, der Lotus-Chef, der ja vor vielen Jahren schon gestorben ist, war ein völlig durchgeknallter Typ. Hat seine Firma etliche Male in den Ruin getrieben, aber immer irgendeine richtig gute Idee aus dem Hut gezaubert, und plötzlich waren die wieder am Start, und der Laden lief wieder. Der hat viele Innovationen in der Formel-1-Technik zu Hause am Schreibtisch entwickelt.

Auch wenn du sagst, der Lotus ist kein Statussymbol, belegt er trotzdem, dass du ihn dir leisten konntest. Vielleicht eine Art Ersatz?
Es gibt ja Leute, die mit ihren Sportwagen über die Promenaden fahren. Mir ist es eher peinlich, weil sich natürlich alle nach

dem Auto umdrehen. In München bin ich immer nachts, nachdem ich den ganzen Tag im Schneideraum verbracht habe, eine Stunde mit dem Wagen über die Landstraßen gebrettert.

Ab 2003 hast du also erst mal Pause gemacht, wenn man die Geschichte jetzt chronologisch weitererzählt.

Nach »Verschwende« habe ich das ganze Filmding erst mal weggeschoben und Privatleben wieder zugelassen, bin Vater geworden und habe mich um meine Familie gekümmert.

Nach all den Jahren war es für mich schwer, über neue Stoffe, über Filme nachzudenken. Weil ich jedes Mal im Hinterkopf hatte, wie anstrengend das Filmemachen sein kann. So acht Wochen am Stück zu drehen ist ja richtig übel. Jede Nacht nur vier Stunden Schlaf, und die ganze Zeit will jemand was von dir, ständig musst du mit drei Leuten gleichzeitig reden. An diesen Nachwirkungen hatte ich eine Weile zu knacken. Gleichzeitig habe ich mir aber auch überlegt, wie ich eigentlich überhaupt inhaltlich irgendwas machen kann.

Und da mein Freund Philip, manchen vielleicht bekannt unter seinem Künstlernamen Lee Buddah, schon mal ein Hörspiel für 1Live gemacht hatte, sind wir dann mit einem Konzept für einen Dreiteiler zum WDR gegangen, »Grund GmbH«. Man darf sich diesen Prozess aber nicht so einfach vorstellen, dass die sofort gesagt hätten, »Ja super, hier habt ihr die Kohle.« Wir haben bei der Filmstiftung NRW, die haben auch eine Hörspielförderung, Gelder beantragt, die bewilligt wurden. Diese Förderung war das Fundament, um mit dem Buch anfangen zu können, und später hat sich der WDR irgendwann von uns überzeugen lassen und auch mitgemacht.

Wie hoch war die Förderung?

Von der Filmstiftung gab's damals 6000 für uns beide zusammen. Und weil es ja als Dreiteiler angelegt war, haben die gesagt, wir können ruhig erneut einreichen, wenn das erste Buch gut wird. Und dann haben wir noch mal 4000 von denen bekommen. Der WDR hat auch 10 000 Euro gezahlt. Und dann habe ich natürlich noch die Regiegage und Philip Geld für die

Musik bekommen. Aber das war auch viel Arbeit. Insgesamt, mit Unterbrechungen, haben wir ein Jahr daran geschrieben: 165 Seiten für drei Teile und zig Seiten Charakterbeschreibungen, Inhaltszusammenfassungen. Ursprünglich hatten wir das sogar mal als Fernsehserie geplant mit Handlung und Figuren für zwölf Teile, was wir natürlich dann alles wieder zusammenkürzen mussten.

Das war ein Projekt, und die andere Geschichte, die ich konsequent verfogt habe, waren Musikvideos. Das fing zunächst mit wenig Budget an, das erste für Virginia Jetzt!, damals mit Julia Hummer, hat 2000 Mark insgesamt gekostet. Was immer noch eins meiner persönlichen Lieblingsvideos ist. Da blieben dann für mich minus 400 übrig, glaub ich.

Das nächste Video hatte dann schon einen Etat von 3000, da ging ich dann schon mit 150 Euro Gage nach Hause. Später kamen irgendwann noch so ein paar andere Sachen dazu, Tele, Klee, als Letztes habe ich Anfang des Jahres ein Video für Karpatenhund gemacht.

Im Endeffekt gehen bei dieser Arbeit auch schon zwei Wochen drauf. Man muss die Idee ausformulieren, dann wollen alle unbedingt sofort das Treatment sehen, man muss Änderungen auf der Stelle umsetzen, sich mit der Band treffen, und dann vergehen lange Tage, in denen man nichts hört, bis es plötzlich heißt »Unverzüglich drehen«, und dann muss der Dreh vorbereitet werden.

Die Videos haben normalerweise ein Budget von 20 000 bis 25 000, davon bekommt man als Regisseur 10 Prozent. Wenn man jetzt alle zwei Wochen ein Video hätte, könnte man davon ganz gut leben, aber so ist es ja nun auch nicht.

Das heißt, die Ideen sind dir nicht ausgegangen? Du hast dein Pulver nicht schon bei »Nichts bereuen« und »Verschwende deine Jugend« verschossen?

Ich bin niemand, der alleine schreiben kann, zumindest keine Drehbücher oder Hörspielbücher. Bei »Grund GmbH« kam auch viel von Lee Buddah. Ich weiß nicht, warum, aber ich kann nicht rumsitzen und Dialoge schreiben. Ich bin eigentlich ein

Verbesserer und brauche einen Kompagnon, um hochzulaufen. Dass man sich gegenseitig auch motivieren kann.

Abgesehen von den ganzen Hörspielgeschichten und den Videos mache ich mittlerweile noch ziemlich viel Filmschnitt. Jetzt nicht für Fernseh- oder Kinofilme, sondern für John Bock, Performancekünstler aus Berlin. Auch so ein Irrer. Da wird man zwar nicht reich von, aber es ist eine Arbeit, die Spaß macht, weil sie kreativ ist, weil ich relativ eigenständig für ihn arbeite. Das hat mich auch zum Teil die letzten zwei Jahre über Wasser gehalten. So suche ich mir die Sachen zusammen. Ich versuche eben, alles Mögliche zu machen, und bin da nicht so festgelegt.

Würdest du es auch ohne Geld machen?
Könnte ich nicht. Weil ich eine Familie habe und Geld nach Hause bringen muss. Das geht gar nicht anders, und für mich ist es ein Glück, dass es für John so gut läuft, dass er sich mich mittlerweile leisten kann. Wenn seine Filme fertig werden müssen, schneide ich an sieben Tagen, wofür man normalerweise vier Wochen brauchen würde. Dann sind das auch 16 Stunden am Tag. Das geht natürlich nicht ohne Geld. Und auch das ist wahnsinnig viel Stress fürs Geld.

Vorhin meintest du, du weißt ganz genau, was Film für eine Arbeit ist. Der Kraftakt, acht Wochen zu drehen. Dass es dir nicht darum geht, um jeden Preis diese Erfahrung zu wiederholen.
Na ja, man vergisst manchmal auch, dass Regie ein so vielseitiger Job ist. Dass man sowohl vorher schreibt und das ganze theoretisch durchdenkt als auch die Drehvorbereitung hat, wo man Orte und Schauspieler sucht. Gut, dann kommt halt die Drehzeit, die unglaublich stressig ist, aber auch sehr spannend sein kann, klar. Bei »Nichts bereuen« ging es mir so. Nach dem ersten Drehtag habe ich noch gedacht, »Wow, cool, das war echt gut«. Letztendlich war es aber der einzige Tag, an dem ich wirklich mit einem guten Gefühl nach Hause gegangen bin. Nach dem zweiten Drehtag habe ich gedacht, »Meine Fresse, das war die größte Scheiße, die du jemals gedreht hast, das

kriegst du niemals zusammen«, und dann ging das noch 34 Tage so weiter.

Ich hatte eine Shotlist, da standen 18 Einstellungen für eine Szene drauf, und wenn wir davon neun am Ende des Tages im Kasten hatten, war ich schon froh. Das Team war zum Teil sehr unerfahren. Manche hatten ihren Job noch nie vorher gemacht, für viele war es der erste Film, und das war sowohl für das Team als auch für mich eine echte Geduldsprobe.

Es kann schon anstrengend sein, wenn man jeden Tag deprimiert nach Hause geht. Man denkt darüber nach, das ganze Material direkt in die Tonne zu treten. Manchmal weiß man auch nicht mehr, »Fuck, habe ich das überhaupt gedreht. Fuck, habe ich das vergessen?«.

Außerdem macht man sich Gedanken, wie die Zuschauer den Film rezipieren. »Kann die Szene eine bestimmte Reaktion beim Publikum auslösen?« Ich mache den Film ja nicht für mich, ich mache ihn ja auch für die Leute. Und diese Zwiespältigkeit hat ein bisschen was Peinliches. Man würde sofort verstehen, wenn jemand was auszusetzen hat, weil man die Untiefen und Unzulänglichkeiten seines eigenen Werkes am besten kennt. So hat es jedenfalls Dieter Bohlen bei Kerner beschrieben. Der fängt übrigens immer morgens um fünf an zu komponieren, hat er gesagt.

Ich muss noch mal auf das Studium zurückkommen. Wenn man an irgendeiner Uni in Deutschland eingeschrieben ist, kann man weitestgehend tun und lassen, was man will. Im Unterschied dazu praktizieren Studenten an Filmhochschulen fast eine protestantische Arbeitsethik.

Ich habe total Glück gehabt mit meinem Jahrgang damals, wir haben uns alle gegenseitig geholfen, und ich hatte überhaupt kein Problem damit, bei anderen Filmen den Ton zu machen oder zu schneiden. Das Tolle an Ludwigsburg war ja, dass man unbedingt was machen wollte. Dass es niemanden gab, der einen zu irgendwas gezwungen hat. Klar, es gab Abgabetermine, aber du hättest auch irgendeinen Scheiß abliefern können. Man wollte sich selbst ausprobieren, beeindrucken mit seinen Filmen, sich selbst und andere. Damit hatte man wahnsinnig viel zu tun.

Man muss beim Film mit der Fähigkeit gesegnet sein, immer fünf Projekte gleichzeitig zu betreuen, fünf Eisen gleichzeitig im Feuer zu haben. Das muss man auch erst einmal lernen. Zuerst dachte ich noch, ich mache einen Film, und dann konzentriere ich mich auf den nächsten. Dass man gleichzeitig so viele Sachen anschieben muss, damit eine funktioniert, ist wahnsinnig anstrengend bis zu dem Punkt, wo man es einfach als Tatsache akzeptiert hat und nicht weiter darüber nachdenkt. Und so mache ich das momentan auch, ich schreibe an drei Büchern gleichzeitig.

Was lernt man sonst noch auf einer Filmschule?
Über das »Business« hat man zum Beispiel nicht viel gelernt. Vielleicht wird die Öffentlichkeit ein wenig auf einen aufmerksam, Produzenten und Redakteure definitiv. Außerdem kann man sich auf Studentenfilmfestivals präsentieren.

Ich hatte eigentlich immer das Gefühl, einen guten Zeitpunkt erwischt zu haben. Die Filmakdemie Ludwigsburg gab's damals fünf, sechs Jahre, und dann gingen die ersten Studenten ab, und es sprach sich herum, dass dort eine ganz solide Ausbildung geboten wird.

Aber man kann den Durchbruch auch anders schaffen. Marco Kreuzpaintner ist auch nie auf einer Filmhochschule gewesen und hat jetzt »Krabat« gedreht und davor einen Film in Amerika mit Kevin Kline. Man muss es halt wollen.

Es gab natürlich auch Leute, die in den Seminaren gesessen haben und gefragt haben: »Wer bringt mir denn jetzt was bei? Warum halten die sich alle nicht an die Regeln und drehen nicht für die vorgegebenen Budgets, sondern reizen alles bis zum Anschlag aus?« Klar, diese Fragen kann man auch stellen, aber andererseits, wenn man wirklich Filme machen will, dann hält man sich mit diesen Fragen nicht zu sehr auf, sondern macht das.

Stehst du eigentlich gerne auf dem roten Teppich herum und gehst zu Film-Empfängen?
Nein, ich bin leider nicht der Typ dafür. Das hat auch ein bisschen gedauert, das zu verstehen. Eigentlich wusste ich es vorher, habe aber gedacht, das wird dann schon irgendwie.

Ich habe mich bei solchen Anlässen immer relativ zielstrebig besoffen. Ein bisschen danebenbenehmen gilt ja auch als cool. Das Problem ist, ich halte diese Abende nüchtern nicht aus. Ich kann mich nicht fünf Stunden hinstellen, einen erzählen und nichts trinken. Ich wollte diese Abstürze dann nicht mehr und gehe nur noch ganz selten zu solchen Einladungen.

Bist du deswegen nicht mehr so präsent wie früher, als du hauptsächlich Regie gemacht hast?
Man wird ja auch relativ schnell vergessen. Im Spiegel war vor kurzem ein Artikel über den Videodreh von Karpatenhund, die Journalisten waren auch den ganzen Tag am Set, aber mein Name wurde natürlich nicht mehr erwähnt. Entweder wussten sie nicht, wer ich bin, oder sie haben es extra nicht reingeschrieben, oder es hat sie gar nicht interessiert.

Das ist aber etwas, mit dem ich ganz gut klarkomme. Der lange Atem, den ich bei »Nichts bereuen« hatte, der ist immer noch da. Die Leute werden schon noch merken, wenn ich wiederkomme, und wann, das entscheide ich. Ganz egal, ob es wirklich so sein wird oder nicht, aber ich mache mir keinen Stress und denke auch nicht den ganzen Tag: »Scheiße, jetzt muss aber mal ein neuer Quabeck-Film kommen.«

Insofern verweigerst du dich den Mechanismen der Branche?
Ich habe mich in den letzten Jahren häufig gefragt, wie das überhaupt weitergeht mit Film. Nach wie vor gibt es ein gewisses Interesse für Film, gleichzeitig aber auch ein Überangebot. Es gibt Computerspiele, virtuelle Welten, die einen Großteil von dem, was Filme transportieren, mittlerweile ersetzen.

Ich bin mir nicht sicher, ob die Menschen in zwanzig Jahren überhaupt noch die Konzentration haben, sich 90 Minuten irgendwohin zu setzen, und sich einen Film anschauen können.

Vielleicht wird das bald so eine exotische Ausnahme-Veranstaltung wie Zirkus.

Keine Ahnung, in welche Richtung die Entwicklung geht. Mit Sicherheit werden irgendwann DVD und Kinofilm gleichzeitig starten. Leider bin ich ein notorischer Schwarzseher und habe oft Phasen, in denen ich denke, das kann doch alles nichts mehr werden. Ich weiß, Jammern ist scheiße, weil einen das blockiert, da muss man total aufpassen. Man verschwendet damit zu viel Energie.

Aber ich gehe jedenfalls fast nicht mehr ins Kino, gucke fast keine DVDs. Interessanterweise habe ich das aber schon von mehreren Regisseuren gehört, dass sie nicht mehr ins Kino gehen. Gibt ja auch viele Musiker, die nicht mehr auf Konzerte gehen.

Bernd Cailloux
Schriftsteller

»Man muss eben das Richtige schreiben«

Bernd Cailloux, geboren 1945 in Erfurt, lebt als freier Schriftsteller in Berlin. In den Achtzigerjahren veröffentlichte er zwei Bücher mit Erzählungen im Suhrkamp Verlag. Sein erster Roman »Das Geschäftsjahr 1968/69« (Suhrkamp 2005) wurde von der Kritik begeistert aufgenommen. Er schildert das Jahr 1968 aus der Sicht zweier Jungunternehmer, die mit ihrer Idee, ein Stroboskop in Discotheken und Konzertveranstaltungen einzusetzen, zunächst erfolgreich sind, dann aber nicht zuletzt aufgrund persönlicher Widersprüchlichkeiten scheitern. 2006 erschien von Bernd Cailloux der Erzählungsband »german writing«.

Herr Cailloux, wie haben Sie zum Schreiben gefunden?
Es ist schwer, irgendeinen Punkt zu bestimmen. Ich habe ja verschiedene andere Tätigkeiten vorher ausgeübt und bin dann auch sehr spät durch seltsame Zufälle zum Schreiben gekommen. Was ich als ersten Text sehe: den habe ich in Amerika geschrieben, auf einer langen Reise, auf der man halt sehr einsam sein kann. Und das war 1972. Aber worum geht's hier eigentlich? Es geht doch nicht um mich, oder?

Doch. Um Sie und darum, wie man sich neben dem Schreiben noch finanziert.
Bei mir war es weniger ein Nebeneinander als ein Nacheinander. Ich hatte eine Firma gegründet, die sehr einträglich war, und durch das Geld entstand der Freiraum, um schreiben zu können.

Was haben Sie genau gemacht?
Das ist ja zum Teil in meinen Roman »Das Geschäftsjahr 68/69« beschrieben, in dem steckt schon sehr viel Autobiografie drin. Durch die Firma habe ich mir die Freiheit geschaffen, mich in einem ganz langen Prozess mit Schreiben zu beschäftigen: Das dauerte bestimmt zehn Jahre, ehe mein erster Erzählungsband 1986 rauskam.

Ich weiß nicht, ob man heutzutage noch soviel Zeit hätte. Ich habe sehr lange überlegt und sehr lange gewartet, bis mein Weg erkennbar war. Es gibt dann aber auch einen Moment beim Schreiben, wo es wirklich tagesfüllend wird. Wenn man viel Zeit damit verbringt, es energischer betreibt, quasi hauptberuflich betreibt, will man irgendwann auch Geld dafür bekommen. Meiner Meinung nach kann man ja nicht unentgeltlich an einem Text arbeiten, selbst damals im billigen West-Berlin nicht.

Andere Autoren aus dieser West-Berliner Achtzigerjahre-Zeit haben allerdings den Gedanken lange abgelehnt, Geld fürs Schreiben zu nehmen. Das kann man sich heute gar nicht mehr vorstellen, dass Anfang der Achtzigerjahre darüber diskutiert wurde, ob man fürs Schreiben Geld nehmen sollte. Ob das in Ordnung geht. Es gibt ja bei Brecht auch diese wunderbare Stelle:

> Es ist wahr, ich verdiene noch meinen Unterhalt,
> aber glaubt mir, das ist nur Zufall,
> nichts von dem, was ich tue, berechtigt mich dazu,
> mich satt zu essen.
> Zufällig bin ich verschont,
> wenn mein Glück aussetzt, bin ich verloren.

Also, das ist wirklich eine interessante Überlegung. Ist Geld direkt ans Schreiben gekoppelt? Wenn man einen Schreibimpuls kriegt, wenn man ans Schreiben geht, zum Schreiben kommt, dann geht's ja eigentlich erst einmal nicht um Geld. Das kann aber auch meine romantisierende Version sein, vielleicht hat sich das in der Zwischenzeit geändert.

In früheren Zeiten hat diesen Impuls so mancher mit innerer

Notwendigkeit und inneren Drang erkärt. Egal ob Malen, Schauspielern, Schreiben. Ich weiß nicht, ob das immer noch so stimmt. Das ist auch nicht überprüfbar. Selbst wenn man jahrzehntelang in seinem Gebiet gearbeitet und viele Leute getroffen hat und auch darüber gesprochen hat, dann weiß man's trotzdem nicht genau. Vielleicht weiß man's gerade noch von sich selbst und bei seinen engsten Freunden, aber allgemeine Urteile kann man nicht fällen.

Die in Ihrem Roman beschriebene Hippie-Gartenlaubenfirma »Muße-Gesellschaft« gab es also wirklich, auch unter diesem Namen?
Es gab mehrere Gruppen zwischen London, Frankfurt, Düsseldorf, Hamburg, die unter ähnlich kuriosen Namen ihren Traum von antikapitalistischem Betrieb im Kapitalismus versucht haben zu verwirklichen.

Stimmt denn die Geschichte, dass das Stroboskop in dem Maße in Deutschland nicht bekannt war und Ihre Gruppe diese Technik hier erst eingeführt hat?
Ja, das Stroboskop hat es in Deutschland eben nicht gegeben, dadurch ist ja der damalige Erfolg überhaupt erst erklärbar. Diese Geräte wurden etwa seit 1965 für den Tanzbetrieb in den USA, in London ab 67 eingesetzt, UFO Club und Arts Lab, in den ersten avantgardistischen Undergroundlokalen. In England gab es zum Beispiel Hare Krishna Lights, die waren aus der Hare-Krishna-Bewegung hervorgegangen und haben die ersten Lightshowgeräte in England gebaut und waren auch entsprechend bekannt.

Es gab dann eine Ausstellung amerikanischer Gegenwartskunst, das wird auch in dem Roman irgendwann erwähnt, in Leverkusen, Schloss Morsbroich, Anfang 67, und dort war ein kleines Stroboskop als Kunstobjekt ausgestellt. Das stand in der Ecke und blitzte vor sich hin. Wir konnten das natürlich nicht rausnehmen aus der Kunstausstellung, die Schaltung nicht einfach kopieren. Wir mussten das elektronische Herz neu entwerfen, und das dauerte etwa ein Jahr.

Und wie lange konnte man diese Technik dann verkaufen, bis die ersten Nachahmer auf den Plan traten, bis es sich rumgesprochen hatte und eingesickert war in den Mainstream und zum Standard wurde?
Das hat eigentlich relativ lange gedauert. Ernst zu nehmende Nachahmer, Firmen, die genauso gestrickt waren wie wir und einen Bezug hatten zur Underground-Szene und trotzdem die Technik beherrschten, gab's nicht so schnell. Und bis richtig kommerzielle, normale Firmen die Stroboskop-Technik entdeckt hatten, dauerte es vielleicht zwei, drei Jahre. Da hatte man eine Zeit lang schon eine Monopolstellung.

Aber nach den zwei, drei Jahren ging die Gruppe dann auseinander?
Aber nicht, weil es auf einmal weniger einträglich wurde. Die Gruppe hat eben, je größer sie wurde, extreme Meinungsverschiedenheiten und Haltungsunterschiede entwickelt. Das ist ja auch in meinem Buch kurz erzählt: Man stellt dann einen Fahrer ein, Köche, neue Techniker, richtige Arbeiter, und hat dann daneben die Freaks, und das ist dann schwierig, die Extreme zusammenzubekommen.

Von dieser Stroboskop-Idee ließ sich in der Zeit also gut leben? Im Buch kommt ja raus, dass die Zusammenarbeit nicht ganz einfach war.
Es ist sehr wenig fiktionalisiert. Hunderte von Discos entstanden zu der Zeit gleichzeitig. Das, was heute die Clubkultur ist, ging in Deutschland Ende der Sechziger los, vorher gab es nur Tanzlokale, die hießen »Western Saloon« oder »Bergklause«. Nun gab es eine neue Technik, Kulturtechnik, das war in jeder Beziehung der Einstieg in eine verlängerte Gegenwart, die bis heute anhält. Da haben auch andere profitiert, es gab zum Beispiel verstärkt Bedarf an Lichtorgeln, die wurden dann von anderen Firmen wie Wurlitzer produziert.

Dann gab es Firmen, die P.A.-Anlagen nur für Discos, Granatendinger, hinstellten und ganz schnell groß wurden, weil die eine Disco nach der anderen eingerichtet haben. Da ist sehr viel

Geld geflossen, aber weil bei uns alles aus Liebe entstanden ist, und nicht aus Berechnung, war natürlich keiner in der Lage, unser Unternehmen optimal kaufmännisch zu leiten.

Wahrscheinlich sind Hunderttausende weggerutscht, weil man gar nicht genau wusste, wie so etwas geht. Es wurden Dinge angemietet, es wurden Leute rangeholt, es wurden Sachen gekauft, die man nicht brauchte und so weiter. Der Stil, dieses Charmant-Ahnungslose in kleinen Underground-Unternehmen war dann aber schon 73, 74 nicht mehr zu finden.

Aber es gab ja keinen Konkurs, es war ja keine Pleite in dem Sinne. Sie mussten nicht aufhören, weil Ihnen das Finanzamt auf die Schliche kam?

Wir haben nach fünf Jahren das Unternehmen freiwillig eingestellt, beziehungsweise wurden auch durch die Nichtbeherrschbarkeit des Apparats – Einkauf, Serienproduktion, Verkauf, Service – dazu gezwungen. Wir waren halt Beuysianer und keine Börsianer. Die Ursprungsidee, antikapitalistische Theorie in die Praxis umzusetzen, ließ sich nicht verwirklichen.

Aus den Aktivitäten der »Muße-Gesellschaft« hatte sich also ein kleines finanzielles Polster ergeben. Wie lange konnten Sie sich denn davon das Schreiben erlauben?

Nicht ewig. Irgendwann gibt es eine Stelle, bei der diese Bereiche miteinander koppeln oder wo es sich von alleine ergibt. In meinem Fall war es Helmut Heißenbüttel, der der Hamburger Autorengruppe, zu der ich damals noch gehörte, anbot, Radioarbeiten zu machen. Natürlich wäre es schön, wenn man das Schreiben ganz feudal betreiben könnte. Wenn man einen Background, ein staatliches Grundeinkommen meinetwegen, hätte, das einen absichert. Daraus entstünde sicherlich noch eine ganz andere Literatur.

Aber grundsätzlich würde ich sagen, wenn man zum Schreiben kommt, muss man sich darauf einstellen, dass man nicht unbedingt mit Geld zu rechnen hat. Das ist fast eine Grundvoraussetzung. Ich konnte durch die finanzielle Unabhängigkeit langsam an die Sache rangehen. Ich musste nicht veröffentlichen. In einem zweiten Schritt habe ich Beiträge fürs Radio erstellt, da damals beim Rundfunk Literaten als leitende Redakteure gearbeitet haben. Das hat jetzt ganz aufgehört. Das waren gute Zeiten; diese Schriftstellerredakteure erkannten und schätzten gewisse Fähigkeiten.

Und dann habe ich jahrelang Radiosendungen, Porträts, Essays, Überblicke geschrieben, über Literatur. Später habe ich auch Hörspiele geschrieben. Aber irgendwann hatte sich das auch erschöpft, und ich habe eigentlich bestimmt zehn Jahre lang durch die Rundfunkarbeit meine frei geschriebene Prosa finanziert. Das war ein ziemlicher Eiertanz. Natürlich keine Riesensummen. Ich habe seit circa dreißig Jahren in etwa dasselbe Geld zur Verfügung. Rundfunkarbeit war eine Zeit lang sogar einträglicher damals als das Dasein als freier Schriftsteller.

Das ist ja immer noch so.

Nur die zeitgenössische Literatur im Rundfunk stirbt so langsam aus, ist fast völlig vorbei. Ich habe zum Beispiel alle Erzählungsbände, ich habe ja drei, vier Bücher mit Erzählungen gemacht, durch den Rundfunk bezahlt, beziehungsweise die Zeit, die ich daran gearbeitet habe. Die Verlage zahlen ja viel weniger. Also vom Honorar von 2000 verkauften Buchexemplaren kann man kein Jahr leben. Wenn die Geschichten jedoch vor Erscheinen im Radio original gelesen wurden, gab es ziemlich viel Honorar, ich weiß nicht, 1000, 2000 Mark für eine halbe Stunde. Und das war eine Finanzierungsquelle, um die Bücher fertig zu kriegen.

Diese Zeiten sind vorbei, dafür muss man das öffentlich-rechtliche System auch schwer geißeln, denn das war eine große Unterstützung für Autoren: Alfred Andersch, Ernst Schnabel, Heißenbüttel, die haben dieses System, auch dieses fantastisch gute Honorar, irgendwie in die Köpfe der Politiker gebracht, dass Radio so funktionierte. Aber vorbei, wie gesagt, zeitgenössische Literatur findet im Wortmedium Rundfunk kaum mehr statt, eher über 70 Jahre alte kostenfreie Sachen und Wiederholungen.

Aber nicht nur bei der Verteilung der neuen Radiowellen kam der Poet zu spät, das wissen wir ja aus Schillers Gedicht »Die Teilung der Erde«. Darin ist die Welt bereits komplett weggegeben, an den König, den Kaufmann, den Abt, den Ackermann, als der Poet beim Gott Zeus wegen seines Anteils vorspricht. Immerhin lädt der den armen Dichter zu sich in den Himmel ein. Dort dürften die Dichter noch immer sitzen, direkt neben dem Gott, der ja offenbar nach wie vor das Recht auf Verteilung der irdischen Güter hat.

Vor dem »Geschäftsjahr 68/69« haben Sie ja lange Zeit nicht veröffentlicht. Woran lag das?
Über zehn Jahre dauerte diese Veröffentlichungslücke. Nach der werde ich ja immer gefragt. In der Zeit habe ich ja trotzdem geschrieben, an einem Roman, der abgelehnt wurde, dann war ich drei Jahre beleidigt, dann habe ich wieder angefangen, dann war es auch schon 2000. Was das Geld anging, ich habe in der Zeit für die FAZ, für diese verrückten Berliner Seiten geschrieben, und ein Jahr oder eineinhalb Jahre war ich auch Fernsehkolumnist bei der Wochenpost, jeden Donnerstag musste ich da eine Seite abliefern. Bis ich dann morgens im Tagesspiegel gelesen habe: Die Wochenpost gibt es nicht mehr.

Ich habe weiterhin Hörstücke geschrieben für den SWR 2, der noch ganz altmodisch großflächige Wortsendungen zulässt, zu dem entsprechenden Honorar. Außerdem hat die Arbeit am »Geschäftsjahr 68/69« auch fünf Jahre verschlungen, das hatte auch mit Verlagskrise zu tun, dann flog jemand raus, dann hat's wieder ein halbes Jahr länger gedauert. Hin und wieder hatte ich auch ein Stipendium.

Damit kommt man wahrscheinlich auch ganz gut über die Runden, mit den Stipendien und Auffangnetzen des Literaturbetriebs in Deutschland?
Ganz so einfach ist es nicht. Von wegen »Infrastruktur nutzen«, das hat mehr mit Lotto oder Kabbala zu tun. Man kann da auch herbe Dinge erleben. Man schaut in die Stipendienboutique und fragt sich, welches Stipendium passt zu mir, viel-

leicht eins zu 1050 Euro, wo du nicht noch putzen gehen musst, aber Präsenzpflicht in Minden hast und zu Hause 700 Euro feste Unkosten? Beim Berlin-Stipendium, das hatte ich vor zwei Jahren zum letzten Mal, waren, wenn ich mich recht erinnere, 800 Bewerber, oder 644, jedenfalls eine irre Zahl für 15 Plätze. An manchen Stellen gibt es eben eine unheimliche Konkurrenz.

Für mich war diese zähe Sache des Schreibens, die ja auch sehr viel Zeit verbraucht, begünstigt von zwei Sachen: Erstens die ARD, das deutsche Rundfunksystem, das war bei Arno Schmidt beispielsweise, zwei Generationen vorher, noch viel ausgeprägter. Der hat sozusagen nur vom Radio gelebt, da gab's noch kein Stipendiumssystem, oder noch fast keins. Der war ganz abhängig davon, bis irgendwann der Reemtsma ihm Geld geschenkt hat. Die zweite Begünstigung, auf die man heute nicht mehr zurückgreifen kann, ist die besondere Situation West-Berlin gewesen. West-Berlin war an sich eine Künstlerförderung, die Mieten waren geschenkt, die Bierpreise niedrig und die Leute konnten ihren Neigungen da ganz ruhig nachgehen. Die Kollegen, mit denen ich damals zu tun hatte, zum Teil bekannte, sehr erfolgreiche Autoren heutzutage, haben beispielsweise zweimal die Woche in der Kneipe gearbeitet oder sind Taxi gefahren. Obwohl Taxi? Das waren eher die Filmregisseure. Oder Nachtportier. Das reichte ja in Berlin. Zweimal die Woche arbeiten reichte, wenn man 100 Mark Miete bezahlte.

Wer schreibt, lässt sich auf einen langen, unberechenbaren Prozess ein. Der Doppelcharakter von Kunst und Ware kommt übrigens in der römischen Geschichte sehr gut raus. Mäzenas war der Kunstbeauftragte von Kaiser Octavius und Augustus, denen er in der Zeit von Vergil unterstellt war. Die Herrschenden wussten damals nicht mit Bestimmtheit, warum ihr Rom so erfolgreich war, und haben Mäzenas beauftragt, das zu begründen und aufzuschreiben. Und so ist sozusagen das Mäzenatentum entstanden: um etwas lobend auszudrücken. Als Schriftsteller hat man nur die Wahl, sich irgendwo zwischen Kunst und Ware anzusiedeln, zu pendeln vom Materiellen ins Ethische, das heißt, man muss vom Markt leben, vom Markt finanziert werden, oder man muss eben aufs Mäzenatentum zurückgreifen, auf Stipendien, und mal in diese, mal in jene Hände beißen. Bret Easton Ellis hätte vom Berliner Senat wohl kein Stipendium erhalten, wenn er mit seinem Roman »Lunar Park« dort vorstellig geworden wäre. Weil dieser Roman die ästhetische Einstellung des Kultursenats nicht unbedingt trifft.

Zu wenig »lobend«?

Teile von »Das Geschäftsjahr 68/69« habe ich bestimmt vier- oder fünfmal eingereicht – ich habe kein einziges Stipendium bekommen und wurde nach dem Erscheinen doch für den Deutschen Buchpreis nominiert. Die Mäzenas-Geschichte erzähle ich deswegen, weil Mäzenatentum immer bedeutet, dass man irgendein Zugeständnis machen muss, eine fühlbare Dazugehörigkeit gegeben sein muss, und sei sie noch so verwischt und undeutlich. Aber andererseits, wenn man sich nur auf den Markt verlässt, wenn man nur versucht, verkäufliche Bücher zu schreiben, weiß man ja auch, an welchen Stellen man dem Publikum entgegenkommen muss.

Wie ist es denn bei Ihnen heutzutage? Keine Ahnung, wie hoch die Auflage vom »Geschäftsjahr 68/69« war, aber das Buch hat ja doch schon ein bisschen Aufsehen erregt. Und das ist auch eine Art Comeback. Verdient man dann wieder besser, weil man wieder im Gespräch ist?

Bei den ersten Büchern von mir, also in den Achtzigern, war »Im-Gespräch-Sein« nicht so entwickelt wie heute, viel hängt mit dem Mediensystem zusammen, das sich in letzten 15 Jahren immer mehr aufgeblasen hat, großen Bedarf auch an kleinen Säuen hat, die es durchs Dorf jagt. Insofern kann man nur innerhalb der literarischen Welt von Comeback sprechen, wenn Leute nach zehn Jahren wiederkommen.

Und man wird vor allem wieder öfter zu Lesungen eingeladen, nehme ich mal an.
Ja klar, aber das bezieht sich auf das Buch. Natürlich war ich abgetaucht, aber ich habe auch in der Zeit pro Jahr ein, zwei Lesungen gehabt. Natürlich nicht vergleichbar mit heute, für das »Geschäftsjahr« gab es mindestens 40 Lesungen, und es geht immer noch weiter. Und auch aus dem neuen Buch habe ich jetzt schon sieben, acht Mal gelesen. Das schlägt sich schon finanziell nieder, vielleicht bekommt man auch leichter Stipendien, um die ich mich aber noch gar nicht wieder gekümmert habe, fällt mir ein.

Hatten Sie eine Vorstellung, wie dieses Schriftstellerleben so aussieht, als Sie jünger waren?
Ich hab mir nicht mal vor zwei Jahren, als der Roman rauskam, irgendwelche Gedanken gemacht. Also, irgendwann war ich fertig und habe gedacht, für mich ist es so okay und was dann losgebrochen ist, habe ich überhaupt nicht erwartet. Keine Sekunde, ich hab vielleicht höchstens mal gedacht, naja, das wäre ein Thema für diese Welt der Berliner Stadtmagazine.

Und was das Finanzielle angeht, von reinen Buchhonoraren zu leben, gelingt ganz wenigen Leuten, also ernst zu nehmenden Literaten. Davon abgesehen gibt's ja genug Moppel-Ichs und Wetterpropheten, die da unterwegs sind. Aber ernst zu nehmende Literaten? Nein. Das hat uns auch vor zwanzig Jahren so beschäftigt, das hielten wir nur schwer für möglich, dass jemand wirklich von Buchhonoraren, verkauften Büchern leben könnte. Und trotzdem ist es für einige zur Realität geworden. Eine Kombination aus Preisen und Honoraren. Aber das ist fast eine Elite der Schriftsteller, die das schaffen.

Es besteht ja die Möglichkeit, dass man 100 000 Exemplare verkauft und dann am besten noch einen Film daraus macht, dann …
Ich beziehe mich nicht auf die, die 100 000 Bücher verkaufen, das klingt so nach »Glücksschuss«, »Lucky Strike«, das sind ja ganz andere Leute. Nein, ich meine diejenigen, die kontinuier-

lich alle zwei Jahre Romane schreiben, mal einen Erzählband alle drei Jahre, also kontinuierlich rauskommen und dann keine Bestseller schreiben, sondern ein gutes Publikum haben, vielleicht eine Auflage von 10 000 bis 15 000, vielleicht 20 000, und dann durch die Kontinuität überzeugen.

Wenn Sie sagen, »100 000 und verfilmt«, da hätte vor 20 Jahren überhaupt niemand dran gedacht. Also, »Die Blechtrommel« wurde verfilmt, »Verlorene Ehre der Katharina Blum«, ja gut, aber ich kann mich überhaupt nicht daran erinnern, dass früher irgendein ernst zu nehmender Roman verfilmt wurde. »Die Fälschung« von Nicolas Born vielleicht noch.

Und jetzt gibt es eine völlig neue Situation, das »Geschäftsjahr« wird ja auch verfilmt, so sieht es jedenfalls rein juristisch, vertraglich aus. Ob es real ist, weiß ich nicht. Die Bedingungen haben sich derartig verändert, die Medien sind groß und stark geworden und müssen gefüttert werden. Aber der Markt ist ja auch sehr aufnahmefähig geworden.

Diese Änderungen haben sich vielleicht durch die Popliteratur ergeben. Schon vor der Wiedervereinigung war West-Berlin der literarisch führende Ort mit den meisten Autoren, mit den meisten literarischen Veranstaltungen und so weiter. Das, was sich dann ab Anfang, Mitte der 90er entwickelte, ist ein ganz neuer Geist, ein neuer Stil, eine zweite Welt ist da entstanden, eine schnellere, einfachere, leichtere Literatur, mit gleichzeitiger Verwertung angekoppelt. Und insofern denke ich, dass die Bedingungen heute auch leichter sind, um sich als Schriftsteller zu finanzieren. Vielleicht ist aber auch die Masse der Autoren heutzutage zu groß, wenn man überlegt, 3000 Autoren gibt es in Berlin, manche sagen, es gibt 5000 arbeitslose Journalisten hier, da geistern immer so Zahlen durch die Presse, so genau weiß man das aber nicht.

Wie sieht Ihr Arbeitsalltag aus?

Ich glaube, das wird bei jedem anders sein, eine hochindividuell austarierte Angelegenheit. Es gibt Leute, die schreiben einen Roman nach dem anderen. Es gibt Leute, die schreiben morgens nur von sieben bis neun Uhr und sitzen den ganzen Tag rum, weil sie das Gefühl haben, mehr können sollten dürften sie nicht schreiben. Bei mir kommt es auf die Phase an, in der ich mich befinde. Wenn man so wie ich innerhalb kurzer Zeit zwei Bücher rausgebracht hat, dann muss man das erst mal verwalten und durchstehen, auch in Bezug auf die Reaktionen, das heißt, zuletzt ist wenig entstanden.

Selbstvermarktung gehört ja zum Beruf.
Es sind eben stark ausdifferenzierte Arbeitsweisen, ich habe da immer kombiniert, Sekundärtexte, politisches Feuilleton, Hörstücke und die Prosa. Jetzt bin ich in der glücklichen Lage, dass ich nicht unbedingt »Geldarbeiten« machen muss. Was aber trotzdem auch wieder zu neuartigem Druck führt. Wenn man Brotjobs macht, ist man beschäftigt, man arbeitet, das macht auch Sinn, wenn es irgendwo abgedruckt wird oder im Deutschlandradio läuft, das ist dann eine realistische Angelegenheit. Während man bei der Prosa sehr lange in der Luft hängt. Man weiß nicht, was passiert, ob es was wird, und es gibt eben auch lange tote Zeiten, wo man vielleicht gar nicht schreibt oder an etwas schreibt. Dass man das vielleicht wegwerfen muss. Und diese toten Zeiten lassen sich nicht vermeiden. Botho Strauß nennt das »den Dämmer«.

Dieser Dämmer ist beim Schreiben notwendig, das heißt, das sind Zeiten, die in kostengünstiger Kontemplation verdämmert werden. Das können Wochen, das können Stunden, das können Monate sein. Manchmal bekommt man es dann mit der Angst zu tun, aber man sollte Literatur nicht nach einem beamtischen System betreiben. Es gibt Leute, die sagen, man muss immer schreiben und immer sportiv dabei bleiben, ich für meinen Teil habe nichts gegen völlig tote Zeiten.

Bei einem Buch mit Erzählungen, »Die sanfte Tour«, habe ich mal den Fehler gemacht, dass ich eine Geschichte nach der anderen geschrieben habe, damit das Buch fertig wird, und das war nicht gut, da ich eigentlich nur so mittelmäßige Ideen hatte und nicht warten konnte. Im Nachhinein finden einige Leute selbst darin wahnsinnige gute Geschichten, jemand sagte mir kürzlich: »Von all Ihren Texten ist ›Abenteuer beim Zitatenhandel‹ der schönste Text.« Ein sehr mühselig zu lesender Text, aber der hat auch einen Freund gefunden. Man muss eben das Richtige schreiben.

2005/2006 habe ich fast drei, vier Lesungen pro Monat gemacht, nebenbei habe ich den Erzählband »german writing« fertiggeschrieben, zu dem dann auch entsprechende Arbeiten wie Lektorieren, Korrigieren anfallen.

Welche Tätigkeit, welche Situation genießen Sie bei Ihrer Arbeit am meisten?

Das Schönste ist, dass die Realität nicht gilt, während man schreibt. Dann gilt nur die Realität der Erzählung, in der man gerade steckt, und alles andere, was einem an seinem eigenen Leben missfällt, ist ausgeblendet. Man kann zwar nicht machen, was man will, denn vieles wirkt mit und ein, und manches schreibt sich von selbst, so ungefähr jedenfalls.

Und da gibt es dann die Momente, wo es geklappt hat, wo es dann richtig wurde, aus dem eigenen Gefühl und Urteil heraus schön oder richtig wurde. Man merkt es nicht unbedingt gleich beim Schreiben, wenn bestimmte Sachen gelungen sind. Irgendwann merkt man es hinterher, aber man weiß nicht mehr, an welchem Tag einem das passiert ist. Weil die Texte sich ja im Laufe der Arbeit sehr verschieben und einzelne Fassungen miteinander verwachsen, es gibt für mich diese Momente, wenn ich selber auflache beispielsweise, und das kommt Gott sei Dank immer noch vor.

Gibt es etwas, das Sie in Ihrem Beruf vermissen?

Ja klar, die Normalität. Die Versuchung des Heiligen Antonius. Das normale Leben, das hat man nicht, also ich hab's nicht, das fehlt. Im Moment bin ich melancholisch, weil ich mich noch nicht neu gesammelt habe, aber die Rituale durchs Schreiben bestimmt sind wie die unbedingt auszuhaltende Gefangenschaft im Zimmer, der kurze Hofgang, das lange Schweigen. Insofern ist das Schreiben auch ein Fluch, es ist keine sonnig-selbstbewusste Angelegenheit, wie es in den Medien häufiger dargestellt wird.

Es ist eine ganz bestimmte Lebensform, das kann man schlecht erklären, ohne jetzt mystifizierende Dinge erzählen zu wollen. Das müssen ja auch andere sagen, ob es eine Art Leidenschaft ist, auf jeden Fall ist man mit seiner Person sehr eng damit verbunden. Nicht, dass man jetzt draußen rumläuft und alles auf Verwertung überprüft, wie ein Schwamm alles aufsaugt, dass man deswegen nicht normal mitleben kann, das nicht. Aber man hat einfach eine bestimmte Distanz der laufenden Realität gegenüber, und ich persönlich dringe da nur noch beim Fußballspielen richtig durch. Oder beim Besäufnis, wenn die Kondition dazu noch ausreicht, um dann auch auf denselben Realitätslevel wie die anderen zu kommen.

Sie spielen auch Fußball?
Ja, Fußball und Joggen. Sport allgemein gehört in seiner Herbheit auch schon fast wie ein Bruder zur Schriftsteller-Arbeit. Beim Joggen ist mir zum Beispiel der Schluss des Romans eingefallen, und in der Nacht nach dem Joggen ist mir auch der Titel eingefallen. Also, ich kann dem Joggen nur dankbar sein. Aber wenn ich die Highlights des Schriftstellerdaseins auf die Momente beschränken sollte, wo das fertige Buch hier ankommt, dann hätte ich bislang wenig zu lachen gehabt.

Aber das ist ja auch immer ambivalent, zum einen der Moment, wo die ganze Arbeit zum Abschluss gekommen ist, und im nächsten Moment fällt man vielleicht in tiefste Post-Produktions-Depressionen.
Ja, und möchte sich umbringen, das habe ich auch schon oft gehört. Na ja, es gibt noch bei Lesungen einen kurzen Moment der Zufriedenheit, wenn man merkt, dass das Publikum die Sache goutiert und sie aufnimmt und möglichst angenehm darauf reagiert. Das ist sehr schön, das ist auch unbezahlbar, weil man in diesem Moment spürt, dass man durch alle individuellen Schwierigkeiten und fiktionalen Schwierigkeiten, durch das ganze Gewebe der Sprache trotzdem noch Verständliches abgeliefert hat, obwohl es doch letztendlich komplizierte Vorgänge sind.

Bei meinem Roman zum Beispiel, als ich mich vorwagte, »Der Stoff interessiert mich, das will ich jetzt machen«, gab es Freunde, die sagten: »Was willst du damit, so alte Geschichten interessieren doch keinen mehr, und in ein paar Jahren, wenn es endlich rauskommt, noch weniger.« Das hat mich auch ein bisschen gebremst. Der Moment, wenn man merkt, dass man dann trotzdem jemanden erreicht, ist sehr schön.

Sind Sie gerne auf Lesereise? Deutsche Mittelstädte, Hotels, Buchhandlungen?
Ich hatte ja nur eine kleine Lesereise, ganz am Anfang. Meistens wurde ich eingeladen. Man stellt sich immer vor, es wäre angenehmer, als es in Wirklichkeit dann ist. Man steht um 12 Uhr nachts in irgendeinem Hotel und hat einen Adrenalinschub, und diese Leute, die einen eingeladen haben, sind schon im Bett. In Darmstadt, in Osnabrück, da geht man am Donnerstag abend um 11 Uhr, halb zwölf Uhr ins Bett. Und dann steht der Autor allein da. Das ist überhaupt nicht aufregend. Merkwürdig war nur, dass ich immer vergessen hatte, dass ich beispielsweise schon zweimal in Mainz, zwei- oder dreimal in Erlangen war. Im Allgemeinen sind die Leute bei Lesungen sehr offen, es sei denn, man hat überhaupt kein Publikum, Bremerhaven.

Sie haben gesagt, dass Ihre Stimmung im Moment melancholisch sei, aber eigentlich läuft doch alles ganz gut.
Das hat viele Gründe. Allein das Geschäft des Älterwerdens beispielsweise läuft ganz schlecht, eine grauenvolle Angelegenheit, das verstehen die Mittdreißiger noch nicht.

Damit müssen wir uns allerdings auch auseinandersetzen.
Nein, gar nicht, das dauert ewig. Ja, aber das sind ja alles Klischees: »Läuft«. Was »läuft«? Warum?

Wenn man vielleicht den Traum gehabt hat, dass man einen Roman schreiben kann, er veröffentlicht und gelesen wird, und auf einmal passiert es wirklich.
Alle diese Sachen sind ja zweischneidig, mindestens. Also der Erfolg eines Buches ist erfreulich, aber die Arbeit liegt hinter einem, das heißt, für die Zukunft bedeutet das eigentlich nur Druck, der sogenannte Erfolgsdruck, durch Erfolg entsteht Druck. Und dieser Druck ist schon sehr schmerzhaft. Denn wenn man plötzlich dieses Echo bekommt, diese Resonanz hat, spürt man gleichzeitig, dass eine gewisse Verantwortung damit verbunden ist, bestimmte Erwartungen werden aufgebaut, sei es vom Verlag, sei es vom Publikum …

Der Verlag will von mir im Moment zwei Bücher, das ist Druck genug, weil ich gar nicht weiß, ob ich das überhaupt will. Und sie wünschen sich immer nur genau dasselbe Buch in derselben Qualität. Da wimmelt es von Klischeevorstellungen in Bezug auf das Schreiben. In »german writing« habe ich ja ein paar Klischees abgeschmirgelt, allerdings auf so schräge Weise, dass man schon sehr genau lesen muss, um es rauszufinden. Wenn man so will, ist es ein Luxusproblem, dass es so etwas wie Erfolgsdruck oder Erwartungsdruck gibt. Den gab's ja vorher auch, den Erwartungsdruck, aber so was kann sich eben auch steigern.

Gibt es denn etwas, woran Ihr Herz hängt, was Sie auf jeden Fall noch realisieren möchten?
Man muss ja immer erst einen Schlüssel finden für das, was einen am meisten beschäftigt im Leben. Man kann das nicht einfach runterschreiben, der Stoff ist da, aber die Entzündung durch eine Idee muss erst einmal kommen. Natürlich würde ich gerne mehr über das Verhältnis von Männlein und Weiblein schreiben, logischerweise. Weil das ein Thema ist, das einen ein Leben lang in allen möglichen Schattierungen, Erotik, Liebe, Sex, beschäftigt. Nur muss man eben nach dem Schlüssel suchen, eine Idee muss der Masse an Stoff die Form geben.

Aber wenn man diese Idee gefunden hat, zum Beispiel beim Joggen, besteht die Möglichkeit, dass man sich einen Augenblick der Erfüllung erschafft.
Bei Erzählungen ist es leichter, ich habe wenig Ausschuss bei Erzählungen. Der Roman kann ja auf der halben Strecke absaufen, selbst wenn man gedacht hat, das ist richtig und das ist fantastisch, aber auf 300 Seiten kann so viel passieren, auch kippen, das kann sich um die eigene Achse drehen. Ich habe zum Beispiel beim »Geschäftsjahr« zwei Kapitel weggeworfen und irgendwann gemerkt, dass das Blödsinn war, und habe in Papierkörben diese beiden Kapitel gesucht und Gott sei Dank auch gefunden und wieder reingenommen. Eins davon lese ich bei jeder Lesung wieder, ist fast wie ein Popsong.

Welches ist das?
Wo der Protagonist eine amerikanische Tramperin mitnimmt, die ihn dann als »Hippie business man« bezeichnet, vier, fünf Seiten. Egal, am schönsten ist, wenn man in diesen Zustand des Schreibens reinkommt. Gleichzeitig schottet dieser Zustand einen auch wieder ab vom Rest der Welt. Ich merke, ich komme jetzt auch an die Stelle, wo ich eigentlich in Klausur gehen müsste.

Beim Roman habe ich die letzte Fassung in Rheinland-Pfalz geschrieben, neun Monate in den Weinbergen, wo absolut nichts los war – da ging das wunderbar. Ich weiß es jetzt auch von Kollegen, wenn die einen Roman anfangen, verschwinden die. Zumindest einmal für zwei, drei Monate, um aus dem normalen Leben irgendwie rauszukommen. Besonders dem Zustand entkommen, den man sich an seinem jeweiligen Zuhause, in meinem Fall Berlin, geschaffen hat. Frühere Fassungen habe ich auch hier geschrieben, es spricht auch gar nichts dagegen, aber man ist dann in einer anderen Welt, in einem anderen Bezugsrahmen.

Und der verändert ja auch den Blick auf den Text.
Den Blick auf das Leben. Und ich bekomme das eigentlich selten zusammen. Wenn ich richtig dran bin, dann habe ich ein

ganz mageres Programm, dann passiert nichts, dann kann ich noch nicht mal ins Café gehen und die Gespräche ertragen. Wenn ich mich dann unter Leute begebe und höre von drei Leuten drei Situationsberichte, und am anderen Morgen will ich wieder weiterschreiben, dann habe ich das immer noch im Kopf. Ich brauche eine Stunde länger, um mich zu konzentrieren. Konzentration ist sowieso alles.

Haben Sie denn vor, bald in Klausur zu gehen?
Ich weiß nicht, wie und wo, aber irgendwas muss jetzt passieren.

Sibylle Fendt
Fotografin

»Ich weiß nicht, was das große Sprungbrett ist«

Sibylle Fendt ist 1974 in Karlsruhe geboren und arbeitet als freie Fotografin in Berlin. Sie studierte Fotografie an der FH Bielefeld und war Gaststudentin am Städel, Frankfurt am Main bei Wolfgang Tillmans. 2003 nahm sie an der 10. World Press Masterclass teil. Neben verschiedenen Porträtserien unter anderem über magersüchtige Frauen, die Lebensverhältnisse von Messies und brustkrebserkrankten Frauen veröffentlicht Sibylle Fendt Fotos in verschiedenen Magazinen wie brand eins, Spex, Brigitte und NZZ Folio.

Du bist ja 2007 von der Zeitschrift NEON zu einer der 100 wichtigsten Deutschen gekürt worden. Hat diese Erwähnung deine Auftragslage verändert?
Ja, danach hat niemand mehr angerufen. Vielleicht haben alle gedacht, ich habe es nicht mehr nötig und bin wahrscheinlich viel zu teuer.

Nein, im Ernst. Bist du gut im Geschäft?
Ich lebe tatsächlich von meinen Auftragsfotografien, wobei ich noch nicht lange genug davon lebe, dass ich die Zuversicht habe, dass es in zwei, drei Jahren auch noch klappt. Die letzten zwei Jahre sind sehr gut gelaufen, davor ist es beschissen gelaufen, da habe ich mir einen Kredit bei meinen Eltern genommen, über 10 000 Euro, da hieß es dann, »Zahl den irgendwann zurück, von mir aus auch erst in 30 Jahren«.

Es hat mich viel Überwindung gekostet, meine Eltern zu fragen, ob sie mir Geld leihen. Ich habe während des Studiums in Bielefeld schon regelmäßig Jobs gehabt, vor allen Dingen für das SZ-Magazin. Und meine Kommilitonen haben immer gesagt, wenn es jemand »schafft«, dann ich. 2002 habe ich meine Diplomarbeit über Messies gemacht, »Uneins« heißt die Arbeit. Mit der habe ich auch Preise gewonnen, und eigentlich war ich schon zuversichtlich, als ich nach Berlin gezogen bin. Tatsächlich habe ich aber ein Jahr lang keine bezahlten Jobs gehabt.

Weil es in Berlin so viele Fotografen gibt, oder warum? Letztendlich hast du deine Kontakte ja alle mitgenommen.
Mein einziger regelmäßiger Auftraggeber war das SZ-Magazin, und da hat es vielleicht einen Wechsel in der Redaktion gegeben, und schon war ich draußen. Das geht schnell.

Ich habe dann die klassische Mappentour gemacht und Zeitschriften meine Arbeiten präsentiert, aber die sehen sich wahrscheinlich zehn Mappen die Woche an. Und wenn es dann nicht gerade einen Job gibt, ist man nach drei Wochen auch wieder in Vergessenheit geraten.

Vielleicht war damals auch nicht die Zeit für diese ernsthaften Sachen, wie ich sie gemacht habe. Ich hab nichts zu tun gehabt und keine Energie für eine neue Arbeit, hing total in den Seilen und fing dann an, zu überlegen, ob ich mir einen 4- oder 5-Euro-Job zulege. Ich hatte mich bei einem Kurierunternehmen beworben und bekam auch die Zusage, da arbeiten zu dürfen. Die wollten, weil ich ein Auto habe, dass ich Pakete für einen Hungerlohn ausfahre. Und das war für mich dann auch so ein Moment, wo mir klar wurde, das bringt überhaupt nichts. Das bisschen, was ich verdiene, gebe ich direkt wieder aus. Daraufhin habe ich mich mit meinen Eltern beraten und gefragt, ob sie mir Geld leihen können, obwohl es mir superpeinlich war.

Muss jeder Fotograf mit der Mappe auf Akquisetour gehen?
Ja, so wird's gemacht, wobei ich selbst nicht viel mit meiner Mappe unterwegs bin und mir von Anfang an gesagt habe, ich

gehe nur zu Magazinen, wo ich mich auch zu Hause fühle. Ich möchte nur dahin, wo ich mit gutem Gewissen sagen kann: »Ich passe zu euch, wir können gut zusammenarbeiten«, wo ich dann auch volle Energie reinstecken kann.

Im Moment ist gerade wieder so eine Phase, in der ich recht wenig Jobs habe, und ich stelle mir die Frage, ob ich mal wieder eine Mappentour machen sollte. Aber vielleicht nervt es die Magazintypen doch, wenn ständig Leute mit ihrer Mappe vorbeikommen. Letzendlich habe ich schon viele Jobs durch meine Mappe akquiriert. Die Frage ist nur, ob jetzt nicht vielleicht mal eine Zeit angebrochen ist, wo es ausreicht, sich die Website eines Fotografen anzuschauen. Aber natürlich ist es für Redakteure auch interessant, das Gesicht hinter einer Arbeit zu sehen.

Was hast du von den 10 000 Euro gekauft? Equipment?
Damit habe ich im Prinzip eine neue freie Arbeit, »Ana«, über Magersüchtige, finanziert. Ich habe die Kohle gebraucht, um meine Fahrten und mein Fotomaterial zu bezahlen. Und ich wollte ja auch ein Polster für schlechte Zeiten.

2003 hast du die Zusage von World Press Photo bekommen, an der Masterclass teilzunehmen. Erklär doch mal kurz dieses World Press Photo Stipendium. Da bewirbt man sich und bekommt ein Thema oder wie sieht das aus?
Nein, für die World Press Photo Masterclass kann man sich nicht bewerben. Da wird man nominiert. Die World Press Photo Foundation ist eine unabhängige Organisation in den Niederlanden, eigentlich die international renommierteste Plattform für Fotojournalismus. Jedes Jahr werden 12 junge Fotojournalisten bis 30 Jahre für die Teilnahme an der Masterclass ausgewählt. Zuerst wird man von einer deutschen Jury vorgeschlagen, dort muss man seine Mappe einreichen. Wer die erste Runde übersteht, bekommt Post von World Press Photo.

Weltweit bleiben in diesem Prozess so 120 bis 140 Leute übrig. Man wird aufgefordert, noch einmal seine Mappe mit ganz bestimmten Auflagen in den Niederlanden einzureichen.

Als würde man sich für eine Professur bewerben. Und schließlich werden davon 12 Leute für die Masterclass ausgewählt, die bekommen ein Thema, das zum Glück immer so offen ist, dass man vollenden kann, was man eh schon angefangen hat, in diesem Fall war das Thema »Enough«. Man hat genau drei Monate Zeit, eine Arbeit dazu abzuliefern. Später trifft man sich zu einem einwöchigen Seminar in Amsterdam, bei dem die 12 Schüler auf 7 Profis aus unterschiedlichen Berufsbereichen des Fotojournalismus treffen. Abschließend gibt es dann im Fotomuseum in Amsterdam die Ausstellung der Arbeiten.

Allen Fotografen hat man angesehen, dass sie sich mit nichts anderem als Fotografie beschäftigen. Das ist genau ihr Ding, und das wird sich so schnell auch nicht ändern. Diese Erfahrung war auf der einen Seite sehr beeindruckend, auf der anderen Seite konnte man mit den Leuten überhaupt nicht über Fotografie diskutieren, weil alle schon sehr festgelegt waren. Dann waren auch einige Kriegsfotografen dabei, die tatsächlich mit ganz anderen Problemen zu kämpfen hatten als ich mit meiner First-World-Fotografie. Letztendlich hatte ich noch nie mit so professionellen Leuten zu tun.

Ist da auch finanziell was bei rumgekommen?
In dem Jahr, in dem ich teilgenommen habe, ist Kodak als Sponsor ausgefallen, und dadurch mussten wir das Material selbst bezahlen. Da sammelt sich schon einiges an Unkosten an, ich habe 130 Filme für das Projekt belichtet, das sind allein 1300 Euro. Dazu kamen Fahrtkosten, Übernachtungskosten, Printkosten, und leben muss man auch. Na ja, wenigstens konnte man sich aus einer Liste von Canon Kamera-Equipment aussuchen. Ich hab geschaut, wofür bekommt man bei eBay am meisten, und mir dann zwei Objektive ausgesucht, die ich für insgesamt 2500 Euro versteigern konnte.

Wie bist du eigentlich auf Bielefeld als Studienort gekommen?
Auf der Fachhochschule Bielefeld kann man im Designstudiengang Fotografie studieren, und der ist nicht unbekannt. Vor allen Dingen gibt es dort einen Schwerpunkt Dokumentarfoto-

grafie. Vorher war ich ein Jahr bei einem Fotografen beschäftigt, und in der Zeit wurde mir klar, dass ich gerne Fotografie studieren möchte. Dann habe ich mir eine Woche freigenommen und bin mit dem Auto durch Deutschland gefahren und habe mir alle möglichen Schulen angeschaut. Und mich dafür entschieden, dass ich mich in Bielefeld und Dortmund bewerbe.

Ich habe gerne handwerklich gearbeitet, schon zu Schulzeiten. Nachdem meine Bewerbungen an der Kunstakademie und einem lokalen Theater nicht von Erfolg gekrönt waren, habe ich mich eingeschrieben für Kunstgeschichte, Philosophie und Soziologie an der TU in Karlsruhe, wo ich zwei Jahre vor mich hingedümpelt habe und mir immer mal wieder eingebildet habe, ich wäre die totale Theoretikerin. Bis mir ein sehr guter Freund knallhart ins Gesicht gesagt hat, dass er es albern fände, dass ich Philosophie studiere. Ich fand's heftig von ihm, meine schöne, ausgedachte akademische Karriere so infrage zu stellen.

Vielleicht solltest du ihm dafür dankbar sein. Sonst würdest du dich immer noch durch irgendwelche Bücher quälen müssen, wo du nach zwei Seiten sowieso mit den Gedanken ganz woanders bist. Was verdient man denn jetzt eigentlich so als Magazin-Fotografin, so ein Intro- oder Spex-Foto bezahlt ja auch nicht gerade die Miete?

Intro, Spex und Groove sind regelmäßige Auftraggeber von mir. Das Gute an diesen Jobs ist, dass sie immer in Berlin sind. Da muss ich nirgendwo hinfahren. Alles in allem dauert der Job eine Stunde inklusive Fahrtzeit, manchmal dauert's auch länger, aber dann nur, weil man es nett findet, man sich mit der Band gut versteht und man es länger dauern lassen möchte. Ansonsten ist man mit dem Fotoshooting in einer halben Stunde fertig.

Ich bekomme im Schnitt einen Hunni inklusive Material, aber da ich immer noch analog fotografiere, bleiben da gerade mal 30 Euro übrig, vielleicht auch mal 50, vielleicht auch mal nichts, kommt darauf an, wie viel Filme man verknipst hat.

Wenn man nebenher noch andere Jobs hat, also nicht drauf angewiesen ist, damit seinen Lebensunterhalt zu verdienen, kann es sehr viel Spaß machen, und man knüpft neue Kontakte bei der Arbeit.

Wie unterscheiden sich deine verschiedenen Jobs von deinen freien Arbeiten?

Für mich sind Auftragsarbeiten etwas ganz anderes als die freie Arbeit. Außer Musiker für Musikmagazine fotografiere ich ja zum Beispiel für die Brigitte und Aktion Mensch. Ich fotografiere oft Menschen, die noch nie vor der Kamera standen. Bei solchen Aufträgen lerne ich, unvoreingenommen auf Leute zuzugehen und mich für jeden zu interessieren. Optimalerweise findet man eine Verbindung, sodass die Fotos in guter Atmosphäre entstehen können. Manchmal braucht man viele Worte, manchmal auch nicht. Aber es geht schon darum, sich zu verstehen, sich einander anzunähern, Gemeinsamkeiten zu finden.

Mit meiner Diplomarbeit habe ich angefangen, hauptsächlich Menschen, die in eine elementare Sackgasse geraten sind, zu fotografieren. Leute, die sich in einer mentalen Krise befinden, aus der sie so leicht nicht wieder rauskommen. Oder vielleicht auch nie wieder. Magersüchtige, Messies, Essgestörte, Spielsüchtige. Die Fotografie ist ein Anlass, solchen Leuten zu begegnen. Wenn ich nicht fotografieren würde, würde ich nie so unterschiedliche Menschen treffen. Jeder kennt natürlich Krisensituationen von sich selbst und seinen Freunden, aber dass es viel extremere Fälle seelischer Not gibt, ist einem oft nicht bewusst. Außerdem würde ich mich gar nicht trauen, in meinem Freundeskreis jemanden zu fotografieren, der eine schwere Zeit durchmacht. Oder vielleicht noch nicht.

Gibt man sich öfter mal Tipps unter Fotografen? Oder handeln die sich alle nur gegenseitig runter?

Ich weiß noch, wie wir in den letzten ein, zwei Jahren an der Fachhochschule über Tagessätze debattiert haben, und dass wir uns geschworen haben, nicht unter 150 Euro zu arbeiten, weil wir sonst den Markt kaputt machen. Dann fällt man raus aus der Schule, und alles sieht auf einmal ganz anders aus. Als ich nach Berlin gegangen bin, habe ich mich bei der De:Bug vorgestellt. Und da meinte der damalige Bildredakteur zu mir, »Du kriegst 40 Euro inklusive Material, und wenn's ein Titel ist, gibt's 80«. Dann denkst du dir schon, krass, was mache ich denn jetzt? Und dann ist natürlich schon das nächste Argument: Bevor ich mich hier langweile, kann ich auch mal kurz rausgehen und fotografieren, dann verknipse ich halt nur zwei Filme, dann bin ich auf null. Es kommt kein dritter Film in die Kamera, und die Fotos werden immer nur mit dem Fahrrad abgegeben.

Wobei De:Bug ja auch nicht das große Sprungbrett ist.
Ich weiß nicht, was das große Sprungbrett ist. Ich habe das große Sprungbrett nicht erlebt. Es geht bergauf, und es geht bergab.

Sind die Zeiten jetzt nicht wieder besser geworden? Zumindest sagen das die professionellen Mutmacher.
Dafür müsste ich vielleicht in die Werbung oder in die Modefotografie gehen, weil es da andere Finanzierungsmodelle gibt. Aber ich bin ja überhaupt keine Modefotografin. Das ist der Unterschied, in meiner Branche, Fotojournalismus, gibt's nicht solche Quantensprünge. Da verdient man nicht heute 150 und morgen 1500. Es gibt keine Auftraggeber, die mir 1500 Euro am Tag zahlen würden. Nicht in meinem Bereich, auch wenn ich jetzt in ein Kriegs- oder Krisengebiet gehen würde, um zu fotografieren. Im letzten Irakkrieg waren so viele Fotografen und haben ihr Leben riskiert, und dann sind sie ihre Bilder noch nicht einmal losgeworden. Bei den Fotografen funktioniert der große Coup vielleicht dann durch die Zweitverwertung. Wenn du mal ein Megaknallerbild gemacht hast, hast du wahrscheinlich ausgesorgt, weil das Bild die nächsten zehn Jahre immer wieder gekauft wird.

Wie erklärst du dir, dass Leute wie Wolfgang Tillmans, bei dem du ja auch studiert hast, plötzlich zu Kunst erklärt werden?
Tillmans war ja von Anfang an an der Kunst interessiert. Der hat sich ja nie als Journalist verstanden.

Reicht es, diesen Anspruch laut genug zu postulieren?
Tillmans hat am Lette-Verein angefangen, hat nach ein paar Wochen gesagt: »Sorry, das ist nichts für mich hier«, und ist an das Bournemouth & Poole College of Art & Design nach London gegangen. Er hat von Anfang an einen ganz anderen Kontext gesucht, er wollte Künstler werden. Sicherlich würde er auch von sich selbst sagen, dass ein bisschen Zufall mit dabei war. Aber vor allem hat er ein Gespür gehabt für die Zeit. Er hat sich nicht – wie wir Journalisten – beeinflussen lassen von einem Markt und einem Stil. Tillmans hat in den Neunzigern sehr mutig versucht, ein Terrain zu verlassen, auch wenn man das heute vielleicht gar nicht mehr so einfach nachvollziehen kann.

Aber ich glaube, ab einem bestimmten Berühmtheitsgrad gibt es einen heftigen Sprung. Und da entsteht Neid. Natürlich ist es verrückt, wenn ein Bild von Tillmans für Hunderttausende von Pfund versteigert wird. Das ist halt ein komischer Markt. Für Sammler, Millionäre, hat Geld eine andere Bedeutung als für uns.

Hast du Stipendien auf dem Schirm?
Die Stipendien, die ich bekommen habe, waren die klassischen Stipendien, auf die sich jeder bewirbt, der in Deutschland studiert und Diplom macht. Das sind Förder- und Diplomstipendien. Bei dem Wüstenrot-Preis zum Beispiel kann man sich nur mit seiner Diplomarbeit bewerben, und wer das nicht auf die Reihe bekommt, ist echt selbst schuld. Das sagt dir jeder Professor: »Hier, du weißt, übernächsten Monat ist Einsendeschluss, bewirb dich.«

Jetzt ist es schwieriger. Jedenfalls bewerbe ich mich nur für Preise, bei denen ich mir reelle Chancen ausmale. Absagen zu bekommen, ist nicht schön.

Und wenn man dann aus der FH raus ist?
Ich habe vor allen Dingen von Kollegen, die mit mir zusammen studiert haben, gehört: »Mir hat keiner gesagt, dass ich danach vier Monate lang keinen Job habe.« Die Zeiten sind vielleicht vorbei, wo alle immer gut zu tun hatten oder die gab's vielleicht auch noch nie. Auf der einen Seite haben wir einen Traumjob, bei dem wir 350 Euro am Tag verdienen können, bei dem die Aufträge sogar noch Spaß machen, wo man was lernt und es viel Abwechslung gibt. Und klar, dass es immer eine Kehrseite der Medaille gibt, verwundert jetzt auch niemanden.

Ich wollte am Anfang eine Ausbildung zum Fotografen machen. Da dachte ich, ich stehe irgendwann in einem Laden. Das wäre auch o.k. gewesen, aber gut, es ist ganz anders gekommen. Aber ich habe viel naiver angefangen. Ich dachte wirklich, Fotografie studieren ist wie eine Tischlerlehre.

Und jetzt sitzt du da und fotografierst deine Ängste. Manche freiberuflich tätigen Kulturschaffenden sagen, dass ihr Beruf daran schuld ist, dass sie noch keine Familie gegründet haben, weil jahrelang alles so unsicher ist. Die finanzielle Unsicherheit greift dann auch auf persönliche Bereiche wie Beziehungsfähigkeit, Verantwortungsbewusstsein über.
Ich glaube nicht, dass die finanzielle Unsicherheit an der fehlenden Familienplanung oder der Vereinzelung weiter Teile der Bevölkerung schuld ist. Leute wie wir haben viel länger gebraucht, bis wir überhaupt das gefunden haben, was wir unsere Arbeit nennen wollen. Und natürlich haben wir die Freiheit, uns die ganze Zeit ständig neue Lebensmodelle zu überlegen. Wir sind total emanzipiert, wir haben viel höhere Ansprüche an alles. Nicht nur an den Beruf, natürlich auch an den Partner. Und dadurch wird es nicht einfacher.

Man denkt sich viel schneller: »Mit dem Typen kann ich nicht zusammenbleiben. Ich habe mir das anders vorgestellt und was Besseres verdient.« Ich glaube nicht, dass das was mit der finanziellen Situation zu tun hat. Früher hat man einfach mehr Dinge gemacht, ohne großartig darüber zu reflektieren, zum Beispiel auch Kinderkriegen, was ja gar nicht so schlecht ist. Unsere Generation ist mittlerweile an einem Punkt angekommen, wo wir wahnsinnig werden, weil wir alles immer so oft überdenken. Das ist zum Problem geworden und führt einen manchmal geradewegs in die Einsamkeit.

Wenzel Storch
Filmemacher

»Man dachte eben: wird schon werden«

Wenzel Storch, geboren 1961 in Hildesheim, wo er noch heute lebt und arbeitet. Drehte als Autodidakt zwischen 1986 und 2004 die drei Filme »Der Glanz dieser Tage«, »Sommer der Liebe« und »Reise ins Glück«, bei denen er Drehbuchautor, Regisseur, Kameramann, Produzent und Verleih in Personalunion war.

Wirst du häufig gefragt, ob du von dem, was du machst, leben kannst?
Das kommt manchmal vor. Ich weiß gar nicht, was ich dann immer antworte. Ich bin aktuell in einer ziemlich problematischen Situation, und das bin ich eigentlich schon seit Jahren. Ich werde demnächst wahrscheinlich aus der Krankenkasse rausfliegen und habe die Miete hier seit einem halben Jahr nicht bezahlt. Ich rede deswegen nicht so gerne darüber, weil das nicht sonderlich erfreulich ist. Das zieht mich nur runter, und denjenigen, der es sich anhört, vielleicht auch.

Im Lebenslauf auf deiner Internetseite steht, dass du nach dem Zivildienst zwei Jahre hauptsächlich spazieren gegangen bist.
Damals war es so, dass ich keine Lust hatte, einen Beruf zu erlernen oder eine Ausbildung zu machen. Die Berufe, die es so gibt, haben mir alle nicht gefallen. Das ist ja eine Situation, in der Millionen von Leuten sind. 1982 kam erst mal der Zivildienst, da merkt man schon, wie das so ist, wenn man arbeiten muss, ohne sich die Arbeit selbst ausgedacht zu haben. Ich bin

auf einer Pflegestation im Altersheim gelandet, da gab es schon am ersten Tag Ärger, weil ich mich geweigert habe, innerhalb von sieben Minuten einen Opa, der hilflos im Bett lag, gelähmt und mit Katheter im Schwanz, zack, zack zu waschen, umzuziehen und zu füttern. Und die ganze Zeit eine Schwester im Nacken, die einen scheucht. Ich habe nur überlegt, wie ich von dieser Pflegestation wegkomme.

Ich sollte dann irgendwelche Stühle in ein Zimmer am Ende des Gangs bringen, und dann habe ich alle Stühle, die auf der Station zu finden waren, in dieses eine Zimmer rübergeschleppt und übereinandergestapelt. Davon hat niemand was mitbekommen, weil die Schwestern alle wie auf Speed durch die Gegend geflitzt sind. Als die gesehen haben, dass der Raum randvoll mit Stühlen ist, war für die klar, dass ich ein Idiot bin. Mit diesem Siegel des Idioten wurde ich dann von der Pflegestation ins normale Altersheim versetzt. Nach 16 Monaten war der Spuk vorbei, und ich hatte die Nase erst mal voll.

Die Phase mit dem Spazierengehen kam danach. Um das zu finanzieren, habe ich zum Schein ein Studium angefangen, damit ich BAföG kriege, bin aber nie hingegangen. Sozialwissenschaften in Hannover. Nach zwei Jahren wollte das BAföG-Amt mein Vordiplom sehen. Die Mutter eines Freundes war Ärztin, die hat mir ein Attest wegen schwerer Depressionen ausgestellt. Der einzige Haken an der Sache war, ich musste in der Praxis auftauchen und so tun, als wäre ich schwermütig. Bin ich also hin und habe, damit alles mit rechten Dingen zugeht, so eine Art depressives Kaspertheater aufgeführt. Aufgrund der Diagnose habe ich dann weiter BAföG bezogen. In diesen Jahren, zwischen 1984 und 86, ist nebenbei das Drehbuch für »Der Glanz dieser Tage« entstanden.

Worum ging es in dem Drehbuch?

Ich komme aus einem katholischen Elternhaus und sollte ursprünglich Priester werden. Erst mal wurde ich gegen meinen Willen Messdiener. Bei uns zu Hause wurde nicht lange gefackelt, da herrschte das Faustrecht, Faustrecht der Liebe. Meine Eltern hatten alles mit Kruzifixen und Hausaltären zugeballert, bis unters Dach, und am Wochenende wurde »Komödienstadel« geguckt und Ernst Mosch gehört. In so einer Welt bleibt einem keine Wahl, da steht man noch mit 16 am Altar rum, selbst wenn man Gott schon lange heimlich scheiße findet. Ich kann mich erinnern, dass ich mir bei den letzten heiligen Messen, bei denen ich dienen musste, das muss so um 1976 oder 1977 gewesen sein, die Zeit immer mit selbstgemachten Gebeten totgeschlagen habe: »Scheißgott, Scheißgott, Kackjesus, Kackjesus, Pissmaria, Pissmaria« – so ging das ständig im Kreis rum.

Mit den Jahren sammelt sich da allerhand an, und eines Tages kam die Idee, einen römisch-katholischen Monumentalfilm zu drehen, eine Art Ministrantenreport: Ein Pfarrer tollt mit seinen Messbuben durch ein apostolisches Zauberland – bunt und bescheuert. Am Ende sollte sich der Priester am Altar die Hand abschneiden und sich aus den Knochen ein Mobile basteln. Zu der Zeit hab ich auch gerne Trips geschmissen, und ich dachte mir, so kunterbunt und unberechenbar wie auf Pille müsste es mal auf der Leinwand zugehen. Na ja, das waren so ungefähr die Vorstellungen.

Wie bekommt man für ein solches Projekt eine Finanzierung?
Das Drehbuch hab ich an das Hamburger Filmbüro geschickt, um an Filmförderung ranzukommen. Ich hatte einen Termin, da sollte ich dem Fördergremium näher beschreiben, was ich vorhatte. In der Jury saßen Conny Froboess, Hermann Peter Piwitt und so ein Typ, dessen Namen ich vergessen habe und der die ganze Zeit total böse geguckt hat. Die haben den Braten schnell gerochen und gemerkt, dass ich von nix eine Ahnung hab. Film hat mich grundsätzlich auch nicht besonders interessiert. Ich bin so gut wie nie ins Kino gegangen und hab mir im Fernsehen immer nur so was wie »Die Waltons« oder »Ich heirate eine Familie« angeguckt. Jedenfalls hieß es dann: Dreh doch mal einen Probefilm, und wenn wir den gut finden, bekommst du vielleicht die Förderung. Für den Probefilm hatte ich drei Monate Zeit. Also habe ich angefangen, einen kleinen Film auf Super 8 zu drehen.

Das war der Moment, wo ich zum ersten Mal eine Kamera in der Hand hatte. Zur Strafe kamen die ersten Super-8-Kassetten alle unscharf aus der Entwicklung zurück. Aber irgendwann weiß man dann, wie man scharf stellt, und drei Monate später habe ich ganz freudig in Hamburg angerufen: ich wäre jetzt so weit. Leider zu spät, denn es stellte sich heraus, dass das Geld bereits verteilt war. Es sei aber noch ein kleiner Rest im Topf und die Jury noch drei Tage in der Stadt, ob ich innerhalb dieser drei Tage nach Hamburg kommen könne, um meinen Film vorzuführen.

Weil ich dem Probefilm nicht traute, wurde in Windeseile ein kleines Theaterstück einstudiert. Über Nacht haben wir aus Latten und Stoff so eine wackelige Kasperbühne gezimmert, noch schön die Vorhänge mit sakralen Motiven aus Salzstangen beklebt, und sind nach Hamburg gefahren. Mit dem Pfarrer und den beiden Ministranten im Schlepptau, die vielleicht acht, neun Jahre alt waren. Und als die Messdiener den Salzstangen-Vorhang aufziehen, kracht die ganze Bühne zusammen, das hat schon mal für gute Stimmung gesorgt.

Wir haben dann eine Szene vorgeführt, wo der Pfarrer den Messdienern aus Zeitschriften ein leckeres Mittagessen ausschneidet. Wurstscheiben und Nudeln aus Papier. Der Pfarrer erklärt den Buben, dass die Negerkinder in Afrika nicht mal eine Schere haben, um sich eine kleine Mahlzeit auszuschneiden. Dazu nimmt er ein Fußbad in einer Wanne voll mit Coca-Cola, und diese Cola reicht er den Buben zwischendurch mit einem Schöpflöffel zur Erfrischung. Jedenfalls trinken die Messdiener vor den Augen des Fördergremiums andächtig ihre Fußbad-Cola, und ich hab noch im Ohr, wie Hermann Peter Piwitt meint: »Ah, das ist jetzt Brot und Wein.«

Es gab also schlussendlich eine Förderzusage?

Ja. Das Problem war, dass es nur 37 500 Mark waren, das war dieser besagte Rest. Davon wollte ich einen abendfüllenden Spielfilm für die ganze Familie drehen, mit tollen Kulissen und Spezialeffekten. Zu einem Förderantrag gehört allerdings auch eine Kalkulation, und ich hatte den Film auf 300 000 Mark kalkuliert. Die Kalkulation hatte ich mir mit einem Freund ausgedacht, der mal als Kamera-Assistent gearbeitet hat, die war voller Phantasiezahlen. Das Filmbüro hat die Kalkulation ins Kopierwerk gegeben, damit die mal einen Blick darauf werfen, und die waren natürlich völlig erschüttert, weil das kompletter Quatsch war.

Ich musste mich nun entscheiden: Drehe ich für 37 500 Mark, obwohl eigentlich klar ist, dass das nicht klappen kann, oder verzichte ich drauf und dann war's das? Also habe ich gesagt: Na gut, ich mach das jetzt einfach. Mit der Förderzusage und den Messdienern, die eben noch bester Laune ihre Cola getrunken haben, sind wir dann zurück nach Hildesheim gefahren. Am nächsten Morgen war hier der Teufel los, wegen der Geschichte mit dem Fußbad. Es gab eine Art Tribunal, und das hat dazu geführt, dass die Kinder nicht weiter mitmachen durften.

Jetzt hatte ich zwar eine Förderzusage, aber keine Messdiener mehr. Ein paar Monate später ist dann auch noch der Pfarrer ausgestiegen, weil er den Eindruck hatte, dass wir ihn beim Drehen immer auslachen. Also war mitten im Film der Hauptdarsteller weg. Die Rolle hat dann Jürgen Höhne zu Ende gespielt. Der war damals LKW-Fahrer und hat Tanklaster von Hamburg nach Marseille kutschiert, und wenn er mal ein freies Wochenende hatte, haben wir gedreht. Wenn die Ausstattung nichts kosten darf, dann bleibt nur der Sperrmüll. Ich glaube, es gab damals in Hildesheim nicht einen Container, in dem ich nicht herumgekrochen bin.

Und so ist das Gewand des Oberministranten in Wirklichkeit eine abgehäutete Matratze vom Straßenrand. Oder der Arm des Pfarrers, als er sich die Hand abschneidet: eine Damenstrumpfhose, mit Hundefutter gefüllt. Einfach alles immer irgendwie zusammengeschustert. Ein paar Klorohre vom Schrottplatz und ein paar Briketts als Tasten: fertig ist die Kirchenorgel. Neulich habe ich eine Notiz wiedergefunden, dass die Messdiener die Orgel heimlich an die Kanalisation anschließen sollten, damit beim Hochamt Scheiße aus den Orgelpfeifen tropft. Finde ich heute noch bedauerlich, dass wir das nicht gemacht haben. Na ja, eine von 1000 kleinen Ideen, die nie realisiert wurden.

Das Drehbuch war ursprünglich 64 Seiten dick, und davon haben wir am Ende vielleicht drei, vier Seiten verfilmt. Der Rest war mit dem bisschen Geld einfach nicht zu machen. Ich hab alle Szenen rausgestrichen, in denen größere Kulissen vorkamen oder für die mehr als fünf Darsteller nötig waren. Da blieben dann eben drei Seiten übrig, und damit kann man unmöglich einen ganzen Spielfilm füllen. Also musste man sich ständig was Neues ausdenken, und so wie die Einfälle herauspurzelten, so wurden die dann verfilmt. Wie es gerade kam. Wenn zum Beispiel die Idee auftaucht, eine alte Matratze mit Schmalz einzureiben und darauf ein Haus aus Wurst zu errichten, dann wird das eben gemacht. Als das Wursthaus fertig ist, fällt dir plötzlich auf, dass du gar keine passende Handlung für dein Wursthaus hast. Egal, in dem Augenblick kommt dir schon der nächste Quatsch in den Kopf, also wird lieber erst mal was anderes gedreht. Alles so holterdipolter. Immer munter an einem Film herumgebastelt, von dem man überhaupt nicht weiß, wie das hinterher zusammenpasst. Das war die große Frage am Ende des Tunnels.

Das hat keinen gestört, dass niemand wusste, was daraus werden sollte?
Man dachte eben: wird schon werden. Das entsprach auch dem, wie man damals so gelebt hat. Die eigene Welt, die Art, wie man gewohnt hat, das war auch total wackelig und zusammengeschustert – nicht viel anders als die Kulissen. Fast das ganze Filmteam hat damals, Mitte der Achtziger, zusammen in einem Haus gelebt. Ein großes Backsteinhaus am Stadtrand, innen sah es aus wie in einer großen Rumpelkammer, mit schimmligen Wänden, aus der einen Wand konnte man den Schimmel wie aus dem Joghurtbecher rauslöffeln. In dem Haus war unten ein Tante-Emma-Laden drin, vor dem sich die Trinkerszene der Stadt täglich ihr Stelldichein gegeben hat. Das war eine extrem anregende Atmosphäre, die haben sich von morgens bis abends vor unserer Haustür zugelötet und Scheiße gelabert.

Hinterm Haus war unser kleiner Garten, der diente als

Gemeinschaftstoilette, da wurde zwischen den Bieren reingestrullt. Wildromantisch. Der Garten wurde gleichzeitig als Autofriedhof benutzt, da haben Leute nachts gelegentlich ihre Schrottkarre abgestellt. Alles sehr idyllisch. Das war so das alltägliche Umfeld, und das Haus war praktisch unser Filmstudio, was außer uns aber niemand wusste. Eines Tages hatten wir in der Lokalpresse unsere Titelgeschichte, als »Schandfleck der Stadt«. Daraufhin hat die Stadt Hildesheim das Haus gekauft und uns rausgeschmissen.

Kurz vor dem Abriss hätten wir das Haus aus Versehen fast selber abgefackelt, als uns eine Trickkulisse in Flammen aufging. Auf dem Dachboden hatten wir die Ewige Stadt Rom nachgebaut. Die Häuser waren kleine Bischofsmützen aus Papier, und in jedes Häuschen haben wir eine 100-Watt-Birne reingesetzt. Die Birnen waren in Reihe geschaltet, die hingen alle an einem Kabel. Völlig irrsinnig, denn die Kulisse war aus Watte, und unter der Watte lagen alte Matratzen. Das sah prima aus, aber es war auch klar, dass das absolut feuergefährlich ist, und in diesem Gefühl der Gefahr dreht man dann drauf los. Leider vergisst man die Gefahr schnell, wenn nichts passiert.

Die Szene war fast fertig gedreht, ich bin nur kurz runter in mein Zimmer, um den Super-8-Film zu wechseln. Als ich wieder hoch komme, höre ich auf der Treppe so ein Wutsch-Geräusch. Und schon steht die Kulisse meterhoch in Flammen. Der eine versuchte noch, mit Bier zu löschen, was da eben so rumstand, der andere versucht panisch, das Feuer mit einer Matratze zu ersticken, aber das war alles völlig sinnlos. Am Ende kam die Feuerwehr mit zwei Löschzügen, um die brennenden Kulissen aus dem Fenster zu schmeißen. Voran den Altar und das Allerheiligste, das wir liebevoll aus Pappe, gebrannten Mandeln und Zuckerbrezeln gebastelt hatten. Dann kam die Kripo und wollte wissen, wie das passieren konnte. Und das wussten wir natürlich nicht. Sonst hätten wir den Einsatz bezahlen müssen. Gottlob war da schon das meiste abgedreht.

Ende 89 war der Film dann fertig, und ich dachte, der kommt jetzt in die Kinos. Dann stellte sich aber heraus, dass kein Verleih den haben wollte, alle nur die Hände über dem Kopf zusammenschlugen. Eine Welle von »Wasistdasdennfür-einScheißdreck« ist uns entgegengeschwappt. Immerhin waren die Kritiken zum Teil sehr lustig: »Postpubertäre Idiotie eines rotznäsigen Pseudofilmers«, »Schundprodukt, aus der Unterhose gefilmt«, so in dem Stil. Ich hab dann versucht, den »Glanz dieser Tage« im Eigenverleih rauszubringen. Wenn es hoch kommt, haben den Film 3000 Leute gesehen, von denen mindestens die Hälfte während der Vorstellung rausgegangen ist.

Für den nächsten Film »Sommer der Liebe« habe ich vom Hamburger Filmbüro trotzdem wieder Förderung bekommen. Diesmal doppelt so viel: 80 000 Mark. Und es stand von Anfang an außer Frage, dass es wieder ein Ausstattungsfilm werden muss.

Was für ein besonders geringes Budget besonders ungeeignet ist.

Ich bin kein großer Freund der Wirklichkeit und hatte noch nie Lust, in der echten Welt zu drehen, in irgendeiner WG-Küche oder so'n Quatsch. Also, erst mal eine Welt bauen, in der man Lust hat, sich mit der Kamera zu bewegen. Da liegt der Gedanke an die Siebzigerjahre nahe, immerhin das bunteste Jahrzehnt des letzten Jahrhunderts. Die Idee war, einen Langhaarigen-Report zu drehen, einen Protestsong in Zelluloid.

Zu der Zeit habe ich ziemlich abgeschieden mit meiner Freundin in einem Haus auf dem Lande gelebt. Einen Sommer lang haben wir jeden Abend zwei, drei Dörfer abgeklappert und sind »Sperrmüll gefahren«, haben alles, was halbwegs bunt und poppig aussah, eingesammelt. Mit Teppichmessern los und alte Matratzen abgehäutet, mit den Bezügen haben wir dann die Wände tapeziert. Und wenn man kein Atelier hat, muss man eben alles an die eigenen vier Wände nageln. Alles wie schon bei »Glanz dieser Tage« – weil wir wieder wussten, dass nicht ein Pfennig für die Ausstattung übrig ist und wir das Fördergeld fürs Kopierwerk brauchen.

Ein richtiges »Team« hattest du auch nicht?
Es war wieder nur ein extrem kleiner Kreis von Leuten beteiligt. Die Kamera habe ich immer selber gemacht, schon weil ich gar nicht gewusst hätte, wie ich einem Kameramann erklären soll, was ich genau haben will. Die Kulissen haben wir praktisch zu zweit gebaut, bei »Glanz dieser Tage« war Thomas Krügerke der zweite Mann, bei »Sommer der Liebe« Frank Peters, der inzwischen leider verschollen ist. Man hat sich abends eine Flasche Bier aufgemacht, diese Berge von Stoff- und Tapetenresten hervorgekramt und angefangen. Es gab ein Rockkloster, das haben wir aus ein paar Latten und 30 Pappkartons zusammengenagelt. Das ging meist ruckzuck: eine Rolle Draht, eine Tube Alleskleber – fertig war die Kulisse. Dafür haben die Kulissen, vor allem die Trickkulissen, alle gerade bis zum Ende des Drehtags gehalten. Wir hatten auch handwerklich keine Ahnung und kaum Werkzeug, gerade mal 'ne Kneifzange, einen Hammer und ein paar Schraubenzieher.

»Sommer der Liebe« hatte dann 30 000 Zuschauer. Das dürfte so was wie der Rekord für einen Super-8-Film gewesen sein, sieht man mal von Pornofilmen ab. Wieder im Eigenverleih, von 8 auf 16 mm aufgeblasen. Das war zwar kommerziell ein Flop, hat aber zumindest ein paar Mark eingespielt, sodass ich mich eine Weile über Wasser halten konnte. Ich hatte immer einen ganz geringen Lebensstandard. Die Miete für das Häuschen betrug 70 Mark, zum Schein war ich noch Student, also kostete die Krankenkasse vielleicht 80 Mark, und teilweise hatte man einfach wenig zu fressen. Das hieß dann eben Pellkartoffeln mit Maggi. Schallplatten oder Bücher habe ich mir nie gekauft. Wenn ich irgendwas lesen wollte, hauptsächlich Comics, bin ich in die nächste Stadt gefahren und hab die geklaut.

Bei dem nächsten Film gab es wiederum Förderungen. Hast du das alles alleine organisiert?
Die Abwicklung habe ich jedes Mal alleine gemacht, also was man so »Produktion« nennt. Ich hatte immer das Glück, Förderungen zu bekommen und immer das Pech, viel weniger zu

bekommen, als ich eigentlich haben wollte. Es war bei jedem Film offensichtlich, dass es nicht reichen kann. Vernünftigerweise hätte ich es einfach nicht machen dürfen. Das hat dann dazu geführt, dass es am Ende so katastrophale Ausmaße angenommen hat.

Dieser Film sollte ein Märchenfilm werden. Im Mittelpunkt sollten ein riesiges Schneckenschiff und ein goldenes Schloss stehen. Ab Sommer 94 habe ich alle möglichen Förderungen abgeklappert und hatte nach zwei Jahren Zusagen aus vier Bundesländern. Immer deutlich weniger, als ich beantragt hatte. Alles zusammen etwas über 400 000 Mark. Die Bedingung der Förderung war diesmal 35 Millimeter. Für einen 35-mm-Ausstattungsfilm ist das natürlich ein Witz. Ich stand also vor der gleichen Frage wie zehn Jahre vorher: Versuche ich das jetzt hinzukriegen oder lasse ich es bleiben? Ich habe einfach angefangen. Das Prinzip war wieder, alles einzusammeln, was irgendwie brauchbar aussieht, was auch nur entfernt nach Schiff und Schloss aussieht.

Inzwischen war es im Landkreis Hildesheim mit Sperrmüll schwierig geworden, so kamen wir auf die Idee, Anzeigen in land- und forstwirtschaftlichen Zeitungen aufzugeben. Die Folge war, dass uns wochenlang irgendwelche Bauern morgens um vier aus dem Bett klingelten, noch vor dem Melken, um uns ihre alten Düngerstreuer, Getreidequetschen und Güllepumpen anzudrehen. Das meiste war unbrauchbarer Schrott, für den diese Bauern unverschämte Antiquitätenpreise haben wollten. Zu zweit, mein Produktionsleiter Ralf Sziele und ich, haben wir ab Herbst 1996 billiges Rohmaterial gesucht, wir haben Dachböden und Scheunen durchstöbert, Flohmärkte, verlassene Fabriken, alles Mögliche. Irgendwann hat Ralf angefangen, eine stillgelegte Gießerei zu plündern. Jede Nacht rein durch ein Loch im Zaun, das Betreten des Geländes war streng verboten. Schätzungsweise fünfzehn Tonnen Gussformen haben wir da rausgeholt, so mit drei, vier Leuten. Das war relativ gefährlich, wegen Einsturzgefahr. Wenn da einer im Dunkeln den Abgang gemacht hätte …

Die erbeuteten Gussformen und Jauchepumpen waren in den

zwei Zimmern, in denen ich inzwischen wohnte, nicht unterzubringen. Am Hildesheimer Hafen haben wir dann eine Lagerhalle aufgetrieben, 1000 Quadratmeter. Vier Wände und ein Blechdach, ohne Wasseranschluss, nicht beheizbar. Nachkriegsbedingungen. Da haben wir den ganzen Schrott reingeschmissen. Nach einem Jahr war die Halle voll: defekte Elektromotoren, Heuwender, kartonweise Babyschnuller, Hunderte von Gipskakteen, Wäschespinnen aus der Ostzone.

Nun standen wir vor der Frage, wie man aus dem ganzen Scheiß ein Schiff und ein Schloss zusammenbaut, mit Bordkino, Thronsaal und Maschinenraum. Aber dann war es wie immer – das Material fing an, den Charakter der Kulissen zu bestimmen und nach und nach ist aus dem Materialberg ein ganzes Kulissendorf entstanden. Ein Heer von Klebern und Schraubern hat nach den Anweisungen der Set-Designer – das waren keine echten Set-Designer, Christine Schulz und Matthias Hänisch hatten bisher mit Kulissenbau nie was zu tun – über 20 Einzelkulissen zusammengenagelt, geschraubt und geschweißt. Unter brutalsten Bedingungen, denn in der Halle waren vorher Düngemittel gelagert. Es hat total nach Ammoniak gestunken, vor allem im Sommer, und war im Winter lausig kalt. Eine Stimmung wie in Eisenhüttenstadt oder Leuna. Der einzige Luxus war ein Dixi-Klo draußen vor der Tür. Alles selbstverständlich ohne Versicherung, weder Haftpflicht, noch Feuer noch irgendwas. Acht bis zehn Stunden am Tag bin ich in diese Halle gegangen wie der Bergmann in seinen Schacht. Und die Geister, die man rief, wuchsen wie böse Pilze in den Himmel. Die Kulissen wurden höher und höher.

Mitten im Kulissenbau war auf einmal die Kohle alle. Was noch da war an Fördergeldern, konnte erst abgerufen werden, wenn der Film ins Kopierwerk geht. Also habe ich angefangen, mir bei Freunden und Bekannten Geld zu leihen. Das will ich gar nicht im Detail ausführen. Das fing jedenfalls an, sich hochzuschrauben. Anfangs fehlte eine kleine Summe, aber dass man Jahre später immer noch in dieser Halle zugange ist, ahnte niemand. Es ist weiter und weiter aus dem Ruder gelaufen. Und die Kulissen wurden und wurden nicht fertig.

Inzwischen hatten wir auf einem stillgelegten Bahnhofsgelände die Schlossfassade errichtet. Sieben Meter hoch, zwölf Meter lang. Aus Mähdrescherschüttlern, die mit Latten verschraubt waren, mit dicken Seilen an Bäume gebunden, Teile von Heuwendern dran, den ganzen Kram golden angemalt. Im Herbst 1998 kam ein Sturm und hat das fertige Schloss umgekippt. Wie in einem bösen Märchen.

Zu dem Zeitpunkt war die Halle am Hafen bereits bis unters Dach zugebaut. Die beteiligten Förderungen fingen an, nervös zu werden, denn der Film sollte längst fertig sein. Da hat man nebenbei einen unglaublichen Briefwechsel am Hals, muss permanent Anträge auf Fristverlängerungen stellen. Da finden sich aberwitzigste Begründungen, denn die Dreharbeiten mussten pausenlos verschoben werden. Ursprünglich war der Drehbeginn für Herbst 1996 vorgesehen, damals dachte ich: Erst bauen wir ein Vierteljahr, und dann wird gedreht! Inzwischen war 1999 und aus drei Monaten waren drei Jahre geworden.

Aber dann ging es im Herbst 1999 tatsächlich los. Wie gesagt, die Auflage der Filmförderung war 35 Millimeter. Ich hatte noch nie eine 35-Millimeter-Kamera in der Hand gehalten. Niemand von uns hatte davon Ahnung. Wir haben billig eine steinalte Arri aufgetrieben, die bestimmt 50 Jahre auf dem Buckel hatte, und mit der dann alles ohne Ton gedreht. Genau so, wie das schon vor 30 Jahren bei den »Schulmädchenreports« Sitte war. Mit Ton ging nicht, weil die Hafenarbeiter ständig mit ihren LKWs um die Halle kurvten. Fast alles mit minimalstem Team, es gab Drehtage, an denen waren wir gerade mal zu dritt. Ich habe die Kamera geführt, Matthias Hänisch hat die Schärfe gezogen, den Film gewechselt und das zusätzliche Licht gesetzt, dazu Katja Kiefer, die Aufnahmeleiterin. Das ist meilenweit von echten Dreharbeiten entfernt, wo fünfzig Leute am Drehort rumlungern, irgendwelche Scriptgirls, Best Boys und so weiter. Die Nerven von so einem winzigen Team sind irgendwann extrem strapaziert, keine Kohle, und dann noch pausenlos gegen die Zeit anrennen, man steht ununterbrochen vor einer Wand von Problemen. Für mich ist die Erinnerung auch deswegen gruselig, weil die beiden, die beim Dreh die Hauptarbeit geleistet haben, bis heute nicht bezahlt sind.

Man war sowieso schon von diesen nervenden Bedingungen so durchgeknetet, aber dann gerieten die Dreharbeiten mehr und mehr ins Stocken. Kein Geld mehr für Filmmaterial. Zu dem Zeitpunkt besuchte Gerhard Henschel für »Titanic« die Dreharbeiten, wollte einen Drehbericht schreiben. Der hat sofort mitgekriegt, unter welchen Umständen wir uns da abmühen. An dem Tag sind permanent die Sicherungen rausgeknallt, es herrschten Minusgrade in der Halle, die Darsteller schlotterten.

Ein paar Tage später hat er angerufen und gefragt, ob ich was gegen eine Benefizveranstaltung hätte. Ich hatte nichts einzuwenden. Diese Veranstaltung hat dann dazu geführt, dass wieder Rohfilm bestellt werden konnte und dass ich die Rechnungen für das Dixi-Klo bezahlen konnte. Aus der einen Benefizveranstaltung sind dann vier geworden, da sind Leute wie Wiglaf Droste, Max Goldt, Horst Tomayer, Benjamin von Stuckrad-Barre oder F. W. Bernstein aufgetreten, das war vor allem eine wichtige moralische Ermunterung. Finanziell war das eher ein Tropfen auf den heißen Stein, aber das hat geholfen, nicht aufzugeben und weiterzumachen.

Inzwischen war ein neues Jahrtausend angebrochen und das Schicksal des Films stand mehr und mehr in den Sternen. Es gab Zeiten, da hatte ich überhaupt keinen Schimmer, wie »Die Reise ins Glück« jemals fertig werden soll. Ab Sommer 2000 wurde es richtig beängstigend. Da war der Großteil gedreht, ein Teil geschnitten, ein Teil synchronisiert und überall taten sich neue Löcher auf. Zu dieser Zeit bin ich auch nicht mehr ans Telefon gegangen, weil klar war, dass da nur Gläubiger dran sein konnten.

Zeitweise stapelten sich Mahnungen über 50 000 Mark auf meinem Schreibtisch, und irgendwo fünf Kilometer weiter in einer Lagerhalle am Hildesheimer Hafen stand ein 60 Tonnen schweres Kulissendorf rum. Es gab Phasen, in denen ich völlig apathisch in meinem Zimmer lag. Wo ich nichts mehr machen konnte, wie ein Käfer auf dem Rücken lag und Karl May gelesen habe. Keine Ahnung, ich vermute, die Psyche ist da nur noch mit Verdrängung beschäftigt. Hätte ich die Uhr zurückdrehen können, hätte ich sofort alles rückgängig gemacht. Aber dafür war es nun zu spät.

Zwischendurch gab es immer wieder kleine Hoffnungsfunken. Die Presse war aufmerksam geworden, seitenweise erschienen Drehberichte. Berichte in Focus und Spiegel, eine Seite in der Zeit, sechs Seiten Rolling Stone, zwölf Seiten Geo. Ich dachte, mit dieser Presse müsste es möglich sein, noch ein paar Pfennige von den Förderungen zusammenzubetteln. Wo ich konnte, hab ich Postproduktionsförderung beantragt. Teilweise ganz irre Pakete geschnürt, alles schön in 15- oder 20-facher Ausfertigung.

Aber zwischen 2001 und 2003 ist ein Förderantrag nach dem anderen abgelehnt worden, da stellt man relativ verblüfft fest, dass die ganze Presse komplett wirkungslos ist. Inzwischen war das Budget im sechsstelligen Bereich überzogen. Wir haben versucht, Sponsoren zu finden. Von mir aus hätten ganze Supermärkte ihre Produkte vor die Kamera schieben können, da war schon alles egal, aber es war wie verhext. Das war schlichtweg eine dunkle Zeit. Ganz am Schluss, als ich die Hoffnung schon aufgegeben hatte, habe ich aus Mecklenburg-Vorpommern von der Filmförderung noch mal 30 000 Euro gekriegt. Und das Sprengel Museum in Hannover hat 10 000 Euro gespendet, das waren die letzten Glücksfälle, zusammen mit den geliehenen Ersparnissen einer Freundin haben die dann zur Fertigstellung geführt.

Übrigens stellte sich im Dezember 2003, neun Jahre nach der ersten Förderzusage, heraus, dass wir das Happy End vergessen hatten. Also mussten wir noch mal ran und nachdrehen. Als letztes Bild hätte ich gerne gehabt, dass der Bär, der im Film den Ersten Offizier spielt, sich den Arm abbindet, einen Schuss setzt und selig in den Himmel starrt, aus dem dann die Titel herunterschweben. Da der Bär aber, wie auch die Frösche und die Eule, die in »Die Reise ins Glück« mitspielen, bis heute nicht bezahlt ist, hab ich es dann gelassen.

Alles in allem hat die Produktion des Films ziemlich genau

zehn Jahre gedauert. Die erste Förderzusage lag im Herbst 1994 im Briefkasten, und im Dezember 2004 kam die Nullkopie aus dem Kopierwerk. Zusammenfassend kann man sagen, am Ende dieser katastrophalen Produktionsgeschichte steht ein riesiger Berg Schulden, und ich sitze oben drauf.

Eins hätte ich fast vergessen: Pro Film ist einer aus meiner Familie gestorben. Das gab dann jedes Mal eine kleine Erbschaft, und die ist sofort in den Film gewandert. Bei »Der Glanz dieser Tage« ist meine Mutter und bei »Sommer der Liebe« meine Urgroßtante gestorben, und bei »Reise ins Glück« ein Onkel. Jetzt, wo ich die DVDs der drei Filme vorbereite, ist überraschend mein Vater gestorben. Der hat mich zwar vorher noch schnell enterbt, aber ich habe mir gerade mein Pflichtteil auszahlen lassen, und so kann ich mit Ach und Krach die Cutter für das Bonusmaterial bezahlen. Das sollen drei Extra-DVDs werden, zusammengerechnet sieben bis acht Stunden Dokumentarfilm über die Produktionsgeschichte. Also das, was ich eben erzählt habe, als Film. Dafür fege ich praktisch meinen filmischen Nachlass aus den letzten 20 Jahren zusammen, in der Hoffnung, dass es danach irgendwie weitergeht. Inzwischen arbeite ich seit fast drei Jahren daran, aber es sieht so aus, als wenn das noch dies Jahr fertig wird. Auf diesem Wege werde ich von den Schulden natürlich nicht herunterkommen.

Wo siehst du denn eine Chance?
Retten könnte mich nur, wenn ich einen der Filme ans Fernsehen verkaufen könnte. Die Cineastenkreise finden meine Filme oft ganz scheiße, aber es gibt Leute, die das gut finden. Das ist mir ja bekannt. Teilweise gehen die vier, fünf Mal in die Filme. So einer müsste Entscheidungsbefugnis haben bei einem Fernsehsender, wo ein großer Sack Geld steht. Dann wäre ich vielleicht gerettet.

Du machst die ganze Arbeit hier von zu Hause aus. Wie hältst du es aus, dass deine Situation ständig präsent ist?
Ständig präsent geht ja nicht. Dann kollabiert das System. Es ist mal mehr, mal weniger schlimm. Es gibt keinen Tag, an dem das nicht anwesend ist, und es gibt ganze Tage, die davon bestimmt sind. Tagsüber bin ich durch die Arbeit an den DVDs abgelenkt, dann ist das nicht so präsent, dann stehen andere Dinge im Vordergrund. Aber morgens wacht man oft ganz schön vereiert auf.

Vor ein paar Tagen hatte ich einen Traum, da bin ich mit einer Freundin durch Hamburg spaziert. Die Straßen waren unglaublich breit, wie so Prachtstraßen in Moskau. Sie sagt zu mir: »Bei uns in Hamburg reiten wir normalerweise auf dem Mittelstreifen.« In dem Moment merke ich, dass ich auf einem Pferd sitze. Ein Pferd, das den Kopf hinten hat. Der Mittelstreifen ist plötzlich drei Meter hoch, das Pferd fängt an zu stolpern, der Mittelstreifen wird höher und höher, und mit einem Mal stürze ich auf dem Pferd diesen endlosen Mittelstreifen runter. Das ist ein prachtvoller Start in den Tag. Daran kann man dann rumdeuten, wenn man will. Aber das mache ich natürlich nicht.

Almut Klotz

Schrifstellerin und Musikerin

»Ich kann mit Armut ganz gut umgehen«

Almut Klotz wurde 1962 im Schwarzwald geboren. 1986 zog sie nach Berlin. Dort gründete sie 1988 zusammen mit Christiane Rösinger die Lassie Singers, die sich 1998 auflösten. Im gleichen Jahr entstand das Label Flittchen Records. Seit 1997 arbeitete Almut Klotz als freie Autorin, unter anderem als Kolumnistin für die Berliner Zeitung. Von 2001 bis 2004 leitete sie den Popchor Berlin. 2005 erschien ihr erster Roman »Aus dem Leben des Manuel Zorn« (in Zusammenarbeit mit Reverend Christian Dabeler) im Ventil Verlag. Sie tritt zusammen mit Christian Dabeler als Popduo Klotz + Dabeler auf, das Debüt wird 2007 bei What's So Funny About veröffentlicht.

Wie würdest du deinen Beruf bezeichnen?
Man kennt mich natürlich als Musikerin, aber ich sehe mich inzwischen eher als Schriftstellerin.

Du hast mit deinem Partner, dem Reverend Christian Dabeler, Ende 2005 ein Buch rausgebracht, »Aus dem Leben des Manuel Zorn«. Und bald erscheint ein Album von euch unter dem Namen Klotz + Dabeler auf dem Label What's So Funny About.
Die Platte hat wahnsinnig lange gedauert, weil wir immer so viel nebenher gemacht haben. Seit circa 2003 haben wir Songs komponiert, aufgenommen in Reverends Studio, gemischt haben wir es dann in einem anderen Studio. Das hat

trotz Freundschaftspreis eine anständige Summe gekostet. Und gemastert wird bei Chris von Rautenkranz, das liegt noch vor uns.

Muss man die Produktionskosten selbst bezahlen, wenn man bei kleineren Labels veröffentlicht?
Was wir früher mit den Lassie Singers immer an Vorschüssen bekommen haben – das war Wahnsinn – davon kann heutzutage ja gar keine Rede mehr sein. Ich weiß nicht, ob es immer bei kleineren Labels so ist, ich weiß auch nicht, ob es immer bei What's So Funny About so ist. Jedenfalls hat sich Alfred Hilsberg, unser Labelchef, jetzt einen Verlag gesucht, der eine sogenannte Unteredition herausbringt und dafür einen Teil der Produktionskosten übernimmt. Aber dafür müssen wir ihnen 40 Prozent von der GEMA abgeben, die 40 Prozent teilt sich der Verlag dann mit unserem Label 20:20. Wir kriegen 60 Prozent.

Aber wir haben bislang noch keinen Vertrag mit dem Verlag unterschrieben, denn wir möchten einen Exklusiv-Vertrag, die wollen wahrscheinlich einen Autorenvertrag, das heißt, dass du mit allem, was du musikalisch machst, auch in einer anderen Band, oder wenn du Stücke für Werbung oder Filme schreibst, vertraglich gebunden bist. Wir wollen den Vertrag nur auf die Platte beziehen.

Das war ja wahrscheinlich auch der Fehler an den Verträgen früher, bei den Lassie Singers.
Das war nicht der Fehler. Es war bei dem Lassie Singers nur so, dass das damalige Label die Rechte an allen Songs hatte und als wir später selbst eine Best of/Rest of Lassie Singers auf unserem eigenem Label Flittchen Records herausbringen wollten, haben sie für die Rechte eine irsinnige Summe verlangt, die wir damals überhaupt nicht aufbringen konnten. Wir haben uns dann darauf geeinigt, dass das Label halt pro Song, pro verkaufte CD prozentual an den Einnahmen beteiligt wird.

Gibt es eigentlich noch Einnahmen für dich von den Lassie-Singers-Sachen? GEMA? Lizenzausschüttungen?
Wir haben damals soviel Vorschuss von der Plattenfirma, aber hauptsächlich vom Verlag bekommen, dass ich mich heute noch frage, was ich eigentlich damit gemacht habe.

Ihr musstet wohl die Produktion und alle Beteiligten entlohnen.
Nein, nein, das haben die bezahlt. Das ist nur unser Künstler-Vorschuss gewesen, den musste man nicht zurückzahlen, aber der wird verrechnet, deswegen werden wir niemals Geld von der GEMA sehen, weil davon eben noch der Vorschuss abbezahlt wird. Und da sind jetzt bei mir noch 16 000 Euro offen.

Das müssen ja goldene Zeiten für euch gewesen sein.
Man hat es damals gar nicht so wahrgenommen, weil das Finanzielle eh kein Problem war. Ehrlich gesagt, dass ich mal so viel Geld hatte, wundert mich jetzt im Nachhinein auch. Ich glaube, ich bin einfach nur jeden Tag Taxi gefahren und essen gegangen. Essen gegangen eigentlich auch nur, um die Zeit zu überbrücken, bis man endlich ins Ex und Pop gehen konnte. Ich hab mir nichts angeschafft, nichts angelegt. Wahnsinn.

Heutzutage kannst du wahrscheinlich nicht mehr erwarten, dass du vom Musikmachen leben kannst?
Von einem Buch noch eher als von einer Platte, habe ich das Gefühl. Der Pessimismus ist im Musikgeschäft weitverbreitet, schon der eigene Labelchef sagt: »Du musst das als Liebhaberei betrachten, anders geht's nicht.« Gut, ich betrachte das Musikmachen sowieso als Liebhaberei. Und wir finden es ja auch toll, mit unserem Repertoire durch die Lande zu tingeln. Dafür ist es natürlich gut, wenn man ein Produkt hat.

Es ist mittlerweile ja bekannt, dass nur bei Live-Konzerten noch Geld verdient wird. Musik in anderer Form, denken immer alle, gibt's umsonst, kann man sich runterladen, brennen.
Mich wundert deswegen, dass kostenpflichtige Downloads so ein Geschäft sind, sogar bei unserem winzig kleinen Flittchen-

Records-Label, wo es nur Vermooste Vloten, Lassie Singers, Britta gibt, den Popchor Berlin natürlich – da wird vor allem immer die Missy-Elliott-Version heruntergeladen. In den letzten Monaten haben wir regelmäßig so 150 Euro mit Downloads verdient. Das finde ich echt nicht wenig. Wenn man sich dann vorstellt, welchen Stellenwert dieser Posten bei anderen Labels einnimmt ...

Die große Frage, um die sich alles dreht: Wovon lebst du eigentlich?

Ich habe ja seit 98 noch einen kleinen festen Job, mit dem ich wohl auch noch alt werde. Zweimal die Woche arbeite ich bei einem Dirigenten als Privatsekretärin und Hauswirtschafterin, für den fahr ich einfach so rum mit dem Fahrrad, besorge Partituren, recherchiere irgendwas und kaufe ein. Diese Arbeit bringt ein bisschen Struktur in meine ansonsten recht strukturschwachen Wochen und davon kann ich meine Miete bezahlen und die Krankenversicherung. Und ansonsten war ich in mehreren Anthologien vertreten. Das bringt jetzt aber auch nicht so wahnsinnig viel Geld. Ich schreibe ein bisschen für die Berliner Zeitung.

Neulich habe ich versucht, bei meiner Sparkasse meinen Dispo zu erhöhen, und musste eine Einkommensteuererklärung vorlegen. Dafür habe ich dann nur Betroffenheit geerntet, die Sparkassenangestellte ist ganz blass geworden und hat geflüstert: »Sie leben ja unter dem Existenzminimum.« Da habe ich erst gemerkt, dass ich weniger Geld verdiene als ein Hartz IV-Empfänger. Oft. Natürlich manchmal auch nicht, aber meistens doch und muss trotzdem überall immer alles voll bezahlen. Das finde ich schon wieder hart. Ich muss GEZ bezahlen, ein Hartz-IV-Empfänger nicht.

Als Freiberufler hat man wenig Chancen, sich notwendige Investitionen für ein Projekt von der Bank oder Sparkasse vorfinanzieren zu lassen.

Ich bin bei der Filiale in Berlin-Mitte am Rosenthaler Platz, Torstraße, und da sind ja immer noch unglaubliche Ost-Trutschen. Aber echt nett, finde ich. Ich hatte mir für den Termin schon vorher zurechtgelegt, was ich sage. Auch das Buch mitgenommen, »Aus dem Leben des Manuel Zorn«, und Frau Bürger war dann total interessiert. Für die ist ein Buch noch eine große Sache. Sie dann so: »Darf ich's mal anfassen?« Und als ich gefragt habe, ob sie meinen Kredit erhöhen kann, da hat sie in einem todtraurigen Tonfall gesagt: »Ich kann Ihnen auf jeden Fall einen kurzfristigen Überziehungskredit einräumen. Wie viel brauchen Sie denn?« So richtig: »Mensch Mädchen«, als ob man auf die schiefe Bahn geraten wäre. Und als sie mir dann das Buch wiedergeben wollte, habe ich gesagt: »Ach, eigentlich wollte ich es Ihnen schenken.« Im selben Moment dachte ich: »Nein, der Kredit ist ja noch gar nicht bewilligt«, und habe ihr das Buch wieder weggenommen: »Aber erst, wenn Sie das bearbeitet haben«.

Da hat sie dann auch gelacht. Aber die war ganz besorgt, die kennen so was ja gar nicht aus ihrem eigenem Leben. Dabei ist Selbstständigkeit oder Freiberuflichkeit doch heute kein ungewöhnlicher Status mehr, vor allem nicht in Berlin-Mitte.

Als ob sich die Arbeitswelt seit den Achtzigern überhaupt nicht verändert hat.

Zu Lassie-Singers-Zeiten hat sich mein Dispositionskredit automatisch erhöht, je nachdem, wie viel Geld auf dem Konto war. Das hat mich dann fast in den Ruin getrieben. Ich habe mich nie großartig um meine Bankangelegenheiten gekümmert, weil ich ja, wie gesagt, keine Geldsorgen kannte. Und irgendwann war ich bei einem Dispo von 10 400 Mark angelangt. Als das Geld nicht mehr floss, wie das halt so ist, wenn man den Dispo hat, nutzt man ihn eben. Dann bin ich auf diesen 10 400 hängengeblieben, wo man jeden Monat 100 Mark Zinsen zahlte.

Aber im Moment betreibst du eine typische Mischkalkulation. Der Job bei deinem Dirigenten läuft neben den Buch- und Musik-Projekten so mit.

Das Gute an der künstlerischen Tätigkeit ist ja die freie Zeiteinteilung. Ich arbeite gern nachts. Da schläft mein Sohn.

Eigentlich kann ich nur nachts arbeiten. Das kann man ja auch, wenn man tagsüber noch was anderes macht oder zum Dirigenten muss. Übrigens arbeite ich noch gelegentlich als Sekretärin in Steuer- oder Rechtsanwaltsbüros, was mir erstaunlicherweise gut gefällt; Büro spielen, Posteingang und stempeln. Ich kann ja wahnsinnig schnell tippen, das ist die einzige Ausbildung, die ich jemals in meinem ganzen Leben gemacht habe: So ein Schreibmaschinenkurs vor 25 Jahren in Hamburg.

Jedenfalls macht es mir Spaß, die Hierarchien, die Machtstrukturen in den Betrieben, wenn sie auch noch so modern sind, zu beobachten. Wenn man nur auf absehbare Zeit dazugehört, ist so etwas auszuhalten.

Aber eigentlich machen die künstlerischen Projekte ja noch viel mehr Spaß. Wäre es nicht ideal, seine ganze Zeit nur dafür zu verwenden?
Ja, darauf möchtest du wohl hinaus. Trotzdem genieße ich es manchmal, kurz Einblicke in Welten zu bekommen, in der andere ihr ganzes Leben zubringen. In einem Büro, wo mir gesagt wird, was ich zu tun habe. Ich find's gut, dass ich manchmal überhaupt nicht nachdenken muss, keine Verantwortung trage, sonst bin ich ja rund um die Uhr immer für alles selbst verantwortlich. Natürlich würde es mir total absurd vorkommen, irgendwo längerfristig zu arbeiten, wo mir vorgeschrieben wird, wann ich kommen und wann ich gehen muss.

Ich glaube, die meisten freiberuflichen Künstler würden mit einer Angestelltenposition noch viel weniger zurechtkommen, können gar nicht mehr in diesen Strukturen arbeiten, weil sie es nicht gewohnt sind.

Noch einmal zurück zur Ausbildung. Du hast also Schreibmaschine gelernt. Sonst noch was?
Ich hab mich eigentlich wohl gefühlt in meiner Rolle »Avantgarde vom Schwarzwald«. So sollte es ja immer weitergehen. Aber dann: Schulabschluss Abitur. Ich erinnere mich noch an

die Abiturfeier, alle waren gut drauf und wussten schon, was sie in Zukunft machen wollten, und ich war todunglücklich. Ich bin dann nur nach Hamburg gezogen, weil ich dachte, alle ziehen weg, das macht man wohl so, ich muss auch weg, möglichst weit weg. Ich habe zwar in Hamburg Tibetologie studiert auf dem Papier, aber eigentlich gleich angefangen zu jobben. Und 1986 ging ich dann nach Berlin.

Irgendwann kam ich sogar auf die Idee, ich muss jetzt richtig studieren, und mich, glaub ich, drei Semester für Landschaftsplanung eingeschrieben. Komischerweise, das verstehe ich bis heute nicht, habe ich als Studentin nie Geld von meinen Eltern bekommen. Die nahmen meine akademischen Ambitionen überhaupt nicht ernst. Hatten ja auch recht, führte ja zu nichts. Nicht nur kein Geld gegeben, sondern das Kindergeld für mich einkassiert. Insofern schäme ich mich auch nicht, dass meine Mutter mir jetzt manchmal Geld zusteckt.

Und dann hast du versucht, überall Avantgarde zu sein: Schwarzwald, Hamburg, Berlin?

Für mich waren die neuen Städte überhaupt nicht glamourös, ich bin sowohl in Hamburg als auch in Berlin die ersten zwei Jahre total vereinsamt. Eine einschneidende Erfahrung: Du warst mal die Queen in deiner Kleinstadt, und plötzlich bist du gar nichts mehr. Die Leute lachten mich aus wegen meinem Dialekt, das war echt schlimm.

Zum Glück habe ich damals das Fischbüro in Berlin kennengelernt, so etwas wie der Golden Pudel Club, aber viel früher. Ein Treffpunkt von sympathischen Nichtstuern und verkrachten Existenzen, samstags war öffentlich, damit hat man die Miete finanziert, ansonsten hat sich der »inner circle« unregelmäßig, aber fast täglich zu »Krisensitzungen« getroffen, also zusammen abgehangen. Da gab es Vorträge über das Paarungsverhalten beim Stichling, eine Partnervermittlung, Walzertanzkurse, Modenschauen für Herr und Hund, die ersten Houseparties Berlins – das war echt meine Rettung, für Christiane Rösinger genauso. Und dort wurde man gleich in einen bestimmten Kontext integriert, Achtzigerjahre-West-Berlin, alle wahrscheinlich von der Sozialhilfe gelebt, oder von Eltern, weiß ich gar nicht.

Aber tut mir leid, ich habe nicht schon immer gefühlt, dass ich Künstlerin bin, den Gefallen kann ich dir nicht tun. Ich war einfach total faul und habe so eine komische innere Blockade gehabt. Irgendwie habe ich nie drüber nachgedacht, und ich find's auch komisch mittlerweile, dass meine Eltern keine Kritik geäußert haben. Das war in meinem Elternhaus nie ein Thema, was ich eigentlich mal machen will. Es hat sich alles so ergeben. Auch die Lassie Singers haben sich dadurch ergeben, dass Christiane und ich uns geärgert haben, dass die Jungs im Fischbüro immer mit ihren Demotapes rumliefen und die Rollenaufteilung sehr klassisch war. Die Mädchen sollten die Organisation machen, das Bier einkaufen und putzen. Typische Gegenreaktion unsererseits.

Die bis heute anhält?
Inzwischen bin ich stolz darauf, unbürgerlich zu leben, würde ich jetzt mal ganz spontan sagen. Ich will keinen Arbeitgeber haben, ich will keine Personalstrukturen haben, ich will keine Hierarchien haben. Das wird mir schon immer zu viel, wenn Alfred Hilsberg sich wieder über die Sachzwänge im Musikbusiness auslässt. Ich finde es zweifelhaft genug, dass Künstler inzwischen Manager ihrer selbst geworden sind. Ich hasse es, dass man zu Journalisten freundlich sein oder sich mit ihnen unterhalten muss, weil sie Artikel schreiben sollen. Irgendwie ist es ja auch mittlerweile fast so, dass Journalisten die Könige der Szene sind und nicht mehr die Künstler. Furchtbar. Die Künstler müssen »provokativ«, am besten »catchy-provokativ« sein. Echt zum Kotzen. Reverend und ich wünschen uns immer einen Mäzen, so einen reichen Gönner, der uns finanziert. Das wäre schon toll.

Deine Kollegin Christiane Rösinger fordert ein staatliches Grundeinkommen für Künstler, da die Stadt Berlin ihr Image als flotte Kulturmetropole ja wesentlich aus den Leistungen des hier ansässigen Kulturprekariats bezieht. Der amerikanische

Ökonom Richard Florida geht davon aus, dass der Szene-Faktor einer Stadt ausschlaggebend dafür ist, ob sich große Unternehmen ansiedeln. Hast du eine Position dazu?
Ich bin absolut gegen ein staatliches Grundeinkommen für Künstler, und warum auch sollte ein Staat oder eine Stadt das machen? Hartz IV, habe ich mir sagen lassen, funktioniert total unbürokratisch und problemlos und hat seine Stigmatisierung verloren, und Kunstförderung wird ja bekanntlich mit Subventionen betrieben. Außerdem würde dieser Einkommensform ja eine Art Prüfung vorausgehen, ob man das Prädikat »Künstler« verdient oder nicht. Den Staat wie einen Papi aufzufordern, dieses und jenes für einen zu regeln, lehne ich ab. Ich will, dass mich der Staat so sehr wie möglich in Ruhe lässt. Insofern also: Nein, bloß nicht. Ich hatte diese Diskussion auch schon mal mit Christiane vor Jahren, und ich finde nach wie vor: Künstlertum ist auch eine Entscheidung. Und wenn man dann mit vierzig merkt, dass man jetzt doch gar nicht mehr so unbürgerlich leben will, dann hat man eben Pech gehabt oder muss schauen, ob man noch wo unterkommt.

Apropos unbürgerlicher Lebensstil. Was denkt denn dein 11-jähriger Sohn Aaron darüber?
Bin ich mir nicht sicher. Er hat mal zu mir gesagt: »Almut, ich hab voll Mitleid mit dir, dass du so arm bist.« Da habe ich gesagt: »Na ja, danke, aber du bist ja deswegen auch arm.« – »Ja, aber ich werd's später nicht sein.« Zum Glück habe ich mit dem Vater von Aaron eine gute Regelung gefunden, aber weil ich so viel auf Tour bin, geht die Regelmäßigkeit oft flöten, mit der wir uns die Aufsicht teilen. Aber o.k., mein Sohn geht in Kreuzberg zur Schule, da gibt's viele Künstler- und Lebenskünstlermodelle. Andererseits habe ich gestern Elternabend gehabt und bin dort mit einer türkischen Mutter ins Gespräch gekommen. Die hat mich in ihrem Türkisch-Deutsch gefragt: »Du nur Aaron? Andere Kind?« Ich: »Nein.« – »Warum? Du Arbeit? Was Arbeit?« – »Ich schreibe.« – »Schreibe? Buch? Ah.« Das leuchtete der nicht ein, warum schreibt man so ein Scheiß-Buch, anstatt vier Kinder zu bekommen.

Wie ist das bei dem Vater? Ist der ein Gegenpol oder führt er dasselbe Leben?
Als Gegenpol würde ich das nicht bezeichnen. Der ist Gärtner, auch selbstständig, macht aber auch Musik. Und hat ein etwas regelmäßigeres Einkommen als ich.

Aber euer System funktioniert ganz gut?
Ja, wir haben uns sehr gut arrangiert, komischerweise. Aaron hat aber eindeutig weniger Geld als andere Kinder zur Verfügung, weniger Playstations und kein Handy. Rudi wollte ihm mal ein Handy schenken, und da hat Aaron gesagt: »Nee, ich will keins, brauch ich nicht. Ich weiß doch, dass ihr wenig Geld habt und das nicht bezahlen könnt.« Echt süß. Davon abgesehen, finde ich aber auch, dass ein Elfjähriger noch kein Handy braucht. Inzwischen bekommt mein Sohn allerdings schon mehr Anrufe auf dem Festnetz als ich …

Stellst du deine Arbeit manchmal grundsätzlich infrage, wenn du dir deine finanzielle Situation vor Augen führst?
Ich kann mit Armut ganz gut umgehen. Die kenne ich, immer mal wieder, und finde es nicht so schlimm. Na gut, langsam kommt dann auch die Altersangst noch dazu, weil ich ja überhaupt keine Absicherung habe. Aber ich erwarte auch nichts. Ich rechne damit, dass ich mit 70 noch produktiv bin, auch wenn ich vielleicht nicht mehr auf Tour gehen kann.

Es gibt ja auch immer neue Ideen, du komponierst beispielsweise immer neue Songs, und vielleicht ist dieses Potenzial ja auch die beste Rentenversicherung.
Alle alternden Musiker schreiben doch irgendwann Bücher oder gehen ans Theater. Theater würde mich auch noch reizen. Reverend und ich haben ja auch schon mal Filmmusik zusammen komponiert, in dieser Richtung könnte mehr passieren. Im Theater kommt es allerdings weniger auf dich als Musiker als auf deine Programmierfähigkeiten an, und das beherrsche ich halt gar nicht.

Ich dachte, es kommt vor allem auf deine Fähigkeiten als Komponist an?
Sicherlich, aber hauptsächlich darauf, dass du die Kompositionen schnell umsetzen kannst, schnell programmieren kannst und eine gute Soundbank hast. Das habe ich ja alles nicht. Da bin ich in der Steinzeit, was das angeht.

Findest du deinen Lebensstil gewagt?
Aaron hat mir übrigens auch schon mal Geld leihen müssen. Ist jedenfalls nicht für jeden geeignet und empfehlenswert, dieses Unsichere. Das ist auch eine Mentalitätsfrage. Ich bin ziemlich stoisch. Ich habe zum Beispiel überhaupt kein Bedürfnis nach Fernreisen. Es gibt ja Leute, für die es unheimlich wichtig ist, dreimal im Jahr neue Kontinente zu entdecken, und da muss man schon gucken, wo das Geld herkommt. Es kann allerdings auch sein, dass ich mir das sowieso verboten habe, weil ich es mir nicht leisten kann, und mir deswegen vormache, das wäre gar nicht mein Ding.

Und deine Gerichtsvollzieherin kommt immer zum Kaffeetrinken vorbei, habe ich gehört?
Also bitte, jetzt übertreib mal nicht, das ist ein einziges Mal passiert, aber schon eine irre Geschichte. Und zwar hat es morgens um 8 Uhr geklingelt, und da kommt so eine Frau die Treppe hoch, linst schelmisch um die Ecke und fragt in einem kindischen Tonfall: »Na, wer kann das sein?« Die hat schon mit ihrer Rolle als schreckliche Gerichtsvollzieherin gespielt und meinte dann: »Ach, ich war gerade bei einem anderen Kunden und dachte, ich guck mal, ob es bei Ihnen was zu holen gibt«, und dann haben wir zusammen Kaffee getrunken. Eine eigentlich sehr umgängliche Amtsperson. Irgendwann später bin ich ihr noch mal auf der Straße begegnet: »Mensch, Sie sind ja immer so fröhlich, haben Sie gerade ein Lied komponiert?« Aber das ist jetzt auch schon ein paar Jahre her. Das möchte ich übrigens nicht unbedingt so als typische Geschichte von mir im Interview haben.

Almut, was macht dich glücklich? Damit die jungen Leute, die das lesen, eine realistische Einschätzung der Lage bekommen.

Ich finde es gut, mit meinem Freund zu arbeiten. Aber wir machen ja beide noch eigene Sachen, wo man keine Kompromisse eingehen muss, wo man keine Rücksicht darauf nehmen muss, ob es dem anderen gefällt. Für mich ist es eine tolle Kombination. Viele Frauen sagen zu mir: »Mensch, das habe ich mir immer gewünscht, einen Freund, mit dem ich zusammenarbeiten kann.« Aber ich bin ja auch so, dass mir beides Spaß bringt, im Team arbeiten, aber auch hier in der Küche allein sitzen und Arrangements ausdenken. Mir ist beides wichtig. Aber was ist das eigentlich für eine Frage? Den »jungen Leuten« wird doch sowieso nichts anderes übrig bleiben, als sich selbstständig zu machen, die braucht man gar nicht mehr mit irgendwelchen Statements überreden zu wollen.

Ralf Krüger
Galerist

»Mit Lari-Fari-Trallala hast du Schwierigkeiten, dich durchzusetzen«

Ralf »Schacke« Krüger, Jahrgang 1963, geboren und aufgewachsen in Rendsburg. Inhaber der Galerie »Feinkunst Krüger« im Hamburger Portugiesenviertel sowie des SmArt-Mailorders, der amerikanische Rockposter-Art vertreibt. Des Weiteren ist Krüger die aggressive Hälfte des Duos »Happy Grindcore«, das sich auf unhörbaren Krach und äußerst offensives Verhalten gegenüber dem Konzertpublikum spezialisiert hat.

Wie kam es jetzt eigentlich zu Feinkunst Krüger?
Ich hatte nie ein klares Berufsziel vor Augen. Es gab keinen festgelegten Lebensentwurf. Gerade in so einer Kleinstadt wie Rendsburg denken viele, ich mach jetzt diese Arbeit, und dann passiert das Leben so, wie es eben passiert. Ich mach 'ne Ausbildung, ich bau ein Haus, suche mir 'ne Frau und mache ein Kind. So läuft es halt bei den meisten, so blöd es sich auch anhört. Ich wusste nie, was ich machen sollte. Einer aus meiner Klasse ist zum BGS gegangen, das habe ich dann auch gemacht. Zuerst wollte ich sogar zu den Bullen, aber da bin ich durch den Test gefallen. Weil ich Probleme mit der Kommasetzung habe. Beim BGS musste man nur angeblich schwierige Wörter in einen Text einsetzen. So bin ich eben beim BGS gelandet. Da gab es recht viel Geld, 1200 Mark ist für eine Ausbildung wirklich gut. Das war 1979, da war ich sechzehn. Ich musste mein Essen nicht bezahlen, habe da gewohnt, da konnte man sich sofort ein Moped leisten, später ein Motorrad und 'n Auto.

Na ja. Zweieinhalb Jahre später war ich dann Polizeivollzugsbeamter im Bundesgrenzschutz. Ich hätte mein Leben lang verbeamtet bleiben können. Aber wie es eben so ist, entdeckt man irgendwann Punkrock. Das kam bei mir recht spät. Dann lernt man ein paar Autonome kennen, geht auf deren Partys – und dann passt es nicht mehr zusammen. Das war ein ziemlicher Cut – man hätte die bis ans Lebensende gesicherte Existenz, aber ich habe gesagt, das geht so nicht weiter. Hab ich halt aufgehört und musste das Motorrad wieder verkaufen. Rendsburg hatte eine sehr gute Szene, wir haben viele Hardcore-Konzerte veranstaltet. Ich hab' dann ein paar ABM-Sachen angenommen und schließlich einen guten Job gefunden und bei archäologischen Ausgrabungen mitgearbeitet.

Mit 29 bin ich nach Hamburg gekommen, da hab ich 'ne ganze Weile gar nichts gemacht. Mal als Stagehand in der Markthalle oder als Türsteher gearbeitet, Bühnen aufgebaut, Komparsenrollen beim Film gehabt. Was man eben so anstellt, um sich was zu dem spärlichen Arbeitslosengeld dazuzuverdienen.

Feinkunst Krüger gibt es seit 1998. Im Mai wurden die Räumlichkeiten angemietet, im September fand die erste Ausstellung statt. Zunächst habe ich die Galerie mit meiner damaligen Partnerin betrieben – eigentlich fing alles damit an, dass wir eine neue Wohnung gesucht haben. Ich habe damals als Verkaufs- und Export-Manager bei der Deutschlandvertretung des amerikanischen Labels Amphetamine Reptile Records gearbeitet, und neben der Label-Arbeit habe ich einen Vertrieb für Rock-Art-Plakate aufgebaut. Nachdem ich das Musikgeschäft verlassen hatte, habe ich den Vetrieb weitergemacht.

Als wir diese Räumlichkeiten gefunden hatten, haben wir vorne im Ladenlokal Plakate ausgestellt. Mit der Zeit haben wir dann gemerkt, das ist toll und das macht Spaß – aber es ist zu wenig. Also haben wir angefangen, Ausstellungen zu machen. Ich bin in den Kunstbetrieb reingerutscht. Das Interesse muss natürlich da sein, aber in diese Geschichte bin ich einfach reingewachsen. Ich bin froh, dass ich etwas gefunden habe, wo ich sagen kann, dass es passt.

Da kann ich das machen, was ich machen möchte. »Sich verwirklichen« klingt so bescheuert.

Ist das jetzt ein Zielpunkt nach all dem Hin und Her?
Zielpunkt klingt so, als hätte ich auf diesen Zustand hingearbeitet. So war es nicht wirklich. Ich hätte noch vor drei, vier Jahren nicht gedacht, dass ich mich eines Tages »Galerist« nennen würde. Mittlerweile ist es wohl so weit. Und insgesamt ist die Galerie auch das, was ich bis jetzt am längsten gemacht habe.

Wunderst du dich manchmal, dass du jetzt als seriöser Geschäftsmann auftrittst?
Darüber denke ich gar nicht nach. Ich sehe mich auch nicht als seriösen Geschäftsmann. Das tun eher andere Leute. Ich versuche, die ganze Geschichte etwas lockerer zu sehen. Wenn hier größere Galeristen vorbeikommen oder Leute mit viel Kohle, muss ich mich nicht großartig verbiegen. Man geht durchaus anders mit denen um. Aber letzten Endes geht es ja um die Kunst. Zum Glück muss man kein weißes Hemd tragen, um sich über Kunst zu unterhalten. Auf Messen fällt es mir manchmal auf, wie merkwürdig das ist, wenn es um wirklich viel Geld geht. Wie da ein Bild feilgeboten wird – es könnte auch um ein Luxusauto oder einen Teppich gehen. Das macht keinen Unterschied. So bin ich ja nicht. Und so möchte ich auch gar nicht werden. Aber manchmal muss man einfach seriös sein. Das fällt mir nicht schwer, ich kann mich auch benehmen.

Habt ihr eingangs einfach Ausstellungen mit befreundeten Künstlern gemacht?
Die erste Ausstellung war mit einem Künstler, den eine Bekannte kannte. Matthias Fickinger, das war ja nicht irgendwer. Ein unglaublich talentierter Künstler, der hatte schon Ausstellungen hinter sich und Stipendien bekommen. Mittlerweile hat er leider aufgehört. Und dann fing es langsam an, dass sich einer nach dem anderen vorstellte. Und so entwickelt es sich bis heute noch immer.

Hattet ihr zu Beginn noch andere Einkünfte?
Definitiv! Wir konnten die Ausstellungen nebenbei machen, sodass Geld verdienen nicht wichtig war. Wir mussten nichts verkaufen, weil wir beide normale Jobs hatten. Das hat sich dann aber verändert. Der erste Schritt war, dass wir uns getrennt haben – ich musste die Räumlichkeiten also alleine finanzieren, was anfangs nicht unbedingt einfach war.

Ich habe mir ein Sponsorenmodell überlegt, das bis heute weiter läuft. Der Teil der Miete, der damals weggefallen ist, wird jetzt durch Sponsoren aufgefangen. Zehn Leute zahlen monatlich einen bestimmten Betrag und bekommen bei jeder Ausstellung eine Edition. Drucke oder eine kleine Zeichnung, außerdem bekommen sie Prozente, wenn sie etwas kaufen. Die sind ganz gut bedient. Ohne die hätte es aber nicht weitergehen können, und ich brauche die immer noch. Das war der erste Schnitt. Zu dem Zeitpunkt hatte ich noch zwei Jobs, und den in der Postergalerie habe ich gekündigt, weil ich mit der Geschäftsleitung überhaupt nicht mehr zurechtkam. Da hatte ich zwei Tage mehr, also konnte ich immer mehr Energie und Zeit in die Galerie investieren, mehr Ausstellungen machen und somit auch ein bisschen mehr Geld verdienen. Das hat sich aufgeteilt – die Galerie wurde auch zu einer Einnahmequelle.

Ich habe noch die drei Tage beim Schallplattenvertrieb EFA zwanzig Stunden im Lager gearbeitet, wo alle Penner mal gelandet sind. Mit dieser Situation war ich sehr zufrieden. Ich hatte einen Job, bei dem ich nicht nachdenken musste, da ist keine Energie draufgegangen, die dann für die Galerie gefehlt hätte. Das ist gut, nebenbei etwas Anspruchsloses zu machen. Dummerweise ist die EFA dann pleite gegangen. Ich stand wieder vor der Frage: Was machste denn jetzt? Und dachte mir: Na gut, was soll's – ich melde jetzt eine Ich-AG an.

Seit 2004 mache ich nur noch die Galerie. Die Ich-AG läuft dieses Jahr aus, das sind dann noch 200 Euro im Monat. Das Geld, was man bekommt, wird ja gestaffelt immer weniger. Anfangs waren es 600 Euro, das war schon gut. Man hat drei Jahre, in denen man viel Arbeit investieren kann und versuchen muss, mehr Geld zu verdienen. Ich bin einer von 15 in Deutschland, bei denen das Konzept Ich-AG hoffentlich hinhaut. *(lacht)* Es ist zwar doof, dass dieses Geld jetzt wegfällt, aber wenn das Überleben der Galerie daran hängen würde, würde es eh nicht klappen.

Also keinen Nebenjob stattdessen …

Anfangs dachte ich, mir noch was dazuzuverdienen, indem ich am Tresen arbeite, aber das habe ich nur zwei, drei Mal gemacht. Es geht irgendwie. Ich bin immer noch da. Ich habe vor, dieses Jahr zum ersten Mal auf eine Kunstmesse zu gehen, die Scope in Basel, und werde mal sehen, was da so passiert. Ich habe gerade nicht vor, mir wieder etwas anderes zu suchen. Ich möchte die Galerie weiterführen. Es hat sich mittlerweile gut etabliert, in Hamburg ist Feinkunst Krüger einigermaßen bekannt geworden. Auch bei den größeren Galeristen. Selbstverständlich ist es schwierig, wenn man an der Basis arbeitet, viel mit jungen Künstlern, wenn man dem Publikum nicht die vertrauten Namen vorsetzt, für deren Bilder 20 000 – 50 000 Euro bezahlt werden.

Bei mir ist das anders. Die Kunden müssen von selbst vorbeikommen, einen eigenen Geschmack entwickeln. Dafür gehen sie keine finanziellen Risiken ein, weil sie hier 500 oder 1000 Euro für ein Bild bezahlen, das toll ist. Eventuell wird der Künstler oder die Künstlerin später berühmt, und das Bild kostet plötzlich 5000 oder 10 000 Euro. Das ist ja auch ganz interessant.

Wer bei Feinkunst Krüger ausstellt, ist aber meist noch eher jung und unbekannt.

Das ist durchaus mein Anspruch. Mittlerweile gab es auch Ausstellungen von etablierten Künstlern wie Anke Feuchtenberger. Viele amerikanische Künstler hatten hier ihre erste Ausstellung in Europa, vergangenes Jahr gab es eine Gruppenausstellung, bei der einige Stars dabei waren. Das kommt immer wieder vor. Davor verschließe ich mich nicht. Wenn der Comiczeichner Gary Baseman, der auch in diesem Jahr wieder bei der Gruppenausstellung dabei sein wird, bei mir eine Einzelausstellung machen möchte, sage ich selbstverständlich nicht Nein. Ich bin ja nicht blöd. Das ist ein toller Künstler – der ist nicht jung und nicht unbekannt. Es muss mir einfach gefallen.

Ich werde jetzt versuchen, Künstler ein wenig enger an mich zu binden. Als kleine Galerie hat man da zwar nicht so viele Möglichkeiten, ich werde halt versuchen, für die Künstler mal woanders eine Ausstellung zu organisieren, die mitnehmen auf eine Messe. Damit man von dem ganzen großen Kuchen auch mal etwas abbekommt. Wenn die Künstler bekannter sind, ist es überhaupt gar kein Thema mehr, die Bilder zu verkaufen. Das macht man dann einfach. Aber das erlebt man leider nicht so häufig.

Weil die Künstler längst in den großen Galerien sind.
In dem Moment, in dem du auf den Kunstmarkt gehst, an namhafte Sammler verkaufst, überall in der Welt in großen Galerien ausstellst, bist du in einer völlig anderen Welt. Das ist eine ganz andere Maschinerie. Sobald sich die Künstler in dieser Welt bewegen, tun sie sich keinen Gefallen damit, in einer so kleinen Galerie wie Feinkunst Krüger auszustellen. Die Toten Hosen spielen auch nicht mehr im Molotow. Ausstellungen hier sind dann oftmals gar nicht mehr möglich, weil die Künstler Verträge mit ihren neuen Galerien haben. Manchmal sind die noch für Gruppenausstellungen hier. Der Kontakt reißt nicht ab.

Ist es abzusehen, ob jemand in diese Kunstwelt gelangen kann?
Bei einigen Künstlern kann ich mir schon vorher denken, dass die irgendwann den Durchbruch schaffen. Trotzdem immer wieder überraschend, wenn es dann passiert. Und wie es dann passiert. Und wie schnell es dann geht, das ist ja das Irre. Auf einmal machen die Geld. Es muss nicht sein, dass Qualität sich zwangsläufig durchsetzt, dafür gibt es zu viele Künstler, die gut sind und sich nicht durchsetzen. Aber eine Voraussetzung, sich in diesem Bereich durchzusetzen, ist definitiv Qualität. Das geht nicht anders. Es gibt zu viele Künstler, und es gibt zu viele

Leute, die genug von Kunst verstehen, vom Technischen her, die aber auch das künstlerische Potenzial erkennen, die Ideen, die dahinterstecken.

Siehst du dich in einer widersprüchlichen Position? Dass du gleichsam Kunstliebhaber bist und damit deinen Lebensunterhalt bestreiten musst?
Nein, bisher noch nicht. Was daran liegt, dass ich eben nicht in der großen, weiten Kunstwelt angekommen bin. Ich bin nicht mehr in der Off-Szene, dafür läuft es zu professionell. Das ist sehr angenehm, sich zwischen den Stühlen aufzuhalten. In der Kunstindustrie hat man mit Leuten zu tun, die nerven, mit denen man nichts zu tun haben möchte. Das wird mir wohl noch geschehen, aber das ist dann eben so. Da wird es Geschäft, und es ist Teil des Geschäftes, sich mit unangenehmen Dingen herumzuschlagen. Man kann sich ja heutzutage nicht komplett allem verschließen. Man muss versuchen, all das auf eine vernünftige Weise zu tun, seine Philosophie aufrechtzuerhalten. Irgendwann muss man Kompromisse eingehen. Aber man kann sie vermeiden, wo es nur geht.

Die Künstler müssen sich auch mit beknackten Sammlern unterhalten, obwohl sie keinen Bock darauf haben. Aber wenn dieser Sammler ein Bild für 50 000 Euro kauft, dann muss man sich eben für einen Abend prostituieren und mit dem essen gehen. Wobei der einen auch noch einlädt. So schlimm ist das nun auch wieder nicht. Man macht ein paar Tage im Jahr mal nicht, was man will, aber dafür lebt man davon. Mit einem normalen Job geht es dir auf jeden Fall beschissener.

Wobei du als klassischer Ein-Mann-Betrieb-Mann bestimmt nicht wenig zu tun hast.
Ich habe dieses Jahr elf Ausstellungen hier, gehe auf die Messe, ich organisiere das Flatstock mit, diese große Posterconvention. Das ist schon recht viel. Es ist wirklich genug. Ich mache auch die ganze Pressearbeit, die Werbepostkarten müssen gedruckt werden, der E-Mail-Verteiler will auf dem neuesten Stand gehalten werden. Ich gehe für jede Vernissage immer noch selbst

die Postkarten in den Kneipen verteilen. Darauf habe ich meistens keinen Bock, das ist immer so'n bisschen blöd.

Wenn ich abends ausgehe, nehme ich sowieso immer welche mit, aber dann gibt es den Termin, an dem *muss* ich los und die Dinger in alle Läden bringen. Das schockt überhaupt nicht. Dann nervt es. Ich würde das gerne jemanden machen lassen, aber der bekommt dann 50 Euro dafür. Da mach' ich das lieber selbst, dafür bin ich zu geizig. Das läppert sich alles so, Druckkosten, Getränke für die Vernissagen, vielleicht muss man mal einen Wagen mieten, um Sachen hier hinzukarren und so weiter. Mir helfen hier auch viele Leute. Eigentlich mache ich alles alleine, aber bei Vernissagen schenken Freunde von mir das Bier aus, der DJ legt für Taxi-Geld auf, vieles läuft durch Unterstützung von Leuten, die ich lange kenne. Ohne die wäre das nicht zu bewerkstelligen. Für die Messe lasse ich eine Broschüre drucken, ich bin aber kein Grafiker. Ich kann das Layout nicht machen. Man muss nicht alles können. Das Wichtige ist, jemanden zu kennen, der es kann.

Die Vernissagen sind meistens gut besucht?

Ja, glücklicherweise schreibt die Presse öfter mal etwas. Mittlerweile bin ich kein Unbekannter mehr in Hamburg. Es kommen gerne um die 200 Leute oder mehr. Das spricht sich herum, die Leute kommen und kaufen. Ich bin ja gewisserweise an zwei Fronten tätig – ich kenne auch viele Leute, die gar nicht so viel mit Kunst zu tun haben, die gehen nicht in andere Galerien, kommen aber hierher und finden hier ihre ersten Berührungspunkte mit Kunst. Und einige fangen dann auch an, Bilder zu kaufen.

Hast du hier auch mit Sammlern zu tun, die Kunst primär als Geldanlage sehen?

Es gibt auch ganz normale Leute, die sich für Kunst interessieren. Das ist ja das Schöne. Die kommen durchaus her, diejenigen, die du beschreibst, eher nicht. Davon hätte ich aber gerne ein paar! Muss ich ganz ehrlich sagen. Man beißt sich die ganze Zeit durch, und wenn man wüsste, es kommt einer und kauft ganz viel, dann würde das durchaus beruhigend wirken. Man könnte ganz anders planen. Ich würde dann mit solchen Typen auch mal essen gehen und dem ein wenig den Bauch pinseln. Oder er bekommt ein Glas Sekt mehr auf einer Vernissage, das ist mir doch egal, da muss ich durch. Wenn er für 100 000 Euro pro Jahr Bilder kauft, hat er es eben verdient. Hinter vorgehaltener Hand kann man sich dann immer noch beklagen.

Aber solange man sich nicht völlig verbiegen muss, ist das wirklich gleichgültig. Man kann sich drauf einstellen, wobei man natürlich nicht den Bückling spielen muss. Bevor ich mich zum Affen mache und irgendwer nur noch nervt, sage ich lieber, »Oh, ich muss mal kurz da rüber«. Das ist das Schöne daran, wenn Vernissagen so gut besucht sind.

Gibt es einen großen Wettbewerb zwischen den Galerien? Bleibst du davon weniger verschont, weil du in kleineren Dimensionen arbeitest?

Der Kunstmarkt ist ein Markt. Da gibt es Konkurrenz. Bei mir geht es einigermaßen, was daran liegt, dass die Betreiber der neueren Galerien in Hamburg sich untereinander ganz gut verstehen. Anfangs war ich mit dem, was ich gemacht habe, allein auf weiter Flur. Mittlerweile gibt es in dem Bereich ein paar Sachen mehr, und es ist eher so, dass man Kooperationen macht, gemeinsame Ausstellungen. Wie es auf der nächsten Ebene aussieht, weiß ich nicht. Das ist ein internationaler Markt, da geht es wirklich darum, Geld abzugreifen.

Fragst du dich dann, warum du hier hinter deinem Laden wohnst, während andere sich einen Pool leisten können, der so groß ist wie deine ganze Wohnung?

Ja, logisch. Aber, das macht mir nichts aus. Ich bin ja niemand, der besonders viel Wert auf materielle Dinge legt. Ich war immer wieder darauf angewiesen, mit wenig Geld auszukommen. Das ist eine gute Schule, du lernst, trotzdem Dinge zu organisieren, obwohl dir etwas fehlt. Dann musst du es anders machen. Nicht dass ich nicht auch gerne ein bisschen mehr Geld verdienen möchte, aber ich muss zum Beispiel kein dolles Auto fahren. Das interessiert mich nicht. Es sei denn, ich hätte so viel Geld, mir einen Aston Martin zu kaufen, das steht ja außer Frage. Aber der kostet über 100 000 Euro, das werde ich eher nicht erreichen. Insofern ist mir egal, was für ein Auto ich fahre.

Bist du jetzt zufriedener als noch zu Zeiten des Angestelltendaseins?
Die Situation ist anders. Ich bin natürlich angespannter, weil ich viel mehr drin bin in meinem Job. Etwas wie Freizeit ist schwierig zu definieren. Das, was ich mache, ist von meinem Privatleben zum Teil nicht mehr zu trennen. Die Künstler werden zu Freunden, ich gehe zu Vernissagen, trinke da ein Bier, bin auch da, weil ich es mir angucken muss, ich will es mir auch angucken, ich treffe dort Leute – aber letzten Endes ist es mein Job. Eigentlich wären das Stunden, die man sich auf den Stundenzettel schreiben würde. Macht man aber nicht. Auch bei Sammlern verwischen sich die Grenzen zwischen Kunden und Freunden. Das geht alles ineinander über. Das kann auch nerven: Man sitzt abends in der Kneipe, das Gespräch kommt darauf, was man so macht – und kaum habe ich erzählt, dass ich eine Galerie betreibe, heißt es sofort: »Ein Bekannter von mir macht auch Kunst! Ich kenne auch einen Fotografen!« Und schon hängt man wieder drin. Irgendwann wird das einfach ein großer, wichtiger Teil deines Lebens. Zack. Das macht es schwierig, abzuschalten. Gerade hier, wo Wohnung und Galerie tatsächlich ineinander übergehen.

Wenn ich meine Ruhe haben möchte, muss ich abhauen. Das mache ich leider viel zu selten. Das vergangene Jahr war sehr anstrengend. Ich habe mir im Dezember ein bisschen Freizeit zusammengebastelt und war im Urlaub. Anfang dieses Jahres hatte ich sofort wieder Ideen für ein anderes Projekt, aber mein potenzieller Partner hat abgesagt aufgrund gesundheitlicher Probleme. Mittlerweile bin ich sehr froh, dass das nicht geklappt hat. Ich muss lernen, die ruhigen Phasen zuzulassen. Mal einen Tag nicht zu arbeiten, wenn ich schon wieder ein Wochenende durchgearbeitet habe. Die stressigen Phasen, die man durchzustehen hat, bekommt man sowieso um die Ohren geballert.

Ist die ökonomische Situation von Künstlern momentan schwieriger als sonst?

Die Leute kaufen Kunst wie blöd. Gerade in den höheren Segmenten. Die Bilder werden bei Auktionen immer teurer. Selbst für zeitgenössische Künstler werden unglaubliche Preise erzielt. Durch die neuen Märkte kommen jetzt Sammler aus Russland und China und geben viel Geld aus. Zu mir kommen die allerdings nicht. Aber es gibt einfach immer Leute, die viel Geld verdienen, auch in schlechten Zeiten. Geld für Kunst wird immer ausgegeben. Die Zeiten sind zweifelsohne härter als noch in den Achtzigerjahren. Mit der Arbeit, die ich hier leiste, hätte ich damals richtig Geld machen können, heute langt es so eben. Als die Leute mehr Geld hatten, ist es ihnen sicherlich leichtergefallen, 500 Mark für ein Bild auszugeben. Das merkt man in einer eher niedrigpreisigen Galerie wie Feinkunst Krüger schon.

Natürlich verdienen immer noch viele gutes Geld mit ihrer Kunst – ich merke das immer wieder. Ich verkaufe ein Bild, rufe den Künstler an und sage ihm, dass ich 300 Euro für ihn habe, und der ist heilfroh. Monate später verkaufe ich noch ein Bild, habe hier 1000 Euro für den rumliegen, frage ihn, ob ich das vorbeibringen soll, und es heißt: »Ach, brauch' ich gerade nicht.« Das passiert einfach und ist nicht böswillig gemeint. Der Künstler hat es eben geschafft. Dafür wird es immer einen Markt geben. Man muss lediglich das Interesse wecken. Einfach ist das allerdings nicht.

Viele Künstler arbeiten sehr hart. Bei denen ist das noch schlimmer als bei mir – die leben das, die können da nicht raus. Die arbeiten richtig, richtig viel. Und manchmal zahlt sich das aus. Mit Lari-Fari-Trallala hast du in dem Bereich Schwierigkeiten, dich durchzusetzen. So, wie unsere Eltern uns das immer gesagt haben: Ihr müsst arbeiten, dann klappt das schon. Es scheint fast so zu sein, als ob das stimmt. Dumme Sache.

Harry Rowohlt
Übersetzer

»Der Lektor ist der natürliche Feind des Übersetzers«

Harry Rowohlt, geboren 1945 in Hamburg. Übersetzer von 143 Büchern, fünf Theaterstücken und einem Film, Interimskolumnist für die Zeit, Schauspieler, Vorleser und Vortragender. Lebt und arbeitet in der Deutschen Bahn sowie in einer Parterre-Wohnung in Hamburg, Erklärungen zu möglichen familiären Verbindungen mit dem gleichnamigen Verlag lässt Rowohlt sich mit fünf Euro vergüten.

Übersetzung ist Ihre Haupteinnahmequelle seit ...
Einnahmequelle nicht. Meine Hauptbeschäftigung. 1970 habe ich das erste Buch übersetzt, »Die grüne Wolke« von Alexander Sutherland Neill, dem Erfinder der antiautoritären Erziehung. Auf das Buch war ich in New York auf dem Weg zur Arbeit gestoßen. Es stand in der Auslage einer Buchhandlung in der Bleecker Street. Ich habe es mir gekauft und meinen Bruder Heinrich Maria Ledig-Rowohlt gefragt, ob es ihm wohl entgangen sein sollte, dass sein Bestseller-Autor A. S. Neill nicht nur Bücher über, sondern auch eines für Gören geschrieben hat. Er sagte, das sei ihm keinesfalls entgangen, es sei nur leider unübersetzbar, weil lauter amerikanischer Gangster-Slang der Zwanzigerjahre darin vorkommt.

Da habe ich gefragt, ob ich es vielleicht trotzdem versuchen dürfte. Friedrich Karl Waechter, der das Buch illustriert hat, hat mir gesagt, ich solle die Wörter doch einfach erfinden. Dazu ist mir Sprache aber zu heilig, also habe ich mir ein Wörterbuch des Rotwelschen besorgt und ließ die Gangster Rotwelsch sprechen. Das war das erste Kinderbuch, das es je in die Spiegel-Bestseller-Liste geschafft hat, was man unter anderem daran merkt, dass viele Deutsche in meinem Alter »Verfatz dich!« sagen. Das haben sie aus der »Grünen Wolke«. Davon kann ein Übersetzer ja nur träumen, dass jemand »Verfatz dich!« zu ihm sagt. Danach hatte ich mich ans Übersetzen gewöhnt.

Allerdings habe ich schon vorher gerne übersetzt. Wenn wir in Latein zehn Zeilen »Pyramus und Thisbe« von Ovid zu übersetzen aufhatten, habe ich die in deutsche Hexameter übertragen, weil ich dachte, wenn ich das sowieso schon mach … Furchtbar peinlich klingt das, aber wie ich inzwischen weiß, eine gute Übung, weil ich auch ziemlich viel Lyrik übersetze. Das Literarische Colloquium Berlin ist mal an mich herangetreten, ich solle ein Seminar über das Übersetzen von Lyrik leiten. Das habe ich abgelehnt mit der Begründung, wenn ich wüsste, wie das geht, wäre ich schön blöd, wenn ich das weitererzähle. Wie ja auch George Bernard Shaw schon völlig zu Recht gesagt hat: »Wer's kann, tut's, wer's nicht kann, lehrt's.« Können Sie sich die Callas als Gesangslehrerin vorstellen? Ich nicht.

Der ehemalige Bundespräsident, Herr Roman Herzog, sagte, es sei ein Skandal, dass der kulturell so wichtige Berufszweig der Übersetzer sich den Lebensunterhalt nicht verdienen könne.

Ich habe einem befreundeten Schriftsteller, dessen Namen ich nicht nennen werde, der sich in der gesamten Innung als Pumpgenie, welches nie seine Schulden zurückzahlt, einen schlechten Namen gemacht hat, neulich geraten, einen Brotberuf zu ergreifen. Frank Schulz hat das Archiv bei der Gala geleitet, sonst hätte er nie den dritten Band seiner Trilogie schreiben können. Ich mache auch noch vieles andere, tingele über die Käffer, spiele in der »Lindenstraße« den Nicht-Sesshaften. Vom Übersetzen könnte ich nicht leben. Meine Frau hat neulich gesagt, ohne zu ahnen, dass ich das hörte: »Früher habe ich Harry mit durchgefüttert, jetzt füttert er mich mit durch, weiß es aber nicht.«

Das hat auch Viktor Niemann, als er noch Piper leitete, gesagt: Übersetzen sei ein Zubrot, ein intellektuelles Hobby. Und jeder, der das alleine machte, um davon zu leben, sei eben blöd.

Ist das Übersetzen dafür nicht ein wenig zu zeitaufwendig?
Doch, natürlich. Ich würde es bestimmt nicht machen, wenn ich nur das machen müsste. Da kommt man ja auf einen Stundenlohn von einer Mark zwanzig. Nicht ein Euro zwanzig, sondern eine Mark zwanzig. Besonders, wenn man wie ich zu blöd für einen Computer ist und richtig nachschlagen muss zum Recherchieren und Leute fragen. Wenn man etwas nicht weiß, fragt man den Autor, falls der noch lebt. Aber das ist das allerletzte Hilfsmittel. Douglas Adams, der »Per Anhalter durch die Galaxis« geschrieben hat, beantwortet keine Übersetzerfragen. Der ist ja auch in so viele Sprachen übersetzt worden, da hätte er viel zu tun.

An der Bezahlung für Übersetzer hat sich seit Längerem kaum etwas verbessert?
Ja, warum auch? Manchmal hat man Glück und ist am Umsatz beteiligt. Aber wenn man am Umsatz beteiligt ist, hat das Buch prompt keinen Umsatz mehr. Es ist wirklich verhext. Beim Haffmans Verlag zum Beispiel war man am Umsatz beteiligt. Aber Haffmans musste ja unter anderem deshalb dichtmachen, weil er seine Autoren, seine Übersetzer und auch sonst niemanden jemals bezahlt hat. Bei Haffmans also war man am Umsatz beteiligt, bekam davon zwar nichts zu sehen, hatte aber ein gutes Gefühl.

Das machte sich gut auf dem Papier?
Nee, auf dem Papier nicht. Verträge lese ich sowieso nicht, weil ich zu blöd bin. Nein, im Herzen war es ein gutes Gefühl.

Ich frage mich halt – besser: ich frage Sie jetzt, wie die Argumentation vonseiten der Verlage aussieht, diese Hungerlöhne beizubehalten.
Die Argumentation ist: Man soll froh sein, dass man den Auftrag gekriegt hat. Frank McCourt, dessen Bestseller »Die Asche

meiner Mutter« ich übersetzt habe, der war vor ein paar Monaten in Hamburg und hat mich gefragt, warum ich seinen dritten Band nicht übersetzt habe. Ich habe mich während des ersten Bandes mit dem Luchterhand Verlag verkracht. Ich habe das Buch praktisch viermal übersetzt. Einmal aus dem Amerikanischen und dreimal aus dem Lektorierten zurück. Unglaublich. Inzwischen habe ich mich tränenreich mit dem Luchterhand Verlag wieder versöhnt. Zu Frank sagte ich: »Der dritte Band ist 2006 erschienen, und 2005 hatte ich keine Zeit. Unter anderem wurde ich, wie du vielleicht weißt, 60, und das dauerte schon ein Vierteljahr.« Frank McCourt sagte: »Ich weiß es wohl, ich habe ja nicht ohne Grund einen Beitrag in deine Festschrift hineingelogen.«

Auf Schwedisch heißt das Buch, welches im Original »Angela's Ashes« heißt, »Der Engel auf der siebten Stufe«. Kann man auch nicht meckern. Ist trotzdem ein Bestseller geworden. Eine Italienerin hat gesagt, sie hätte die italienische Ausgabe nach vier Seiten an die Wand geschmissen, weil die Nordiren norditalienisch sprachen und die Leute aus dem Freistaat Irland sizilianisch. Das war ihr dann doch zu platt. Ich habe mich einmal in einer Übersetzung aus dem Irischen damit herausgeredet, dass eine Oma aus Nordirland bayrisch spricht. Weil die Kinder sie nachmachen, sie sagt »Habt's« und »Seid's« – das kann man nicht anders machen. Jacques Flessenkemper, der damals Vertreter von Haffmans war, hat das gelesen und gesagt: Ich weiß, warum du's gemacht hast, scheiße ist es trotzdem. Aber ich wüsste auch nicht, wie man's hätte anders machen können.

Flessenkemper habe ich übrigens kurz vor seinem Tode noch im Flippern besiegt. Ich habe aber bisher alle im Flippern besiegt. Ich bin sehr froh, dass ich damals, als ich noch in Frankfurt wohnte, Jörg Fauser noch nicht kannte, der bis zu seinem Tode auch unbesiegter Flipper-Spieler war. Ich war damals in Frankfurt-Sachsenhausen und er im Nordend, also haben sich unsere Wege nie gekreuzt. Er wohnte praktisch noch bei seinen Eltern. Ich dagegen bin eine halbe Stunde nach dem Abitur von zu Hause abgehauen. Der hatte aber auch angenehmere Eltern als ich. Vater Kunstmaler, Mutter Rundfunkmoderatorin.

Ist es so, dass Übersetzerinnen und Übersetzer …
Übersetzerinnen. Sie erwähnen eigens die Übersetzerinnen. Übersetzer gibt es kaum. Deswegen übersetze ich nichts von Frauen, weil etwa 80 Prozent aller Originalautoren Männer sind und etwa 90 Prozent aller Übersetzer Frauen. Wenn also eine Frau ein Buch geschrieben hat, sollte sich auch eine Frau finden, die es ihr übersetzt. Denn Übersetzer und Originalautor sollten möglichst wesensverwandt sein, und diese Barriere wäre dann schon mal aus der Welt geschafft. Die einzige Frau, die ich je übersetzt habe, war Susan Sontag.

Gibt es Beispiele für eine besonders tiefe Wesensverwandtheit?
Kurt Vonnegut, mit dem ich auf einer kurzen Lesereise gewesen bin, München, Leipzig und Dresden, hat mir drei Wochen später geschrieben, dass er durchschnittlich zwei Mal pro Woche mit dem Gedanken aufwache: »Scheiße, dass Harry hier nicht ein paar Straßen weiter wohnt, sonst würde ich mir mit ihm jetzt sofort die Kante geben.« Mehr kann man doch wirklich nicht verlangen als Übersetzer.

Es ist sehr schön, wenn der Autor noch lebt und man ihn befragt. Das hat drei Vorteile. Erstens kann der Autor seinem Nachbarn sagen, er kann nicht zum Golf kommen, weil er die völlig idiotischen Fragen seines deutschen Übersetzers beantworten muss, es hat zweitens den Vorteil, dass der Nachbar merkt: Wow, der wird ins Deutsche übersetzt, und drittens hat es natürlich den großen Vorteil, dass ich ziemlich fehlerfreie Übersetzungen abliefern kann. Wenn der Autor nicht mehr lebt, wie bei Flann O'Brien, frage ich Ann Clune, die hat das Standardwerk über Flann O'Brien verfasst und lebt praktisch davon, dass sie diese Fragen beantworten kann. Sie recherchiert auch sehr gerne. In Kneipen zum Beispiel. Sie mag allerdings kein Guinness, hat keine roten Haare und ist unmusikalisch. Dennoch tritt sie immer als echte Irin auf.

Sie sind mittlerweile regelmäßig auf Lesereise?

Haffmans hat mal ein Rundschreiben an seine Autoren und Übersetzer geschickt, ob sie notfalls bereit wären, auf Lesereise zu gehen, und nach Gagenvorstellungen gefragt. Da habe ich eingetragen: überhöht. Und seitdem mache ich das. Bei meiner ersten Lesung in Bielefeld waren vier Leute, von denen ich drei bis heute in Verdacht habe, dass sie zur veranstaltenden Buchhandlung gehörten. Die zweite Lesung in Bielefeld musste bereits wegen Andrangs wiederholt werden. Dann macht man das natürlich weiter. Letzten Februar war ich in Berlin, im Postbahnhof im Ostbahnhof, zweimal hintereinander 1700 Leute, unplakatiert. Das war praktisch eine Geheimveranstaltung, aber trotzdem ausverkauft.

Meistens wird man auf Lesungen derart angeleuchtet, dass man das Gefühl hat, man würde vor einer schwarzen Filzwand sitzen. Ich wünsche mir bei meinen Lesungen immer, dass der Zuschauerraum so hell ist, dass ich die Leute erkennen und notfalls beschimpfen kann, aber so dunkel, dass sie nicht heimlich selbst Mitgebrachtes lesen können, sondern auf mich angewiesen bleiben.

Ich hatte mal eine Lesung in Hamburg-Bergedorf, wo der höchste DVU-Anteil von Hamburg ist, und da gingen zwei Leute weg, die gingen nur pinkeln, was ich aber nicht wusste. Ich habe denen hinterhergeschimpft: »Haut ruhig ab, stürzt euch ins Bergedorfer Nachtleben, sprüht ein paar Hakenkreuze oder was man in Bergedorf nachts so macht.« Da war Totenstille, und dann brach ein Tumult los. »Alter, du weißt wohl nicht, wo du hier bist! Das ist das Gewerkschaftshaus.« Peinlich, peinlich. Es war aber sehr schön, als die beiden zurückkamen und sich die allgemeine Begeisterung, mit der sie empfangen wurden, nicht erklären konnten. Sie verkörperten ja das anständige Bergedorf.

Sie wurden bereits als »Deutschlands berühmtester Übersetzer« bezeichnet. Halten Sie das für eine Invektive?

Nö. Stimmt ja auch gar nicht. Deutschlands berühmtester Übersetzer war ja wohl der verehrte Kollege Luther. Ohne mich jetzt mit Luther vergleichen zu wollen. Ich nämlich habe nichts gegen Juden und Bauern. Hans Wollschläger war auch berühmter als ich. Der konnte nun wirklich nix. An seinem »Ulysses« waren drei ausgewachsene Lektoren dran. Bis Unseld sagte, sie sollten jetzt mal damit aufhören, so weit lese das Mistding doch sowieso kein Schwein. Und das stimmt. Bei einer Marathonlesung auf Kampnagel habe ich mal das Zyklopenkapitel aus der »Ulysses«-Übersetzung von Wollschläger gelesen.

Nach fünf oder sechs Zeilen merkte ich, wie lausig das übersetzt ist. Es war so lausig übersetzt, dass ich das Original, das ich zu jenem Zeitpunkt noch gar nicht kannte, durchschimmern sah. Da habe ich es schneller als das menschliche Auge zurück ins Englische übersetzt und dann das ganze Kapitel wiederum frei selbst übersetzt. Das gesamte Publikum konnte besser Englisch als Wollschläger. Für das Buch hat er zehn Jahre gebraucht. Andere Leute lernen in der Zeit Englisch. Der als knauserig bekannte Suhrkamp-Verlag wollte ihm ja sogar einen Dublin-Aufenthalt finanzieren, damit er weiß, worum es geht. Das hat er schwerst beleidigt abgelehnt, weil er natürlich geahnt hat, dass in Dublin Englisch gesprochen wurde, was er nicht gekonnt hätte. Der hätte sich in den ersten zehn Minuten so verlaufen, dass er bis heute nicht wiederaufgetaucht wäre.

Stehen Sie überhaupt in Kontakt mit anderen Übersetzern?
Es gibt einen Hamburger Übersetzer-Stammtisch. Da war ich drei oder vier Mal. Die beschließen immer nur Sachen. Ich habe keine Lust, in meiner wenigen Freizeit Sachen zu beschließen. Noch dazu, wenn es »Stammtisch« heißt, da möchte ich doch saufen und nicht beschließen. Der Kölner Übersetzer-Stammtisch erhebt sich zu Beginn jedes Stammtisches mit den Worten »Trinken wir darauf, dass wir nie so werden wie der Hamburger Übersetzer-Stammtisch.« Die beschließen überhaupt nichts, sondern saufen nur. Man kann ja nichts beschließen. Man kann beschließen, dass man mehr Geld bekommen möchte.

In gewissen skandinavischen Ländern erhalten Übersetzer eine Ehrenrente.

In Irland wären wir von der Umsatzsteuer befreit. Aber was würde mir das nützen, seitdem man da in den Kneipen nicht mehr rauchen darf? Sollen sie doch gleich »Kalifornien« dran schreiben. Arschgesichter. Ich lebe ja hauptsächlich in der Eisenbahn, und wenn man da ab September nicht mehr rauchen darf, mach ich das eben auf dem Klo. Da habe ich es ja auch gelernt. Zurück zu den Wurzeln.

Angenommen, ich würde Ihnen jetzt offenbaren, mein Traumberuf wäre Übersetzer …

… dann würde ich Ihnen natürlich abraten. Niemann hatte schon recht, nebenbei, als »intellektuelles Hobby« kann man das machen. Wobei das natürlich Quatsch ist. Als ich »Die Asche meiner Mutter« übersetzte, habe ich mir das Frühaufstehen angewöhnt, weil es so eilig war. Auf diese Weise ist meine deutsche Übersetzung zweieinhalb Monate vor dem amerikanischen Original erschienen.

Der Autor hat neulich bei einer Lesung netterweise übertrieben, dass dieses Buch bis heute nicht fertig wäre, wenn nicht auf der anderen Seite des Atlantiks sein alter Kumpel Harry gesessen und ihn bedroht hätte. Was natürlich nicht stimmt. Ich habe ihm lediglich geschrieben, dass er doch mal den Helden sterben lassen können, was beim Autor einer Autobiografie keine sonderlich gute Idee ist. Er hat mir das aber nicht krummgenommen. Er hat mir gegenüber übrigens den großen Vorteil, dass ihm von Whiskey schlecht wird. Er hat gesagt, sonst hätte er sich längst zu Tode gesoffen. Mir wird leider nicht von Whiskey schlecht. Im Gegenteil. Deshalb ist er ja auch schon sehr viel älter als ich.

Ganz allgemein gefragt – Sie haben sicherlich recht häufig mit Literaten zu tun …

Mit Literaten? Ich weiß nicht, ob ich mit denen mehr zu tun hab als mit den Vertretern anderer Zünfte. Aber das war ja nur die Einleitung zu Ihrer Frage.

Innerhalb der Wertschöpfungskette der Verlage ist derjenige, der die kreative Arbeit macht, nicht unbedingt derjenige, der am besten entlohnt wird.
Nee. Klar. Ich hatte mal eine Lesung in Heidenheim an der Brenz, die in Talkshow-Manier durchgeführt wurde, das heißt, ich saß mit einer Moderatorin auf einem roten Sofa. Dann haben wir ja schon die gesamte Talkshow. Die bat mich, doch kurz für den Laien verständlich das Verlagswesen zu erklären. Ich sagte: Verleger verhindern, Lektoren halten den Betrieb auf, und die Vertriebsabteilung bestimmt das Programm.

Ich bin jedes Jahr aufs Neue bestürzt, was die Universitäten an Schrott in die Lektorate kippen. Unglaublich. Denen muss man wirklich alles erklären. Besonders, seit »daß« mit zwei »s« geschrieben wird. Der Lektor ist der natürliche Feind des Übersetzers. Wenn ich den Schriftstellern pauschal einen guten Rat geben darf: Man muss eben Bestseller schreiben oder noch einen anderen Beruf ausüben. Oder man muss Amerikaner sein, dann wird man automatisch bei Rowohlt verlegt. Egal, wie man schreibt.

Sitzen Schriftsteller und Übersetzer dem Verlag gegenüber im selben morschen Boot?
Wahrscheinlich, ja. Aber Verlage sitzen auch in einem morschen Boot. Selbst der Carlsen Verlag, der nur höchst verkäufliche Bücher macht, einschließlich Harry Potter und Tintin, selbst den habe ich noch nie prahlen hören. Tintin, zu Deutsch Tim und Struppi, wurde übrigens jahrelang von einem Übersetzer aus dem Französischen übertragen, der nicht Französisch konnte. Es hat Jahrzehnte gedauert, bis das ruchbar wurde. Der hat sich einfach die Bildchen angeguckt und dann irgendeine Handlung erfunden. Damit scheint er so durchgängig richtiggelegen zu haben, dass es nie aufflog.

Bei Wollschläger ist es ja auch nur mir aufgefallen. Und den drei Lektoren, die das erste Drittel des »Ulysses« korrigiert haben, bis sie von dem Fall abgezogen wurden. Immerhin munkelt man, dass Wollschläger aus Protest gegen meine Nominierung aus der Deutschen Akademie für Sprache und Dichtung ausgetreten ist. Ich bin nämlich Johann-Heinrich-Voß-Preisträger für Übersetzung der Deutschen Akademie für Sprache und Dichtung, Erfurt 1999. Wenn dieses Gerücht stimmen sollte, dann würde mich das noch mehr freuen als der Preis als solcher.

Sie haben in letzter Zeit recht viele Preise erhalten. Das ist doch auch einträglich.
In letzter Zeit nicht mehr so richtig. Ich habe allerdings auch einen abgelehnt, den Hugo-Ball-Preis der Stadt Pirmasens. Seitdem habe ich keinen mehr gekriegt. Hat sich offenbar herumgesprochen, dass ich Preise auch ablehnen kann. Mit der Begründung, dass Dada mir dermaßen am Arsch vorbeigeht, dass ich wirklich unwürdig wäre. Gut, was?

In der Tat. Aber man muss sich dergleichen ja leisten können.
Ich glaube, wenn das mein allererster Preis gewesen wäre, hätte ich den auch abgelehnt. Oder ganz schnell alles von Hugo Ball gelesen. Und dann abgelehnt. Da ich von einer gewissen Unterhosenpresse immer noch als Millionenerbe bezeichnet werde, bekomme ich entsprechend viele Bettelbriefe – der letzte war von einer Doppelnamentussi, die in Hermannsburg bei Celle ein christlich geprägtes literarisches Kaffeehaus eröffnen wollte, welches ich natürlich finanzieren sollte, da habe ich in Versalien geschrieben: »Ich habe kein Geld, und das Geld, das ich habe, gebe ich notfalls selber aus und brauche dafür keine fremden Leute.« Aber die meisten Übersetzer und Schriftsteller haben eben das Glück, nicht Rowohlt mit Nachnamen zu heißen.

Nic Koskowski

Journalistin

»Ich könnte auch wieder im Baumarkt an der Kasse sitzen«

Nic Koskowski, Jahrgang 1973. Geboren in Bad Kreuznach. Arbeitet in Hamburg als freie Illustratorin und Journalistin, vorwiegend in den Bereichen Musik und Mode, unter anderem für Prinz und das Musikmagazin Visions. Schreibt des Weiteren wöchentliche Rezensionen und Service-Artikel für die dpa.

Du bist eher zufällig im Musikjournalismus gelandet?

In der Tat. Ursprünglich habe ich nach dem Abi mit dem Ziel, Moderedakteurin zu werden, Praktika bei Frauenzeitschriften gemacht und bin dann für ein Modedesign-Studium in die USA gegangen. Aus familiären Gründen habe ich die Ausbildung nur bis zu einem Punkt absolviert, der in Deutschland nicht vollwertig mit dem gängigen Diplom-Designer zu vergleichen ist. Später war es mir finanziell nicht möglich, das Studium in den USA wiederaufzunehmen, um einen weiteren Abschluss zu machen. Nach ein paar Semestern eher willenlosen Rumstudierens an der Uni in Kiel, und vielen Nebenjobs habe ich schließlich eine Volontariatsstelle als Online-Redakteurin in einem Start-up-Unternehmen bekommen. Das geriet allerdings nach wenigen Monaten in finanzielle Schwierigkeiten, und mein Ausbildungsplatz fiel von heute auf morgen einer Massenentlassung zum Opfer.

Als ich auf der Suche nach einem Unternehmen war, in dem ich meine Ausbildung beenden konnte, häuften sich die Angebote für freie Mitarbeit, und ich habe die Chance dann wahrgenommen und angefangen, frei zu schreiben. Dass ich dabei mit Musik das Thema an den Wickel bekommen habe, mit dem ich mich gut auskenne, ist wohl eher ein Zufall. Alle späteren Jobs und Auftraggeber haben sich stets durch Beziehungen und Mundpropaganda ergeben.

Das finanziert deinen Lebensunterhalt?
Knapp. Würde meine Großmutter mir nicht seit bestimmt zehn Jahren monatlich eine Art Taschengeld überweisen, wüsste ich in vielen Monaten nicht, wie ich laufende Kosten begleichen sollte. Ich lebe stets innerhalb meines Dispos und nie im Plus. Unerwartete Ausgaben für die Reparatur einer kaputten Waschmaschine können mich schon mal in den Wahnsinn treiben. Ich habe Schulden, wie wahrscheinlich jeder Selbstständige, aber in einem Rahmen, der nicht direkt existenzbedrohend ist.

Du erwähntest gerade deine diversen Nebenjobs …
Während meines Modedesign-Studiums habe ich als Fotomodell gearbeitet für Kataloge, Magazine und Werbung. Später hatte ich allerlei klassische Nebenjobs im Verkauf und in der Gastronomie. Ich habe Süßigkeiten im Einkaufszentrum verkauft, habe meinem damaligen Freund in seinem Skate-Shop geholfen, im Baumarkt an der Kasse gesessen, in einem Club am Tresen gestanden und auch Platten aufgelegt. Alle Jobs hatten im Grunde ihre guten und schlechten Seiten. Irgendeinen Unsinn zu verkaufen, der einen selbst nicht die Bohne interessiert, ist schon recht stumpfsinnig, aber nach Feierabend gibt es nichts Belastendes, was man mit heimnimmt, und das Geld kommt regelmäßig rein.

Kommt es vor, dass die Verdienstmöglichkeiten im Musikjournalismus völlig überschätzt werden?
Ich glaube, dass der Beruf des Journalisten generell von Außenstehenden oft falsch eingeschätzt wird. Für den Musikbereich gilt das wohl besonders stark. Es existieren durchaus sehr schräge Vorstellungen vom Arbeitsalltag. Zwei besonders bizarre Einschätzungen, die mir in letzter Zeit untergekommen

sind, waren die eines aufwendigen Jet-Set-Lebens und eine recht starke Anfeindung, in der es um Fragen der Glaubwürdigkeit ging. Im ersten Fall beharrte jemand auf der Position, als Musikjournalist fliege man täglich auf Kosten der Plattenkäufer und kleiner Bands in der First Class zwischen New York, London und Berlin hin und her und verdiene am Schluss Tausende von Euros mit seinen Artikeln. Das ist natürlich zu versponnen und lächerlich, um darauf überhaupt einzugehen.

An den meisten Tagen sind die weitesten Wege, die ich zurücklege, die zwischen meinem Schreibtisch, der Küche und dem Klo. Wenn ich tatsächlich mal einen Tag in London verbringe, um dort ein Interview zu machen, bedeutet das für mich auch eher, noch weniger Freizeit und einen Haufen Extra-Ausgaben zu haben als einen lustigen Umsonst-Trip ins coole Ausland.

Was die Glaubwürdigkeitsdiskussion anging, erntete ich einen sehr harschen Vorwurf und die Einschätzung, ohnehin nicht glaubwürdig zu sein, da ich als Autorin für ein Magazin arbeite, das die Tour der Berliner Band Mia präsentierte. Ich hatte mich im Vorfeld als Autorin sehr kritisch und privat auch immer wieder durchaus pampig über die Band geäußert. Die Situation hat mir vor Augen geführt, wie diffus der Blick einiger Leser auf die Verbindung zwischen dem Autoren als Person und dem Medium, in dem man veröffentlicht, und auf die Arbeitsbedingungen ist.

Daraus resultiert auch, dass die Deutungsmacht von Schreibenden von den Lesern überhöht wird?

Ein großer Teil meiner Texte über Musik erscheint ohne die Nennung eines Autorennamens als Agenturtexte. Anders sieht es bei meiner Arbeit für Printmedien aus. Mein Name steht unter dem Artikel, und jeder Text, der über ein Frage-Antwort-Interview hinausgeht, wird zumindest von einem Teil der Leser als meine eigene Meinung wahrgenommen. Kommentare zu diesen Meinungen finden sich dann ab und zu mal in Internetforen oder in dem einen oder anderen Leserbrief.

Dabei fällt mir immer wieder auf, dass eine Art Deutungsmacht einem als Autor eines Textes eher vom Leser untergeschoben wird, als dass ich meine Position selbst so empfinde. Wenn ich in einer Musikzeitschrift zum Beispiel eine Platte beurteile, dann sehe ich dieses Urteil als eines von vielen möglichen an, nicht als in Stein gemeißelte und unverrückbare Expertenmeinung. Nur weil diese Meinung in ein Heft gedruckt wird, auf dessen Umschlag vielleicht Spex oder Visions steht, erhebt es sie nicht zwangsläufig über die Meinung, die jemand anders in seinem Weblog oder in einem Internetforum veröffentlicht. Ich rezensiere zum Beispiel wöchentlich mehrere Platten für die dpa-info.com. Durch diese Agentur-Arbeit bin ich mittlerweile größtenteils von einer Ich-Position befreit und tendiere zu Texten, die eher beschreiben als beurteilen. Ich bleibe dabei als Autorin komplett unsichtbar und diese Position gefällt mir sehr gut.

So ist es auch bei den sogenannten Service-Texten?
Ja, diese Service-Artikel verfasse ich für gms, den Themendienst der dpa. Da geht es zum Beispiel um Tipps, wie Erstsemester eine Wohnung oder ein Wohnheimzimmer finden, wie man vermeidet, dass eine Party eskaliert, oder warum und wann Glücksspiel gefährlich werden kann. Diese Artikel erscheinen dann zum Beispiel auf der Jugendseite der Wochenendbeilage von Tageszeitungen.

Wird es schwieriger, vom Musikjournalismus zu leben?
Ich denke, dass die Möglichkeiten, ausschließlich vom Musikjournalismus zu leben, durchaus schwinden, wenn man nicht in einem sehr spezialisierten Bereich arbeitet. Wahrscheinlich ist immer Bedarf an fähigen Jazz- und Klassik-Kennern, und von einem festen Redakteursjob bei der Bravo oder auch der Visions oder dem Rolling Stone kann man garantiert ganz okay leben. Als Freie muss man sich die knappen Aufträge mit immer mehr immer besseren Autoren teilen.

Es gibt kein »cooles Wissen« mehr. Jede Information lässt sich googeln. Die Printmedien können gar nicht so schnell sein wie das Internet. Jede Platte, die in einem Monatsmagazin besprochen wird, ist bereits irgendwo im Netz verfügbar und 2000 Meinungen dazu auch. Irgendwann hat keiner mehr Lust, sich ein Magazin für fünf Euro zu kaufen, wenn er jedes Thema bereits zwei Wochen vorher in Weblogs und Web-Magazinen lesen konnte. Das drückt auf die Magazinverkäufe und verschlechtert die Arbeitsbedingungen.

Solange Internetangebote für den User kostenlos sind, arbeiten die Betreiber eben auch mit kostenlosem Content, der nicht zwangsläufig schlechter sein muss als ein Text, für den ein Freischaffender ein Honorar verlangt. Dazu kommt eine ganze Generation von Autoren, die auch mit Magister oder Diplom in der Tasche bereit sind, ein unbezahltes oder gering bezahltes Praktikum zu absolvieren, und einen Teil der Arbeit, die sonst Freie erledigen würden, umsonst machen. Um ausschließlich vom Musikjournalismus leben zu können, ohne ausgewiesener Spezialist auf einem Spezialgebiet zu sein, müsste man im Grunde bereit und in der Lage sein, jedes noch so öde Thema für jede noch so verhasste Publikation machen zu können und zu wollen, und außerdem gleichermaßen in Radio, Print, Web und TV fit sein. Da müsste man ganz schön viel organisieren.

Bist du ein organisierter Mensch?

Nein. *(lacht)* Nein! Es fällt mir durchaus schwer, sehr gewissenhaft und regelmäßig meine Bücher zu führen, meine Steuererklärung rechtzeitig einzureichen. Komischerweise schreibe ich immer rechtzeitig meine Rechnungen, damit das Geld reinkommt, während ich mit dem übrigen administrativen Drumherum ab und an doch überfordert bin. Das geht aber vielen Leuten so, die auf diese Weise arbeiten.

Die Zahl meiner Auftraggeber ist allerdings relativ überschaubar. Die Höhe meiner Einnahmen auch, darum bin ich nicht zu einer richtigen Buchführung verpflichtet. Ich bekomme das alles schon geregelt, aber ich bin kein Mensch, der immer zur selben Zeit aufsteht. Ich habe keinen Büroplatz. Ich arbeite zu Hause, insofern ist mein Tagesablauf durchaus ungeregelt, was auch daran liegt, dass Termine immer sehr kurzfristig anberaumt werden. Es gibt Pressetermine, die erst einen oder zwei Tage vorher bekannt gegeben werden, dementsprechend kurzfristig erhalte ich Aufträge, dementsprechend spontan muss ich arbeiten. Meist unter ziemlichem Zeitdruck, da gibt es kein Wochenende oder Feierabend um 18.00 Uhr.

Das gefällt mir eigentlich ganz gut, auch wenn es gelegentlich etwas einsam ist. Die Arbeit an sich. Die Vorarbeit ist natürlich das genaue Gegenteil von einsam, immer verbunden mit sehr viel geselligem Quatsch, der mich teilweise fast schon überfordert. Organisiert im Sinne von stark strukturiertem Alltag und stark strukturierten Arbeitsmethoden bin ich nicht. Das bin ich in keinem meiner Lebensbereiche.

Ins Büro zu gehen, wäre also ohnehin eher schwierig für dich?
Es ist ja nicht so, dass ich nie fest angestellt gearbeitet hätte. Das habe ich eigentlich recht gerne gemacht. Es gab bei den Firmen, wo ich angestellt war, relativ angenehme Arbeitsbedingungen. Ich könnte mir zum Beispiel eine Bürogemeinschaft vorstellen mit Kollegen, die etwas Ähnliches machen, sodass man von Kontakten profitieren und Equipment gemeinsam nutzen könnte. Das sind allerdings Investitionen, die ich mir mit meinem Einkommen überhaupt nicht leisten kann. Mit den Honoraren, die ich momentan bekomme, kann ich keine Büromiete zahlen. Das würde sich einfach nicht rechnen. Fünfzig Prozent der Arbeit leiste ich ohnehin nicht im Büro, sondern gehe zu Außenterminen. Ich sehe mich schon in der Lage, einem ganz normalen Beruf nachzugehen mit ganz normalen Arbeitszeiten. Aber ich bevorzuge es, für mich selbst zu arbeiten und keinen Chef zu haben, der mir über die Schulter schaut. Nicht so weisungsgebunden zu sein, was Arbeitsmethoden betrifft. An äußeren Vorgaben reichen mir die Termine, die ich einzuhalten habe.

Ist Illustration für dich ein kreativer Ausgleich?
Würde ich durchaus für einen kreativen Ausgleich halten, da es beim Schreiben mittlerweile kaum noch eine Rolle spielt, kreativ mit Sprache umzugehen. Zumindest habe ich in den Publi-

kationen, in denen ich veröffentliche, nicht die Möglichkeit dazu. Sicherlich ist Illustration da ein Gegengewicht. Als Einnahmequelle ist es allerdings eher untergeordnet. Ich bin der Überzeugung, dass man, egal, wie gut man ist, kaum vom Illustrieren leben kann. Ich mag das nicht als meinen Beruf bezeichnen, das ist eher eine halbprofessionelle Sache, die das Schreiben ergänzt. Momentan mache ich das lieber, es fällt mir leichter.

Ich kann mir sehr gut vorstellen, dass ich, wenn ich mein Geld überwiegend mit Zeichnen verdienen würde, einen gewissen Druck verspüren würde, der die Sache unangenehmer macht. Unerquicklicher. Weniger ungezwungen. Das ist mit dem Schreiben über die Jahre auch passiert, dass der Spaß daran unter den Anforderungen gelitten hat. Ich kann mich nicht davon ausschließen, dass ich hin und wieder einfach meinen Stiefel runterschreibe.

Ist finanzieller Zwang problematisch für kreatives Schaffen?
Ich bin nicht besonders ehrgeizig, ich bin nicht darauf versessen, sehr viel Geld zu verdienen. Insofern kann ich die Frage nicht richtig beantworten. Jeder ist gezwungen, zu arbeiten. Spornt mich die Aussicht an, Geld zu verdienen? Es ist natürlich einfach scheiße, dass man arbeiten muss, um Geld zu bekommen. Ich bin für das bedingungslose Grundeinkommen! Ich gehöre zu den Leuten, die dann nur noch sehr wenig machen würden, wenn sie das bekämen.

Ich frage mich, worin der Unterschied liegt, drei Stunden Bier zu verkaufen oder eine Rezension zu schreiben.
Ich sehe da keinen großen Unterschied. Ich habe wirklich eine Menge beknackter Nebenjobs gemacht, während ich studiert habe, während ich zur Schule gegangen bin und in den Zwischenphasen, wo man weder Student ist noch Jugendlicher, der über seine Eltern krankenversichert ist. Ich sehe das Schreiben von Plattenrezensionen nicht als große kulturelle oder intellektuelle Leistung, und ich sehe keinen großen Unterschied zum Bier verkaufen, was ich auch lange genug gemacht habe.

Der Hauptunterschied ist wohl, dass ich eine Rezension tagsüber schreiben kann, während ich das Bier höchstwahrscheinlich nachts verkaufen muss. Und nachts will ich nicht arbeiten. Da bin ich ziemlich desillusioniert. Ich halte Musikjournalismus nicht für einen glamourösen Job, ich halte das auch auf gar keinen Fall für einen wichtigen Job. Teilweise ist es unglaublich nah an Werbung, was mich kein bisschen interessiert und wo es mich niemals hingezogen hat. Würde ich mich hinsetzen und ein Buch schreiben, wäre das eine ganz andere Nummer, als Rezensionen zu schreiben über Platten, damit Leute die kaufen. Das ist im Grunde genommen ein ziemlicher Affenzirkus. Ganz schön egal. Ich könnte auch wieder im Baumarkt an der Kasse sitzen.

Glaubst du, der Misere wäre beizukommen, wenn Musikmagazine keinen Heller mehr bezahlten und nur noch diejenigen Schreiber übrig blieben, die wirklich Lust darauf haben?
Das wäre kein gesunder Prozess, weil einfach eine ganze Reihe von Leuten, die davon leben, ihr Einkommen verlieren würden und gezwungen wären, sich etwas anderes zu suchen. Und es gibt einfach nicht besonders viele Jobs. Jeder Verlust eines bezahlten Arbeitsplatzes ist nun mal scheiße. Unter dieser Grundvoraussetzung kann man das nicht gutheißen. Wenn man genau drüber nachdenkt, ist es ja auch fast schon so, wie du es beschreibst.

Bei der Spex arbeiten drei oder vier Leute fest angestellt. Die Honorare sind ein Witz. Es gibt mit Sicherheit keinen freien Autoren dieser Zeitung, der von diesem Geld lebt. Es ist nicht viel mehr als ein Hobby. Wenn man eine Rezension für vierzehn Euro schreibt, kann man sie auch für zwei Euro oder für Null Euro schreiben. Geht man davon aus, dass ein Autor alle zwei Monate drei Rezensionen verfasst, dann sind das keine Honorare, über die man redet. Ich glaube nicht, dass Arbeit ohne Honorare die Qualität verbessern würde. Da müsste man erst mal herausbekommen, ob der Print-Musikjournalismus überhaupt noch zeitgemäß ist. Wen es interessiert. Wohin die Berichterstattung über Bands führt. Ist das mehr als Werbung? Steht das noch in einem Kontext, der über das Anpreisen von Gruppen hinausgeht?

Meiner Meinung nach würde es nichts bringen, das auf die Hobby-Schiene zu verfrachten. Das gibt es ja mit den Weblogs. Die werden umsonst geschrieben und sind teilweise gut, teilweise schlecht.

Hat Musikjournalismus im Printbereich eine Zukunft?
Nur als Teil einer Mischung von Themen. Oder sehr spezialisiert. Hefte wie Orkus oder Zillo werden bleiben, weil das eine ganz spezialisierte Leserschaft anspricht, die sich in der Durchschnittspresse extrem selten wiederfindet, während man mittlerweile Vanity Fair oder den Stern aufschlagen kann, wenn man etwas über Maximo Park lesen möchte. Für wichtig und meinungsbildend halte ich die Musikpresse nicht mehr. Das wird viel eher im Internet gemacht.

Dementsprechend bist du auch nicht sonderlich ambitioniert, dir einen Posten in einer Redaktion zu suchen?
So desillusioniert, wie ich vom Schreiben an sich auch bin, ich mache das immer noch viel lieber, als irgendwelche Redakteursaufgaben. Man vergisst recht schnell, dass man dann viel weniger schreibt als dass man telefoniert, sich mit Medienpartnern und Anzeigenkunden rumschlägt. Ich könnte mir das vorstellen, und vor zwei Jahren war es auch durchaus mein Wunsch, fest bei einem Musikmagazin in der Redaktion zu arbeiten. Das ist natürlich der nächstliegende feste Job, den es für mich gibt.

Aber ich kann über mich sagen, dass ich lieber schreibe als redigiere, mich lieber selbst mit Themen beschäftige, als sie an andere Leute zu verteilen. Und dass ich aufgrund meines eher unorganisierten Lebensstiles nicht unbedingt der geborene Redakteur und Organisator bin. So ein Job käme natürlich infrage, aber wie viele gibt es davon in Deutschland? Vier? Plus Metal Hammer. Ich könnte mir eher einen Redakteursposten in einem Bereich vorstellen, von dem ich zwar Ahnung habe, in dem ich aber nicht so persönlich drinhänge wie in der Musik.

Mode zum Beispiel. Damit beschäftige ich mich in meinem Privatleben kaum. Damit meine ich allerdings keine Frauenzeitschriften, sondern: Mode.

Und acht Monate in einer Werbeagentur fürchterliche Texte zu verzapfen, um sich finanziell zu sanieren?
Das ist natürlich eine fiese Frage. Das ist ein Bereich des Schreibens, mit dem ich noch nichts zu tun hatte. Um ehrlich zu sein, würde ich mich lieber bei Budnikowsky an der Kasse sanieren als mit Texten in einer Werbeagentur. Wobei ich in der Drogerie sicherlich etliche Stunden länger sitzen müsste als in der Agentur. Die Vorstellung von Agenturarbeit, die Arbeitsbedingungen, die mir befreundete Werber beschrieben haben, gefallen mir überhaupt nicht. Ich habe mir einfach nie Gedanken gemacht, mich mit solchen Jobs zu sanieren. Socken verkaufen oder Torten aus Mäusespeck basteln bei Candy & Company dann schon eher.

Denkst du manchmal, dass das Gehangel ein Ende haben muss?
Ja, natürlich. Wenn man seine Miete tatsächlich erst einen Monat später bezahlen kann oder wenn die Krankenversicherung ruht, weil man drei Monate die Beiträge für die KSK nicht aufbringen konnte, dann wird es schon deprimierend. Ich habe in den letzten Monaten extrem viele Bewerbungen geschrieben für Redaktionsjobs, teilweise auch nur für Nebenjobs wie Redaktionshilfe oder eine Stelle im Museumsshop, und das war relativ erfolglos.

Ich kenne diese Tage, an denen man morgens aufwacht und denkt, so geht es überhaupt nicht mehr weiter. Ich habe sogar kurz überlegt, auf Lehramt zu studieren, weil das so schnell geht und man vielleicht noch irgendwann mal verbeamtet wird und Geld verdient. Ich lasse mich aber nicht so gern in eine Jammerposition fallen. Ich habe keinen erlernten Beruf, in den ich zurückkehren könnte. Ich bin zu alt, um noch mal einen Lehrberuf anzufangen. Ich arrangiere mich eben mit den Umständen und versuche, so viele Aufträge wie möglich zu bekommen. Ich bin mir schon sicher, dass ich auch weiterhin in diesem Bereich tätig sein werde. Es gibt genügend unterschiedliche Dinge, die man machen kann.

Auto, Urlaub, Balkon – fehlt dir das?

Nein. Doch: Urlaub durchaus. Ansonsten finde ich nicht, dass ich einen völlig elenden oder unaufwendigen Lebensstil hätte. Ich wohne nicht total schrecklich, ich besitze eine Menge Zeug. Auto interessiert mich natürlich überhaupt nicht. Ich hätte gerne ein Pony. Mir fehlt hin und wieder eine Auszeit, wie man sie sich mit Urlaub eben nehmen kann in einem festen Job. Zwei Wochen wirklich gar nichts machen, so etwas gibt es bei mir nicht. Falls ich mal wegfahre, habe ich immer meinen Computer mit dabei und arbeite dann doch weiter.

Andererseits lassen sich bestimmte Dinge nebenbei erledigen, für die andere Urlaub nehmen müssten. Familienfeiern oder Arztbesuche und so ein Kram, das kann ich in meinem Alltag flexibler unterbringen als jemand, der morgens um acht ins Büro geht. An meiner Lebensqualität habe ich nicht besonders viel auszusetzen. Ich habe durchaus Freunde, die bereits geheiratet haben, Kinder bekommen haben, sich Eigentumswohnungen gekauft haben. Aber ich habe mich noch nicht dabei erwischt, dass ich darauf besonders neidisch wäre. Es sind ja durchaus bewusste Entscheidungen gegen bestimmte Arten, zu leben. Ich könnte mir nicht vorstellen, mit einem Mann in der eigenen Wohnung zu leben und ein Kind aufzuziehen. Egal, wie viel Geld auf meinem Konto ist.

Wie sieht es aus mit Ängsten vor den nächsten Jahren und Jahrzehnten?

Das klammere ich eher aus, ich verdränge auch einiges ganz gut. Mir ist schon bewusst, dass ich niemals eine vernünftige Rente bekommen werde. Es gibt irgendwelche Kapitallebensversicherungen, was aber weniger an mir selbst liegt als an meiner Familie, die das mal abgeschlossen hat, als ich ein Kleinkind war. Ich weiß schon, dass sich irgendetwas wird ändern müssen in meinem Arbeitsleben, aber ich verschwende wenig Zeit darauf, mir die nächsten Jahre und vor allem Jahrzehnte vorzustellen. Wenn ich das machen würde, müsste ich wirklich einen anderen Beruf ergreifen.

Ist das eigentlich empfehlenswert, was wir hier machen?
Dieses Leben? Das ist eine ganz schön schwierige Frage. Wenn mich jemand fragen würde, ob man das so machen sollte, würde ich sagen, dass es darauf ankommt, worauf man Wert legt. Wenn man sich ein dickes Auto kaufen möchte und eine Eigentumswohnung und mit seinem Geld die Mitmenschen beeindrucken möchte, dann muss man sagen: Mach' mal lieber nicht, das ist nicht empfehlenswert. Wenn aber jemand sagt, ich möchte eine Arbeit machen, mit der ich mich weitestgehend identifizieren kann, ich will keinen Chef haben, der mir über die Schulter guckt und es ist mir egal, wenn ich mal zwei Wochen lang nur Nudeln mit Sojasauce essen muss – o.k., dann mach das. Eingeschränkt empfehlenswert.

Wolfgang Herrndorf
Schriftsteller

»Es ist ja nicht so, dass man auf einer Kunsthochschule was lernt«

Wolfgang Herrndorf, geboren 1965 in Hamburg, ist Schriftsteller, Maler und Illustrator. Er studierte in Nürnberg Malerei und arbeitete als Illustrator unter anderem für den Haffmans Verlag und für die Zeitschrift Titanic. 2002 erschien sein Debütroman »In Plüschgewittern«. 2004 nahm er mit der Erzählung »Diesseits des Van-Allen-Gürtels« am Ingeborg-Bachmann-Preis teil, wo er den Kelag-Publikumspreis gewann. Sein gleichnamiger Erzählungsband erschien 2007 im Eichborn Verlag. Wolfgang Herrndorf lebt in Berlin.

Du hast Malerei studiert und sogar berufsmäßig betrieben. Wie lief das finanziell?

Ich konnte davon leben. Zwei, drei Wochen Malen brachten um die 1000 Euro, also bei Illustrationen. Heute arbeite ich monate- oder jahrelang an einem Buch, das ist das wesentlich schlechtere Preis-Leistungs-Verhältnis.

Das beste Einkommen, das ich je hatte, war bei der Post. Da war ich in der Zugverladung, Nachtschicht. In einem gewissen Buch mit mir befreundeter Autoren steht ja, dass es toll sei, Mitglied der Digitalen Boheme zu sein, weil man dann jederzeit einen Parkplatz in der Stadt finde, und das sei doch viel glücklichmachender als im Vergleich dazu der Gehaltsscheck am Ende des Monats.

Ich möchte zu Protokoll geben: Selten hat mich irgendetwas so glücklich gemacht wie dieser Gehaltsscheck am Ende des Monats. Ich habe nur sehr kurz auf Lohnsteuer gearbeitet, aber das war für mich eine sehr erfreuliche Erfahrung.

Es gibt ja Gründe, warum du dir die Kunst ausgesucht hast. Du wurdest ja nicht dazu gezwungen, die Literaturproduktion zur ökonomischen Grundlage deines Lebensmodells zu machen.

Man neigt natürlich dazu, nicht pathetisch zu werden, wenn es um den Kunstbegriff geht. Kunst ist eh ein Wort, das ich ungern im Mund führe, das klingt gleich so pejorativ. Trotzdem ist es in erster Linie keine Entscheidung über einen Lebensstil oder eine Methode des Geldverdienens. Man macht es schon wegen einer gewissen Neigung zu den Dingen. Vielleicht auch ein wenig aus Selbstüberschätzung, oder wegen einer klischierten Vorstellung dieses Lebens. Bei mir war das so eine Gemengelage, die mich zu dem Studium verführt hat, eigentlich wäre ich für Mathe und Physik prädestiniert gewesen. Da war ich wirklich gut in der Schule, während Kunst – na ja.

Rein technisch gesehen würde ich auch ohne Geld schreiben, mach ich ja praktisch auch, der Stundenlohn ist umgerechnet 50 Cent oder so. Ein wahnsinniger Vorteil des Schreibens gegenüber dem Malen ist aber, dass es körperlich nicht anstrengend ist – 8 Stunden Malen, und du hast wirklich einen Bandscheibenschaden, diese verkrampfte Haltung. Das ist sowohl körperlich als auch seelisch anstrengend. Beim Schreiben ist es nur seelisch anstrengend. Dazu kommt die einfache Handhabung des Textkörpers, wo man herrlich drin rumarbeiten kann. Wenn du mit Lasurmalerei ein Gesicht aufbaust oder eine Vollfläche, und du hast einen Fehler in der Grundkonstruktion, dann wirst du den wahnsinnig schwer wieder los. Ein schlechter Hintergrund, und alles ist im Eimer. Deshalb hab ich das irgendwann hingeschmissen.

Ich arbeite auch nur, wenn ich Lust dazu habe. Ich fühle da keine Verpflichtung. Wenn mir nichts einfällt, schreibe ich nicht. Das einzige Problem ist die Unsicherheit. Wenn man aus einem bürgerlichen Haushalt kommt, kennt man ja dieses Modell von der Hand in den Mund nicht. Gegen diese Unsicherheit habe ich mich jahrelang mit dem Gedanken getröstet, wenn es hart auf hart kommt, gehe ich halt wieder zur Post oder arbeite auf dem Bau. Und ich habe in der letzten Zeit mit Sorge gesehen, dass diese Fähigkeiten wegbrechen. Ich könnte nicht mehr auf dem Bau arbeiten, rein körperlich. Und gegen diese Angst, die ich früher mit dem Bauarbeitergedanken verdrängen konnte, kämpfe ich jetzt mit dem Gedanken der Gewöhnung, dass ich mir sage, ich bin fast zwanzig Jahre so über die Runden gekommen, jetzt schaffe ich den beschissenen Rest auch noch.

Ist das nicht Jammern auf hohem Niveau, wenn man sich Leute anschaut, die wirklich arm sind?
Ich bedanke mich für diese Frage. Nein, im Ernst, wer ist denn richtig arm? Auf der reinen Güterebene rangiere ich vermutlich noch unter den Leuten, die das Sozialamt heimsuchen. Ich fahre nicht in Urlaub, ich hab kein Auto, ich kaufe keine Kleidung, ich mache keine Anschaffungen. Lange hatte ich nicht mal Dusche, Kühlschrank, Telefon.

Einerseits. Andererseits hat Juli Zeh da einmal einen überraschenden Aufsatz über die Neue Armut geschrieben, in dieser guten alten Stern-Tradition von Elfriede Hammerl oder Paula Almquist, wo man versucht, empirische Feldforschung durch drei dahergelaufene Bekannte mit komischen Namen zu ersetzen. Das hieß das »Gregor-Prinzip«, und da stellt Juli Zeh in ihrem Bekanntenkreis eine Armut fest, mit der sich die Leute arrangiert haben, also eher eine Anspruchslosigkeit, wie bei mir. Nur ist das mit einer echten Unterschicht-Armut eben nicht zu vergleichen. Weil, das ist ja eine privilegierte Armut, wenn man hochqualifiziert ist und sich jederzeit anders besinnen könnte. Und ich hab zwar keinen Hochschulabschluss und keinen ernsthaften Beruf, aber ich werde auch so wohl nicht in der Gosse landen.

Hat deine Ausbildung als »freier Maler« den Grundstein gelegt für das, was du jetzt machst, sowohl im Positiven als auch im Negativen? Meine Frage zielt darauf, ob man so eine Ausbildung machen muss, um rauszufinden, was man wirklich will.

Ich glaube, das hängt vom Elternhaus ab. Die cooleren Leute müssen wahrscheinlich nicht Kunst studieren, sondern fangen einfach an, welche zu machen. Es ist ja nicht so, dass man in der Ausbildung auf einer Kunsthochschule irgendwas lernt. Das gehört zum pädagogischen Konzept dieser Hochschulen, dass Kunst nicht lehrbar ist, und infolgedessen wird sie auch nicht gelehrt. Aber für Leute mit kleinbürgerlichem Hintergrund wie mich war es schwierig, selbstbewusst in diese Sache reinzugehen. Die Kunstakademie bietet da einen Schutzraum und einen offiziellen Stempel dafür, dass der Unfug, den man treibt, ein gesellschaftlich richtiger Unfug ist.

Einer der Gründe, warum ich überhaupt Kunst studiert habe, war auch, dass das vielleicht das Fremdeste war, was ich mir vorstellen konnte. Das war so eine Möglichkeit, sich umzuändern, indem man etwas macht, was im Grunde gar nicht im Bereich der eigenen Begabung liegt. Ich hatte kein erkennbares Talent da, Mathe und Physik, da war ich gut. Und dieser sehr ausgeprägte Hass auf meine eigene Person, der in der Pubertät noch deutlich schlimmer war als heute, der ließ mir diese Selbstentfremdung immer als wünschenswert erscheinen.

Und zugrunde lagen auch völlig falsche Vorstellungen. Ich wusste nicht, was Künstler eigentlich sind. Da muss man sich ja nur mal eine Vorabendserie ansehen. In jeder Vorabendserie gibt es »den Fotografen« oder »den Maler«, das ist eine ganz eigenartig besetzte Berufsgruppe. Schlimmer noch als Arzt im Grunde, weil romantischer. Und das habe ich so als 13-, 14-Jähriger nicht so auseinandergekriegt.

Hinzu kam, dass ich ab der zehnten Klasse in ein Mädchen verliebt war, von dem ich gerüchteweise hörte, dass sie sich für Kunst interessiert.

Das heißt, wenn Anja Gabler sich für Sinologie interessiert hätte, wärst du jetzt vielleicht China-Experte?
Wahrscheinlich. Ich bin da sehr den Naturkräften ausgeliefert. Es gibt ja Leute, die können ihren Lebensweg in Kausalketten erzählen: Dann hab ich da, weil ... dann bin ich hierhin ... daraus folgte ... dann plante ich. Der Lebenslauf in einer aufsteigend treppenförmigen Linie. Das ist bei mir leider nicht so. Kein Plan, keine Linie.

Éluard hat ja mal diese Umfrage unter den Surrealisten gemacht: »Können Sie sagen, welches die wichtigste Begegnung in Ihrem Leben gewesen ist? Inwiefern hat diese Begegnung auf Sie den Eindruck des Zufälligen beziehungsweise des Notwendigen gemacht?« Das Ergebnis war, bei allen alles Zufall. Und bei mir eben auch.

Und inwieweit haben deine Eltern Einfluss auf deine Interessen gehabt? Hat Literatur irgendeine Rolle zu Hause gespielt?
In unserer Familie wurde keine Literatur im klassischen Sinne gelesen. Da gab es den Bertelsmann-Buchclub bei meiner Großmutter, aber richtige Literatur höchstens zufällig. Ich glaube, mein Vater hat, so lange ich ihn kenne, keine drei Romane gelesen, und ich weiß noch nicht mal genau, ob meiner dazugehört.

Aber du schenkst ihm deine Bücher schon, oder?
Jaja, aber ich glaube nicht, dass er das zu Ende gelesen hat. Meine Eltern sind sehr gute Eltern insofern, als dass sie immer den Leitsatz hatten, mich bei allem zu unterstützen, egal was. Da waren die sehr konsequent. Meine Mutter hat später allerdings mal gestanden, dass ihr übel geworden sei, als ich bekannt gab, Kunst zu studieren. Das hat sie mir aber nie gesagt. Immer nur mal so nächtliche Alpträume angedeutet, wo ich blutend auf der Straße liege und mit drei Bällen jongliere. Das war ihre Vorstellung von der Kunstproduktion. Aber das gehört jetzt, glaube ich, nicht hierher.

Deine Bewegung Richtung Kunst war also nicht der große Befreiungsschlag von Zuhause, das große Ausbrechen …
Doch, es war ein Befreiungsschlag. Ich bin ja auf gewisse Weise erfolgreich damit gewesen, wenn auch mit starker Zeitverzögerung. Ich hatte erwartet, in dem Moment, in dem ich die Aufnahmeprüfung zur Kunsthochschule bestehe, wird alles anders, mein ganzes Leben. Alles wird aufregend, ich werde Teil eines fröhlichen Kunstkosmos sein. Ich bin der gleichen Illusion später noch einmal schwächer erlegen, als ich dachte, wenn ich Schriftsteller bin, würde es auch einen Knall geben. Aber natürlich ändert sich nichts, weil man sich selbst nicht ändert. Das passiert dann erst später, dadurch, dass man durch die neue Betätigung neue Bekanntenkreise erschließt. Und über die neuen Kreise dann neue Gedanken, die auf einen rückwirken.

Ich hörte, du hast noch drei unfertige Manuskripte in der Schublade. Soll dein Veröffentlichungsrhythmus jetzt im Fünf-Jahres-Takt weitergehen?
Dieser Fünf-Jahres-Takt macht mich auch fertig. Aber man muss sagen, dass ich nicht wirklich fünf Jahre für das zweite Buch gebraucht habe. In der Zeit habe ich, wie gesagt, drei Romane geschrieben, von denen zwei mengenmäßig fertig sind. Nur die Überarbeitung fehlt, und die ist erfahrunggemäß langwierig. Für mich ist die große Frage, ob ich mich so weit zusammenreißen kann, dass ich die nächsten Romane im Zweijahrestakt raushaue. Das wäre sehr sinnvoll für meine finanzielle Zukunft. Sonst kommt wahrscheinlich doch noch irgendwann das Elend des Literaturstipendiums.

Was wäre so schrecklich an einem Stipendium?
Alles.

Du müsstest halt ein Klassiker werden.
Bestseller reicht. Ich habe jetzt diesen Krimi angefangen, der mehr oder weniger die zehn größten Klischees des Kriminalromans abarbeitet. Wenn das kein Bestseller wird, weiß ich auch nicht. Trotzdem muss ich zugeben, dass ich auch nach Jah-

ren im Geschäft keine Ahnung habe, nach welchen Prinzipien sich etwas verkauft. Es gibt da gute Literatur, die nicht mal die Druckkosten einspielt. Und es gibt so Frauenliteraturdinger, die sich sechsstellig verkaufen, ohne auch nur irgendwo erwähnt zu werden.

Ich hatte früher in der Kneipe immer mal die Idee, irgendwelche Bestseller zusammenzuhauen, irgend so einen Ildiko-von-Kürthy- oder Pascal-Mercier-Scheiß, wo man immer denkt, das lässt sich mit wenig Arbeit problemlos reproduzieren. Aber wenn man das dann versucht, stellt man fest, dass man gar nicht weiß, wo der Witz an dieser Sorte Literatur ist, und wenn man den Witz nicht verstanden hat, kann man es auch nicht reproduzieren.

Ekelt man sich dann nicht auch vor sich selbst?
Ich glaube, der Ekel wäre bei mir nicht so stark, dass ich es nicht machen würde, aber er verursacht so eine gewisse Grunddistanz, die man beim Schreiben nicht verbergen kann. Insofern war dieses Projekt auch gestorben, bevor es überhaupt angefangen hatte. Und erst letztes Jahr ist mir eingefallen, dass es da ja auch noch dieses andere Genre gibt, Krimi. Und da steige ich jetzt mal ein. Immer noch besser, als eine Bank zu überfallen.

Ab wann hast du ernsthaft begonnen mit dem Schreiben?
In Nürnberg. Ich hab viel Zeug geschrieben, wenn auch eher so Kolumnenartiges. Viele Briefe. Es gibt ja diese unangenehme kulturpessimistische Beschwerde, dass die E-Mail zum Beispiel das Schreiben kaputtmacht, das habe ich nie verstanden, weil es für mich nie ein Unterschied war, ob ich eine E-Mail schreibe oder einen Brief oder irgendwas anderes. Ich mache das genauso sorgfältig wie alles andere. Das liegt an meinem Zwangscharakter, dass ich das so halbherzig auch nicht betreiben kann. Der komische Schritt war dann aber zur Fiktion. Ich habe anfangs eine Weile gedacht, vielleicht mit Kolumnen oder Zeitungsartikeln zu Geld zu kommen, und da habe ich auch zwei oder drei Anläufe gemacht, so Richtung launige Betrachtung der Welt. Aber das ist ein relativ fundamentaler Unterschied zur

Produktion von Fiktion, wo bei mir zumindest ein Schalter umgelegt werden musste in Richtung Lügenhaftigkeit, dass man einfach irgendwas erfindet.

Was mir im Nachhinein rätselhaft ist, ist der Schulunterricht. In der sechsten, siebten Klasse hatte man ja immer keine Hemmungen, sich mal 45 Minuten hinzusetzen und einen Aufsatz zu einem x-beliebigen Thema bei A zu beginnen und am Ende bei Z zu sein. Das ist schwer zu sagen, was das Schulsystem da mit einem macht, wenn man sich ab der achten Klasse nur noch mit so einem Quatsch wie Erörterungen rumschlägt. Da geht das dann erst mal verloren.

Was fällt dir denn leichter? Wahrscheinlich mittlerweile schon das Fiktionale.

Im Moment kann ich nicht mehr anders. Wenn ich versuche, etwas Ernsthaftes im Sinne einer Betrachtung zu schreiben, mischen sich da sofort immer irgendwelche erfundenen Fakten rein, und ich frage mich, warum soll ich mich jetzt an die Realität halten? Das Prinzip der Fiktion ist ja, es darf nicht langweilig sein. Und dadurch bekommt man dann ein Problem mit der Realität, die trotz anderslautender Meldungen überhaupt nicht romanhaft organisiert ist, und wo einem häufig nichts anderes übrigbleibt, als sie aufzubohren. Und schon ist man bei Lottmann.

Was sind deine persönlichen Momente des Scheiterns?

Es gibt diesen Moment des Wiederlesens, wenn man was geschrieben hat, und dann hat man das ein paar Monate nicht angeguckt. Und dann guckt man wieder rein und denkt, was für ein Schrott. Das Hauptarbeitsprinzip muss deshalb das Wegschmeißen sein. Das funktioniert bei mir aber nicht, weil der Computer Überarbeitungen in unendlicher Zahl zulässt. Ich mach dann im Schrott immer so lange rum, bis ich hoffe, dass es kein Schrott mehr ist. Es kann besser werden, und es wird auch besser. Das ist ein Erfahrungswert. Aber es ist auch eine Erfahrung, dass es am Ende eines langen Prozesses noch immer ein Schrott sein kann.

Und Rückmeldungen von außen werden wichtig. Das ist das Schwierige an der Fiktion, die mit Stimmungen und Unausgesprochenem arbeitet. Wenn man Gedankenprosa verfasst oder sich genau einem Gegenstand widmet, dann kann man selbst auch besser beurteilen, wie das ist, was man da macht. Deshalb ist es so angenehm, sachorientiert zu schreiben: Sachtexte zeigen klarer, was sie leisten. Dementgegen gibt es diese Romanautoren, die auf den ersten Blick sehr schlicht wirken, vielleicht sogar als Person nicht besonders klug sind, die aber parataktisch Satz an Satz reihen, und am Ende kommt eine enorme Stimmung dabei raus, etwas, das einen fesselt, und man weiß nicht, warum. Sehr unerfindlich. Und das ist ein großer Teil der Kunst.

»Die Katz ist eine Art Fabrik oder Industrieetablissement, für das die Schriftsteller täglich, ja vielleicht sogar stündlich treulich und emsig arbeiten oder abliefern«, schreibt Robert Walser. Wie hat sich das Schreiben sonst auf deine Lebensfähigkeit und Lebensführung ausgewirkt?

Ich muss nur einen dreizeiligen Absatz von mir lesen, der Unsinn ist, und ich frage mich, ob mein Leben einen Sinn hat, ob ich überhaupt noch existenzberechtigt bin als Person. Ob nicht alles, was ich jemals gesagt und gesprochen habe, vollkommen uninteressant ist. Da können Handwerker oder Bäcker oder Maurer immer aufatmen. Wenn ein Maurer eine schlechte Mauer mauert, dann ist das Pfusch am Bau und man muss die einreißen, oder er wird zur Rechenschaft gezogen, oder das Geld wird gekürzt. Aber es gibt keinen Maurer, der nicht insgeheim weiß, dass er eine tragende Mauer hochziehen kann, wenn er sich bemüht.

Als Schriftsteller weiß man das nie so genau, da ist man immer sofort als Person infrage gestellt. Ein Blick in die Geschichte, und man erkennt, neunundneunzig Prozent der Kunst sind fürn Orkus. Und ich meine nicht diese Nachruhm-Sache, sondern schon die Gegenwart. Neunundneunzig Prozent sind Schrott. Und die Wahrscheinlichkeit, dass man zu dem einen Prozent gehört, muss man, wenn man ehrlich ist, eher gering einschätzen. Man kann das ein bisschen verdrängen, aber insgeheim ist das immer präsent, die Ahnung, dem eigenen Scheitern beizuwohnen, allein aufgrund der Wahrscheinlichkeitsrechnung.

Als Zweites natürlich die Schnittstelle zum Literaturbetrieb. Also, wenn man so eine Anpassungsleistung an die Werbemaschinerie, die sich Feuilleton und Kritik nennt, machen muss. Wo man merkt, das würde man lieber nicht machen. Da kommt dann die wirtschaftliche Situation ins Spiel. Denn, wenn die geklärt wäre, würde ich es nicht machen, würde ich hier nicht einmal ein Interview geben.

Aber Lesereisen machst du ja mittlerweile.

Um zu reisen, ja. Oder wegen der Groupies. Wobei ich keine Groupies habe. Diese Ebene funktioniert also auch nicht. Mittlerweile finde ich die Lesungen an sich aber auch ganz nett. Die rätselhaften Lacher an manchen Stellen, das Schweigen an anderen. Obgleich mir das Prinzip der Lesung auch nicht einleuchtet. Ich höre passiv ungern zu, ich kann mich da nicht konzentrieren, die Informationsvermittlung ist so schleppend. Wenn man selber liest, kriegt man in der gleichen Zeit die drei- oder vierfache Textmenge geladen, und diese Informationsverlangsamung ist wie ein Sauerstoffmangel im Gehirn. Ich drifte dann weg. Auch wenn man mit Kollegen liest, ist das oft unschön, wenn die dann hinterher kommen und sagen was Nettes über einen, und man selbst würde auch gern was Nettes sagen, kann aber nur mitteilen, tut mir leid, ich hatte Konzentrationsschwierigkeiten.

Du bist ja früher nie gereist, 2007 aber immerhin schon zweimal aus Berlin rausgekommen. Hat dein Lebensstil dir das Reisen nicht ermöglicht?

Ich könnte es mir wahrscheinlich leisten, leide aber auch immer unter diesem protestantischen Schuldbewusstsein. Obwohl ich gar nicht protestantisch bin. Oder nennen wir es lieber preußisches Arbeitsethos, das gestattet mir nicht, bei meinen ungeklärten Verhältnissen das Geld dann für so was auszugeben. Mein letzter richtiger Urlaub war vor über fünfzehn Jahren, zwei Wochen Frankreich.

Ist das o. k. für dich, einigermaßen deutlich unter dem Durchschnittseinkommen zu leben?
Da hab ich ja keine Wahl. Und diese finanzielle Frage beschäftigt mich nicht wirklich. Das ist wohl auch eine Frage der Erziehung, ich komme aus einem Elternhaus, da war ausreichend Geld da. Geld war kein Thema. Das habe ich immer als positiv empfunden, dass das in Gesprächen nie ein Gegenstand war. Und dann arbeite ich jetzt zum Glück eben auch in einem Gewerbe, wo einem erfahrungsgemäß nicht mit 65 Jahren das Arbeitsgerät aus der Hand fällt. Ich werde arbeiten bis zum Tod. Und was die fragliche Rentenoption betrifft, ich erbe von meinem Vater eine Winchester.

Es geht auch gar nicht um Geld, es geht eigentlich um eine Einstellung zu den Dingen. Ob man was gefunden hat, das sich bewährt hat und künstlerisch erfüllend ist. Ob man Selbstbewusstsein daraus schöpfen kann …
Ich denke, es ist von der Psychologie so angelegt, dass man im Leben kaum etwas gewinnt oder verliert. Selbstbewusstsein, so eine gewisse Grundkonstruktion von Selbsteinschätzung hat man oder bringt man mit. Da ändert sich nicht viel. Eine rätselhafte Kategorie, die ich jetzt kennenlerne, ist die Einschätzung von außen. Im individuellen Verkehr erfährt man ja nicht, was die Leute hinter dem Rücken über einen reden.

In der Kunstproduktion dagegen fällen Leute, die einen nicht kennen und die man selber auch nicht kennt, plötzlich Urteile in der Zeitung. Eigentlich über das Buch, aber weil Literaturkritik sich mit Werkkritik immer seltener aufhält, rutscht das dann immer gleich ins Persönliche. Da steht dann zum Beispiel, dass man ein typischer Vertreter seiner Generation ist, oder ein Slacker, oder Hegelianer. Alles Dinge, von denen man selbst noch gar nichts wusste. Oder die Trottelfiguren, die man als Erzähler auffährt, seien unverhohlene Selbstporträts. Da fragt man sich dann immer, woraus schließen die das? Aber auch da ist die psychologische Grundkonstruktion schätzungsweise so, dass es Leute gibt, die anfällig sind für diese Rückmeldung, und Leute, denen hilft es auch nichts, wenn sie den Büchner-Preis bekommen, die halten sich immer noch für einen Dreck.

Vielleicht muss man sich dafür aber auch noch einmal ins Jahr 2001 zurückdenken, stell dir vor, du schreibst diesen Roman »In Plüschgewittern«, hast aber keine Ahnung, ob der irgendwann mal veröffentlicht wird …

Ich habe nicht wirklich dran geglaubt. Ich habe es ja auch niemandem erzählt, dass ich schreibe. Ich habe mich so geschämt. Als es wirklich fertig war und mehrfach durchgearbeitet, habe ich mal vorsichtig Kathrin zum Korrekturlesen angefragt, aber zuerst auch nur die erste Seite rausgerückt. In dem Stadium war es nur Spaß an der Sache, mal gucken, was kommt dabei raus, kann ich das? So eine Kindheitsvorstellung. Als Kind hab ich mich immer gefragt, wie diese Bücher gemacht werden, diese Unmengen von Text. Konnte man bei den Hausaufgaben ja immer sehen, wie mühsam es ist, eine DIN-A5-Seite zu füllen. Und dann Bibliotheken voller 1000-Seiten-Romane.

Und genau daran habe ich mich anfangs auch begeistert, an dem Massenzuwachs, den man erfährt, wenn man Kapitel für Kapitel zusammenschraubt und sich alles so langsam ineinander fügt. Hochinteressanter Prozess. Wie eine Körperfunktion, die man neu entdeckt. Wenn man zum ersten Mal auf Krücken laufen muss, entdeckt man ja auch Bewegungsroutinen, die es vorher nicht gab. Oder wenn man sich mal über einer Schüssel gewaschen hat, weil die Dusche ausgefallen ist, da entdeckt man Körperteile, von denen man vorher gar nichts wusste.

Außerdem vermute ich, dass es der Spieltrieb ist. Beim Romanschreiben, das hat was von einer Maschine. Man zieht an den Hebeln, setzt ein paar Zahnräder zusammen und guckt, was passiert. Das ist das, was mich bei der Stange hält. Ich schreibe sehr schnell was runter, aber hinterher, dieses Drehen an den Stellschrauben, wenn man Figuren und Handlung feinjustiert, das ist ein großer Spaß. Die Befriedigung, die man daraus zieht, dass man was kontrollieren kann. Nabokov, die eitle Sau, hat ja immer behauptet, bei ihm sei nichts zufällig und alles sei genau so durchgeplant von Anfang an, und das glaubt man ihm auch ohne Weiteres, wenn man seine Bücher liest. Aber jemand wie ich freut sich schon ein Bein ab, wenn er überhaupt irgendwas unter Kontrolle hat. Außerdem bin ich ein lernfähiges System, ich werde besser.

Gibt es neben den ganzen Buchprojekten noch andere Dinge, die dich im Moment beschäftigen?
Ich suche auf diesem Weg eine nette Frau. Ich bin 1,83 m groß, 78 Kilo schwer und vollkommen unneurotisch.

Was würdest du mit dieser Frau anstellen?
Schlimme Dinge. Nein! Schreib das nicht! In Urlaub fahren.

Soll sie sich denn auch ein bisschen für Literatur interessieren?
Nee, ist mir wurscht. Intelligenz reicht.

Wie kann die dich denn jetzt kontaktieren, ohne dass es schräg rüberkommt?
Das wird schon nicht so schwierig sein. Andererseits, das funktioniert natürlich nicht. Das wird so sein wie bei Lesungen für gewöhnlich, da kommen hinterher immer die drei Irren im Publikum auf dich zu, die dir erklären, dass sie Handyklingeltöne ebenfalls verabscheuen, und dann haben die noch ein semikommunistisches Manifest in der Tasche. Melden Sie sich also bitte nur bei mir, wenn Sie keinen übermächtigen Wunsch danach empfinden.

Wünschst du dir sonst noch was?
Eine Wohnung mit Aussicht. Wahrscheinlich auch wieder Kindheit. Ich bin aufgewachsen im zweiten Stock, wo ich freien Blick über die Felder und den Himmel hatte. Das habe ich mir immer zurückgewünscht. Ich gucke seit Jahren nur noch in Hinterhöfe.

Jakobus Siebels

Maler

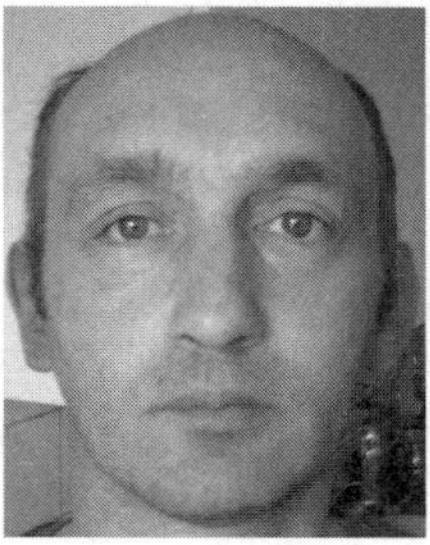

»Ich bewege mich erst, wenn es wirklich brennt«

Jakobus Siebels, geboren 1969 in Emden. Lebt nach abgebrochener Lehre zum Schilder- und Lichtreklamehersteller und Zivildienst als Tunichtgut, Maler und Musiker in Hamburg. Regelmäßige Ausstellungen, diverse Plattenveröffentlichungen unter anderem mit Das Neue Brot und JaKönigJa.

Die Einstiegsfrage lautet natürlich: Jakobus, wovon lebst du eigentlich?

Ab und zu verkaufe ich ein Bild, inzwischen zu ganz guten Preisen. Und wenn ich eines verkaufe, kann ich davon auch einen Monat leben. Außerdem habe ich mittlerweile eine Galerie, die mich aushält und mir ab und zu mal was zusteckt, als Vorschuss sozusagen ... als Vorschusslorbeeren ... und dann habe ich immer wieder kleine Jobs, als Tontechniker oder Tischler und solchen Kram.

Wann und wie ging das los, dass du tatsächlich Bilder verkauft hast?

Vor zwölf Jahren bin ich in den Artstore gegangen, eine Galerie in St. Pauli, die sich auf »cheap art« konzentriert. Deren Betreiber Karlo hat mir eine Ausstellung angeboten. Das habe ich eben nicht abgelehnt, sondern einfach gemacht und gesehen, dass man damit Geld verdienen kann. Das habe ich dann regelmäßig gemacht und elf, zwölf Jahre lang zwei Mal jährlich im Artstore ausgestellt. Das war immer sehr gut, aber irgendwann habe ich mich entschlossen, weniger zu malen und mehr zu verlangen. Im Grunde ist es ja dasselbe, dasselbe Geld, was am Ende übrig bleibt – man verkauft seltener, aber teurer.

Der Weg dahin, dass du deine Bilder verkaufen und davon leben kannst, ist aber nicht bewusst eingeschlagen worden?
Nein, das kann man nicht sagen. Es war einfach so, dass ich mit besagtem Galeristen, Karlo Kanibalo, das noch mal für die Akten, befreundet war. Wir hatten uns beim Tanzen im Tempelhof kennengelernt. Er hat mich dann mal besucht, ich wohnte direkt bei ihm um die Ecke, und hat Bilder von mir an meiner Wand gesehen. Er meinte nur, das gefiele ihm und er würde das gerne ausstellen – er hat mir auch gleich einen Termin genannt. Ich war natürlich etwas überfahren und wusste auch nicht so recht, was ich davon halten sollte, habe aber einfach mal Ja gesagt. So ist es dann passiert. Die erste Ausstellung war auch gleich komplett ausverkauft. Sonst hätte ich das wohl auch kein weiteres Mal gemacht, wenn da jetzt nur zwei Bilder verkauft worden wären.

Du hattest also nie wirklich Ambitionen, auf dem Kunstmarkt in Erscheinung zu treten?
Ich habe halt immer schon extrem gerne gemalt, seit frühester Kindheit irgendwie rumgekritzelt. Meine Eltern haben das auch immer unterstützt und mir Malkästen gekauft, ich hatte mit zehn Jahren schon einen Ölmalkasten, meine Lehrer in der Schule haben das auch erkannt und mich machen lassen, aber ich habe das tatsächlich immer für mich gemacht, bis es dann losging.

Als es losging, was hast du da hauptsächlich gemacht?
Nun ja – Tagelöhner, würde ich sagen. Ich bin recht viel ausgegangen, darum habe ich auch recht viel in Kneipen und Clubs gearbeitet. Zudem war ich ja auch schon Musiker. Ich bin nach Hamburg gekommen durch Das Neue Brot, weil wir hier bei L'Age d'Or einen Plattenvertrag bekommen hatten, nachdem wir auf der Feier des hundertsten Geburtstags der Ordensgemeinschaft der Schwestern der heiligen Maria Magdalena

Postel gespielt hatten. Carol von Rautenkranz von L'Age d'Or hatte uns da so richtig managermäßig gegenübergesessen und meinte: »Jungs, ihr seid gesignt!« Die Band gab es dann ja ziemlich lange.

War das denn jemals eine Option für dich, von der Musik zu leben?

Ach, nein. Angefangen hat das natürlich alles nur aus Spaßgründen. Dann hat man mit der Zeit gemerkt, dass es sehr viel Spaß macht, Konzerte zu spielen. Außerdem bekommt man dann immer umsonst was zu trinken. Eigentlich war es nur ein Gag, aber im Laufe der Jahre ist es dann immer mehr geworden. Im Grunde war ich da immer ein Glückskind. Immer am richtigen Fleck. Ohne meinen Bandkollegen Mense wäre ich aber nie auf die Idee gekommen, nach Hamburg zu kommen und bei den Goldenen Zitronen vor der Türe zu sitzen. Dann ging man zum ersten Mal in den Golden Pudel Club, und die Entscheidung stand fest – aber nur aus Spaßgründen.

Kamst du dabei auch in Situationen, in denen du dringend Geld verdienen musstest mit Sachen, auf die du überhaupt gar keine Lust hattest?

Ich habe mal mit einem ausgeliehenen Studentenausweis über die Arbeitsvermittlungsstelle an der Universität eine Stelle in der Brotfabrik bekommen. Das war wirklich derbe. In der Rugenberger Mühle. Eine ganz gemeine Fabrik. Das war wirklich eine Schinderei – als ich das Los gezogen hatte bei der Studentenvermittlung, haben alle gelacht. Die haben schon gelacht, als das aufgerufen wurde. Und ich habe mich gemeldet. Ich glaube, den Job hat jeder wirklich nur ein Mal gemacht. Das war wie in der Sauna, eine richtige Schinderei in der Sauna. Bei 70 Grad. Eine einzige zehnminütige Pause, sonst nur schuften, schuften, schuften.

In der Mitte der Fabrik stand ein riesengroßer Bottich, da war so ein Getränk drin, Wasser mit ganz wenig von diesem Sirup, den man bei Ikea bekommt, dieses Holunderblütenzeug. Und auf dem Bottich stand drauf: Nur für Weiße. So war das da.

Schwitzen wie ein Schwein. Man hat dann versucht, ein bisschen im Voraus zu arbeiten, ein bisschen ranzuklotzen, damit man mal 30 Sekunden Zeit hat, um zu diesem Bottich nur für Weiße zu gehen und ein, zwei Becher runterzustürzen. Das war einfach fürchterlich.

Dergleichen war dann aber nicht mehr nötig?
Ich habe ja auch angefangen, Platten aufzulegen. Zunächst natürlich im Golden Pudel Club, von wo ich recht schnell wegrekrutiert worden bin in andere Läden. Ich habe zehn Jahre lang dreimal in der Woche aufgelegt, bis ich die Schnauze wirklich voll hatte.

Ich habe immer nur nach meinen Bedürfnissen gearbeitet. Gesehen: Ach, Miete ist fällig, ich brauch'n paar Jobs. Ich bin mal gespannt, ob sich das dieses Jahr ändert. Wenn ich während der documenta in Kassel ausstelle. Das bekomme ich jetzt schon so oft zu hören: »Alter, jetzt hast du es aber geschafft!« Ich glaube ja überhaupt nicht dran, dass da irgendwas passiert. Ich glaube, die documenta ist eine totale Scheißveranstaltung. Richtig scheiße. Du musst dir mal deren Internetseite angucken – das ist wirklich armselig. Meine Ausstellung findet als Nebenveranstaltung im Hotel Reiss statt. In meinem Lebenslauf darf ich mich also nicht mit der documenta schmücken. Trotzdem wird das von vielen so wahrgenommen. Wenn da aber wirklich was passieren sollte ... ich weiß nicht.

Bei mir ist die Gefahr groß, dass ich, wenn ich zu viel Geld habe, gar nichts mehr mache. Ich hatte übrigens tatsächlich mal einen Mäzen, ein alter Freund, der sehr reich geworden ist durchs Internet. Ich sollte monatlich festes Geld bekommen, damit ich in Ruhe an meinen Bildern arbeiten kann. Als ich das Geld aber hatte, dachte ich nur: Och, jetzt muss ich doch nichts mehr verkaufen. Ich wurde auch total unzufrieden dabei, durch dieses Gefühl, Geld zu bekommen für etwas, das man gar nicht gemacht hat! Ich hab auch mal ein Jahr Sozialhilfe bezogen. Das war auch komisch, immer dieses schlechte Gewissen, dass einem das Geld gar nicht zusteht.

Arbeitest du unter finanziellem Druck am besten?
Ich arbeite am effizientesten. Ich bewege mich erst, wenn es wirklich brennt. Ich bin noch nie in die Situation gekommen, dass genug Geld da ist und ich für ein Jahr auf der faulen Haut liegen könnte und einfach mal Bock darauf habe, was zu machen. Keine Ahnung, wie ich dann arbeiten würde. Das wäre mal interessant.

Man munkelt, dass es im Kunstgeschäft auch in gewissem Maße um Ranschmeißerei geht. Du scheinst da gar keine Ambitionen zu haben ...
Nö. Entweder kommt es von alleine, oder es kommt gar nicht. Bislang ist das immer gut gegangen. Diese Hotel-Reiss-Geschichte ist auch völlig zufällig entstanden über den Freund eines Freundes, in dessen Galerie wir zufällig mit JaKönigJa gespielt haben und der mich eben auf die Malerei ansprach und der in diesem Jahr diese Veranstaltung organisiert. Glück. Einfach Glück.

Das Thema »Finanzen« hat bei dir überhaupt keine Priorität.
Nein. Wenn man mal ein Kind in die Welt setzt, dann muss das natürlich passieren, aber ich bin ein relativ freier Mensch. Ich muss meine Miete aufbringen, ich muss was zu essen kaufen und mir ab und zu mal eine Hose bei Aldi kaufen. Ich brauch nix. Ich denke, wenn ich meine Vermögensverhältnisse beispielsweise dem Finanzamt erklären müsste – die würden das überhaupt nicht glauben, die würden sagen, das kann doch nicht sein. Wovon haben Sie denn wirklich gelebt? Irgendwie reicht das immer. Ich bin auch ein sozialer Typ. Ich hab viele Freunde, da gibt's hier mal ein Essen, da mal ein Essen. Ich brauch zum Leben einfach fast nichts.

Haben dich jemals Existenzängste gedrückt?
Ganz selten. Aber ich habe immer schlechte Laune, wenn ich überhaupt kein Geld in der Tasche habe. Zehn, zwanzig Euro muss ich immer in der Tasche haben, dann geht es mir ganz gut.

Es gab also nie den Zeitpunkt, an dem du dir gesagt hast: wäre ich doch Reklamemaler in Aurich geworden?
Ganz kurze Anflüge gibt es. Ab und zu beneide ich Leute, die so stumpf vor sich hinwerkeln können und die jeden Tag zur Arbeit gehen und die glücklich dabei sind. Zumindest scheinbar. Aber die einzige Arbeit, bei der ich glücklich werden kann, ist die Kunst. Musik, Malerei. Alles andere ist zu sehr voller Vorschriften.

Ich weiss nicht, wie andere Leute damit zurechtkommen. So viele klagen immer, dass es kein Geld gibt. Das verstehe ich gar nicht. Ich mache oft Konzerte mit Deutschmark Bob oder den Watzloves, wo ich nur Mitmusiker bin und nicht groß in der Verantwortung stehe, und das macht Spaß – und es gibt Geld dafür. Ich habe noch nie ein Konzert gespielt oder eine Tour gemacht, wo ich draufzahlen musste. Das hört man dann von anderen, dass man Vorprogramm ist von Schnickschnack, aber dafür muss man erst mal 5000 Euro blechen, damit man das machen darf! Das würde mir im Leben nicht einfallen. Wenn ich arbeite, will ich dafür auch was haben.

Es gibt die Auffassung, dass man anfangs besonders viel Zeit, Geld, Energie aufwenden muss, damit man wirklich weiterkommt.
Das kann durchaus sein, dass das funktioniert und dass es auch viel schneller geht. Aber ich brauche dieses Tempo nicht. Ich muss nicht so losschießen. Meine Philosophie ist eher, dass ich, wenn ich immer am Ball bleibe, wenn ich kontinuierlich arbeite in meinem Tempo, dass dann von selbst irgendwann etwas passiert. Man darf das aber auch alles nicht so ernst nehmen. Wenn man jemandem von diesem documenta-Ding erzählt oder wenn man jemandem erzählt: Galerie auf der Rothenbaumchaussee, wird einem direkt von außen suggeriert, das wäre ganz etwas Besonderes und sehr wichtig, als wäre man jetzt richtig berühmt. Und das muss man erstmal abschütteln, denn das sollte mich und meine Malerei nicht verändern. So'n Bohei.

Das wäre dir jetzt auch nicht geheuer, wenn im Vorfelde dessen zum Beispiel in der art ein größerer Artikel wäre und überhaupt ein Wirbel um dich gemacht würde – der sich natürlich auch auf deine Preise auswirken würde.
Das kann ich jetzt doch noch nicht sagen. Ich glaube, ich würde mich da ein wenig rausziehen. Vielleicht würde ich das auch einfach wie Jonathan Meese machen, das finde ich extrem schlau: Wenden Sie sich bitte an mein Eltern. Ich kann mir aber vorstellen, dass so ein Wirbel um meine Person mich behindern würde, mich bremst. Ich könnte und wollte auch nie Enfant terrible sein.

Du hast gerade deine Eltern erwähnt. Waren die jemals besorgt, dass aus dir nichts wird?
Meine Mutter hat immer gesagt: »Jung, du musst malen! Das ist das Einzige, was wirklich was bringen kann.« Sie hat immer gesehen, das ist meine Zukunft: Wenn überhaupt irgendwas, dann Malerei. Allerdings hat sie nie verstanden, warum ich auch noch Musik mache. Im Nachhinein muss ich sagen, dass sie recht hatte. Ich habe lange gedacht, mit der Musik muss doch auch Geld zu verdienen sein, das macht so viel Spaß, auf Tour zu sein. Ich habe mich da immer weiter irgendwie durchgeschlagen. Und nun stellt sich heraus, dass Mutter recht hatte.

Meine Eltern freuen sich sehr, die stehen völlig dahinter. Die waren nie reich – meine Mutter hat lange vom Sozialamt gelebt und wurde später Tupper-Beraterin. Deswegen versteht sie das auch, wenn ich ihr sage, dass ich kaum Geld habe und das trotzdem in Ordnung ist. Sie hat keine Existenzängste für mich. Nur um meine Krankenversicherung macht sie sich Sorgen. Die Krankenversicherung. Eigentlich könnte ich mir inzwischen eine leisten. Seit ich aus dem Zivildienst raus bin, bin ich nicht mehr versichert, seit siebzehn Jahren. Ich kenne persönlich ein paar Ärzte, zu denen ich gehen könnte. Selbst wenn ich einen Gehirntumor hätte, wüsste ich, wo ich hingehen könnte.

Rentenversicherung?

Ich habe einen Rentenbescheid erhalten, ich würde vierzig Euro bekommen, wenn ich jetzt in Rente ginge. Aber geht ein Künstler jemals in Rente? Ich will das gar nicht beanspruchen. Ich hoffe doch sehr, dass ich im Alter von den Bildern leben kann, wozu soll ich da Rente beantragen? Außerdem darf man dann nur soundsoviel nebenbei verdienen. Totaler Quatsch, das alles. Außerdem sträube ich mich dagegen, Formulare auszufüllen. Alles, wo Zahlen draufstehen, schmeiße ich in einen Schubladenschrank. Ich verlange ein Management! Vielleicht sollte ich das wirklich über meine Eltern machen. Die sind in Rente, die haben Zeit, und die hätten garantiert Bock dazu. Einfach nur, um für mich die Anträge auszufüllen, zu gucken: wo kommt Geld her, Verträge aufsetzen.

Ich ärgere mich manchmal, dass ich zum Beispiel Geld, was mir von der GVL zusteht, nie beantrage. Die berühmte Gesellschaft zur Verwertung von Leistungsrechten. Für Tourneen oder kleinere Studiojobs. Würde mich mal interessieren, was ich mir da durch die Lappen gehen lasse. Aber so ist es eben. Das hat mit der Abneigung gegen Papierkram zu tun. Vielleicht ist das einer der Gründe, warum ich nicht zum Zahnarzt gehe: Man will sich einfach nicht reinpfuschen lassen in sein Leben.

Ingwa;Melero
Modedesigner

»Wenn uns unsere Kunden erzählen, wie sehr sie unsere Kleider lieben, dann macht das glücklich«

Ingwa;Melero ist ein Modelabel aus New York. Nike Ingwa Clausing und Tina Hernaiz Melero, 1973 geboren, haben beide im norddeutschen Bargteheide ihr Abitur gemacht. Nike absolvierte in Hamburg eine Schneiderlehre und studierte danach in New York Modedesign. Tina studierte in Düsseldorf Kommunikationsdesign und zog anschließend nach New York. 2001 gründeten sie Ingwa;Melero in ihrer gemeinsamen Wohnung in Harlem. Mittlerweile werden die femininen und ein wenig verspielten Kreationen des Designerduos von ausgewählten Boutiquen auf der ganzen Welt angeboten.

Wie ging das eigentlich los, dass Ingwa;Melero eine Firma geworden ist? Also der Schritt vom Nähen für sich selbst zum Herstellen für andere?

Wir haben schon während der Schulzeit in Bargteheide unsere eigenen Klamotten genäht, sie auf Flohmärkten verkauft und kleine Fotosessions mit selbst genähten Klamotten gemacht, das war schon immer unser Hobby. Als wir in New York zusammengezogen sind, haben wir dann angefangen, eine kleine Kollektion zusammenzustellen. Unter anderem haben wir Mützen gehäkelt, T-Shirts und Taschen genäht und bedruckt, und sind damit zu kleinen Läden in Brooklyn und Manhattan gegangen und haben so angefangen zu verkaufen.

Das hat sich dann ganz schnell verselbstständigt, und bald hatten wir so viel zu tun, weil wir alles selber hergestellt haben, dass wir uns entschlossen haben, die Sache komplett durchzuziehen. Als Erstes kündigten wir unsere Kellnerjobs, um unsere ganze Zeit und Energie in die Firma stecken zu können.

Wie muss man sich Ingwa;Melero vorstellen? Ein großes Atelier, mehrere Designer, Controller? Wo lasst ihr produzieren? Wer macht den Vertrieb?
Wir sind immer noch eine kleine Firma: Ingwa;Melero besteht aus Nike und Tina, zwei festangestellten Assistentinnen, einer Teilzeit-Buchhalterin. Wir haben einen Büroraum im Garment District in Manhattan, in dem wir alle arbeiten. Hier findet alles statt, Design, Anproben, täglichem Bürobetrieb, Produktionsüberwachung, Packing und Shipping. Den Vertrieb macht ein kleiner Showroom, der neben uns noch drei andere Designer vertritt. Produziert wird auch in New York, in bis zu vier verschiedenen Fabriken und einem Cutting room.

Und wie war das früher, als ihr angefangen habt?
Wir haben zwei Jahre lang zu zweit in einer kleinen Wohnung in Harlem gewohnt und gearbeitet. Das war auf engstem Raum, ohne Fahrstuhl, ohne ordentliche Tische, dort haben wir selber genäht, gefärbt, gehäkelt, Pakete gepackt und verschickt. Der nächste Schritt war, bei Fabriken im Garment District produzieren zu lassen. Die Bestellungen wurden ja immer größer, besonders, seit wir mit unserem Showroom zusammenarbeiteten.

Irgendwann war es nicht mehr möglich, die Menge an Klamotten in unserer Wohnung zu lagern und von dort zu verschicken, geschweige denn Praktikanten oder Assistenten einzustellen. Wir sind dann in unser jetziges Büro umgezogen. da ist man ideal an alles angebunden, Fabriken und Stoffhändler, Shipping, und alles, was man so an Infrastruktur braucht, um als Firma zu funktionieren. Der Garment District in New York hat es uns sozusagen erst möglich gemacht, so zu funktionieren, wie wir es tun.

Ist es vielleicht heute fast schwieriger für euch, wo man sich mit jeder neuen Kollektion wieder neu beweisen muss?
Da war viel Glück im Spiel. Aber wir haben auch von Anfang an superhart gearbeitet, zugefallen ist uns sicherlich nichts. Bis jetzt ist jede Kollektion gut verkauft worden, denn davor hat man natürlich immer ein bisschen Angst, dass man eine schwache Kollektion zeigt, die keiner haben will.

Klingt nach einem vollen Arbeitstag …
Seit wir Ingwa;Melero gegründet haben, war Arbeit unser komplettes Leben. Alles ging so schnell und war so unglaublich anstrengend, dass man sich nicht wirklich Gedanken darüber macht. Es geht einfach immer nur weiter, und man ist nur damit beschäftigt, es von einem Tag zum nächsten, von einer Deadline zur nächsten zu schaffen. Bestellungen müssen rechtzeitig verschickt werden, Kollektionen müssen rechtzeitig präsentiert werden. Arbeit bedeutet im Moment unser Leben, und das ist nicht unbedingt positiv zu verstehen.

Was ist euch daran am wertvollsten? Was ist das Schönste am Modesdesign, an diesem Beruf?
Wenn man einen Schritt zurücktritt und darüber nachdenkt, was wir machen und was wir erreicht haben, kann man feststellen, dass wir es geschafft haben, unsere eigene Firma zu gründen und damit erfolgreich sind. Wir haben uns unsere eigene kleine Welt erschaffen, wir sind gerne in unserem Büro, wir mögen die Menschen, mit denen wir zusammenarbeiten.

Das Schönste an unserem Beruf ist vielleicht, dass man so direkt etwas erschafft, von der Idee bis zum fertigen Produkt. Wir machen Klamotten, die wir nicht nur selber schön finden und täglich tragen: Die Tatsache, dass jemand sich in ein Kleid von uns verliebt, es kauft, es gerne trägt, und Komplimente bekommt, ist Kompliment und Bestätigung für uns. Wenn uns unsere Kunden erzählen, wie sehr sie unsere Kleider lieben, dann macht das glücklich.

Ist eine solide Ausbildung eine gute Grundlage dafür, dass man sich in New York durchsetzt, oder spielen da eher andere Faktoren eine Rolle?

Nike hat mit der Schneiderlehre und kurzem Modedesign-Studium sozusagen ein paar Grundkenntnisse mitgebracht, Tina hat Kommunikationsdesign studiert, was unter anderem beim Design unserer Lookbooks gebraucht wird. Ansonsten mussten wir uns alles selbst beibringen. Nicht nur alles, was mit Design, Produktion, Schnitt und Fit zu tun hat, sondern auch, wie man eine Firma aufbaut, Organisation, Management, Produktion…

So was haben wir in der Schule natürlich nicht gelernt. Klar braucht man Grundkenntnisse, aber vor allem, neben einem bisschen Talent, die richtige Arbeitseinstellung, Disziplin, Verantwortungsbewusstsein und die Bereitschaft, alles zu geben.

Was kostet ein Kleid in der Produktion und im Verkauf? Wie ist eure Preisspanne?

Wir verkaufen auf Boutiqueebene, da gibt es eine bestimmte Bandbreite, in der man sich preismäßig bewegt, um konkurrenzfähig zu sein. Die Produktion für ein Jerseykleid kostet ungefähr $ 60, wir verkaufen das dann zum Wholesale-Preis von $ 126. Im Laden hängt es für $ 289.

Wie würdet ihr die verschiedenen Phasen von 2002 bis heute einteilen? Was bedeutet es für euch, wenn Prominente wie Paris Hilton eure Kleider tragen?

Es gab vielleicht mehrere Ereignisse, die wichtig waren: Ziemlich am Anfang hat Gen Art, eine Organisation, die junge Modedesigner und andere Künstler fördert, uns unterstützt, sie haben uns unter anderem an Modenschauen teilnehmen lassen. Das hat uns bei mehreren wichtigen Läden die Tür geöffnet. Wenn ein richtig guter Laden das erste Mal eine Order schreibt, ist das immer ein wichtiges Ereignis. Noch toller natürlich, wenn sich die Sachen gut verkaufen und wieder bestellt werden. Dass Prominente unsere Kleider tragen, ist für uns immer aufregend, speziell, wenn wir wissen, dass sie sich die selber gekauft haben.

Gibt es etwas, das ihr vermisst? Wenn ihr euren Lebensentwurf mit dem Leben Gleichaltriger oder eurer Eltern vergleicht?
Ich glaube, wir haben das beide nie so wirklich geplant. Aber wenn man sich die letzten fünf Jahre anschaut, kann man sagen, dass wir nur arbeiten, wir haben keine frühen Abende, fast nie ein Wochenende frei, keinen Urlaub. Dementsprechend kommt die Familie in Deutschland zu kurz, man hat keine Zeit für Freunde, Partner, geschweige denn Hobbys, Kultur, Party oder sportliche Betätigung. Man hat das Gefühl, das Leben zieht an einem vorbei, man vergisst manchmal, was wirklich wichtig ist im Leben, und wird von der Arbeit und seinem eigenen Verantwortungsgefühl der Firma gegenüber komplett aufgefressen.

Könnt ihr euch an den Moment erinnern, wie das war, als ihr beschlossen habt, wir packen das an, wir ziehen das durch?
Wir hatten gerade beide keinen richtigen Job, eben nur gekellnert und hobbymäßig genäht und hatten auch nicht so wirklich einen Plan, was für einen Job wir uns wünschen würden. Nachdem die ersten Läden unsere selbst gefertigten Strickmützen gekauft hatten, hat alles ziemlich schnell eine Eigendynamik angenommen. Da war ganz schnell keine Zeit mehr, sich bewusst für irgendetwas zu entscheiden.

Was habt ihr für einen Arbeitsrhythmus? Wie sieht ein ganz gewöhnlicher Tag bei euch aus?
Wir fangen um halb elf an. Unsere Assistenten gehen abends um sechs, während des Tages müssen die täglichen Dinge geregelt werden, wie Produktionsüberwachung, Stoffe bestellen, Bestellungen bearbeiten und so weiter. Wenn dann abends oder am Wochenende alles ruhiger ist, kommt man meistens erst dazu, sich um grundlegende Dinge wie Design zu kümmern.

Habt ihr vieles erreicht, was ihr wolltet?
Wir sind nicht wirklich ehrgeizig, ich glaube nicht, dass wir jemals uns ein Ziel gesteckt haben, was wir als Firma oder Per-

son beruflich erreichen wollen. Unser einziger Traum wäre vielleicht, dass wir als Firma gekauft werden und somit die Möglichkeit hätten, von allen anderen Aufgaben befreit nur noch als Designer tätig zu sein. Der kreative Bereich ist leider in unserem Alltag viel zu klein. Außerdem hätten wir gerne die Möglichkeit, mehr und noch andere Sachen wie Handtaschen, Schuhe, Jeans zu entwerfen, was uns so als kleine Firma nicht möglich ist. Am wichtigsten ist uns auf jeden Fall, irgendwann mal ein normales Leben zu führen, genügend freie Zeit zu haben, um ein Sozial- und vielleicht Familienleben führen zu können. Erfolg macht nicht glücklich.

Was hält euch trotzdem am Leben? Woraus zieht ihr euer Vertrauen?
Nicht nachdenken, immer nur weitermachen, dann geht das alles recht automatisch. Wir sind zu zweit, wir sind Freundinnen, wir sind nicht alleine mit unseren Problemen. Ein gewisses Grundvertrauen kommt ja daher, dass wir es so weit geschafft haben, es wird auch weiterhin klappen. Wir bekommen immer die direkte Bestätigung, wenn sich etwas gut verkauft oder eben nicht.

Wann zweifelt ihr?
Jeden Tag.

Nagel
Musiker

»Ich kann nicht unterscheiden zwischen Beruf und privat«

Nagel, 1976 in Rheine geboren, ist Texter, Gitarrist und Sänger der Rockband Muff Potter, die 1993 gegründet wurde und bislang sieben Alben veröffentlichte. Zuletzt erschien »Steady Fremdkörper« im Mai 2007 auf Vertigo/Universal und erreichte Platz 40 der deutschen Album-Charts. Im selben Jahr kam Nagels erster Roman »Wo die wilden Maden graben« im Ventil Verlag heraus.

Du hast mal gesagt, Musik ist deine Profession, aber nicht dein Beruf. Was hast du damit gemeint?
Es fällt mir schwer, dieses Musiker-Dasein als Beruf zu sehen, weil ich es schon so lange mache, und der Gedanke, damit Geld zu verdienen, war bis vor Kurzem noch völlig undenkbar.

Ich habe erst im Sommer 2005 meinen Nebenjob gekündigt, weil klar war, dass ich die nächsten Monate mit der damals neuen Platte »Von Wegen« beschäftigt sein werde und dann auch gar keine Zeit für einen Nebenjob habe. In der Zeit haben wir dann auch einen Plattenvertrag bei Universal unterschrieben und einen Vorschuss bekommen, von dem ich wusste, dass man erst einmal eine Weile damit auskommt. Finanziell ging es mir nie so gut wie jetzt.

Was heißt eine Weile?
Ich habe mir damals, als ich meinen Idiotenjob als Lakai bei einem juristischen Verlag gekündigt habe, schon ausgemalt,

wenn es total gut läuft, dann brauch ich dieses Jahr keine Hiwi-Arbeiten mehr machen, weil wir sowieso die ganze Zeit auf Tour sein werden und nach der Tour vielleicht auch wieder ein bisschen Geld übrig bleibt, dass ich auf jeden Fall bis zum Jahresende damit auskomme. Und seitdem habe ich mir keinen neuen Job suchen müssen. Was schon mal total super ist. Das ist besser, als ich erwartet habe. Natürlich bin ich jetzt auch völlig raus, ich möchte nie wieder so einen beschissenen Hotline-Job machen oder was ich halt gemacht habe.

Aber es ist natürlich auch nicht so, dass ich irgendwelche Sicherheiten habe, dass es jetzt immer so weitergeht. Meine Existenz ist ein Hangeln von einem Punkt zum anderen und funktioniert gerade so, aber ich bin mir durchaus bewusst, dass ich wohl kaum jemals ein geregeltes Einkommen haben werde. Von Einzahlungen in die Rentenkasse ganz zu schweigen.

Ich weiß aber nicht, ob man überhaupt noch den Mut und die Energie hat, sein Ding durchzuziehen, wenn man so viel an die Zukunft denkt und sich Sorgen um sein Geld macht. Weniger als ich konnte man in den Neunzigern nicht verdienen. Eigentlich hätte ich mir Sorgen machen müssen. Zum Glück kann ich das irgendwie ganz gut ausklammern.

Das heißt, im Moment ist es dir möglich, dich mit deiner Musik und deiner schöngeistigen Literatur ganz komfortabel über Wasser zu halten.

Genau, das greift gerade so ineinander. Während des ganzen Jahres 2006 habe ich an dem Buch »Wo die wilden Maden graben« geschrieben. Bei Buchveröffentlichungen kommen jetzt auch keine Unsummen rum, aber es ist trotzdem Geld, mit dem ich erst mal gar nicht so gerechnet hatte, was jetzt einfach so on top ist.

Wie schlüsselt sich dein Einkommen auf? Verdienst du pro verkaufter Platte?

Theoretisch ja, aber praktisch verdient natürlich kaum noch jemand etwas an Plattenverkäufen. Höchstens insofern, dass man vielleicht eine Plattenfirma hat, die einen Vorschuss zahlt, wie bei uns. Aber davon zahlt man natürlich auch all seine Kosten, Studiomiete und so weiter und guckt, dass noch was übrig bleibt.

Die Plattenfirma gibt also der Band oder dem Management Geld und hat damit auch das Recht, über die Verwendung des Betrags zu entscheiden?
Das kommt drauf an, was für einen Vertrag man hat. Wir haben einen sogenannten Bandübernahme-Vertrag, das heißt wir produzieren unsere Platte selbst, wir sind verantwortlich für das Ergebnis. So eine Vereinbarung ist auch in kreativer Hinsicht gut, weil nicht irgendwelche Leute von der Plattenfirma im Studio sitzen, die auf musikalische Entscheidungen Einfluss nehmen und dein Geld einteilen. Wir bekommen einen Vorschuss, mit dem haben wir zu arbeiten und können dann halt entscheiden, wie wir das Geld verwenden, sodass möglichst für jeden in der Band noch was übrig bleibt. Aber wenn wir wollen, können wir natürlich auch das ganze Geld im Studio verballern, weil wir Bock haben, drei Monate lang Gitarrensoli aufzunehmen.

Man ist also selbst verantwortlich und hat seinen eigenen Unterhalt in die Kosten reingerechnet, aber wenn unkalkulierbare Unglücksfälle passieren, Sintflut, Studio voller Wasser, Masterbänder ertrunken, dann müsste man das aus dem Vorschuss decken? Ist es auch möglich, dass die Plattenfirma das fertige Band bekommt, dann aber sagt, das wollen wir nicht, das passt uns nicht.
Wir haben einen guten Manager, der für uns einen sehr guten Vertrag abgeschlossen hat. Mit allen Details, auf die wir Wert gelegt haben. Es kann uns nicht passieren, wie bei vielen anderen Bands, die in den Neunzigern von Majors gesignt wurden, dass eine Platte aufgenommen wird und die Plattenfirma plötzlich das Interesse verliert, weil sie auf einmal der Meinung sind, das rechnet sich nicht, interessiert uns nicht mehr oder die Verantwortlichen bei der Plattenfirma gewechselt haben. Das ist oft vorgekommen und die betroffenen Bands hatten dann gar

keine Rechte an der Platte, was zum Beispiel eine Band wie Samiam ein gutes Jahr lang lahmgelegt und andere Bands komplett auseinandergerissen hat.

Wenn unsere Plattenfirma jetzt das Band ablehnt, gehen nach ein paar Monaten die Rechte an uns zurück und wir können es selber rausbringen oder uns ein anderes Label suchen, ohne den Vorschuss zurückzuzahlen. Wir wollen ja auch nicht auf Teufel komm raus bei Universal veröffentlichen, sondern nur, solange wir das Gefühl haben, dass eine gute Zusammenarbeit möglich ist.

Aber im Moment ist es so, dass die Rechte an den Aufnahmen bei Universal liegen?
Genau, sobald wir das Band abgeben und sie es rausbringen, hat Universal die Nutzungsrechte an den Aufnahmen. Das haben sie ja auch bezahlt mit dem Vorschuss.

Die Rechte an den einzelnen Songs liegen natürlich bei uns, wir haben auch einen Verlag, Sparta Entertainment, und gerade dieses Jahr haben wir unsere eigene Edition gegründet, das ist quasi ein Unterverlag. Diese Konstruktion garantiert, dass die Rechte an den Liedern alle bei unserer Band verbleiben.

Man hat also diesen Vorschuss bekommen, ich schätze, eine fünfstellige Summe. Aber man verdient als Band ja auch noch, wenn man auf Tour geht. Und wie viel Geld bekommt man eigentlich von der GEMA?
Durch den Rückgang der Plattenverkäufe sind Gagen die größte Einkommensquelle für jede Band. Und es gibt praktisch keine andere Möglichkeit, um Geld reinzukriegen, als auf Tour zu gehen. Dann kommt natürlich Merchandise dazu. GEMA wird auch interessanter, je mehr Konzerte man spielt und je mehr man im Radio und Fernsehen stattfindet. Jeder Laden in Deutschland, der Musik spielt, zahlt im Prinzip eine Gebühr an die GEMA. Die GEMA darf keinen Gewinn erwirtschaften, sondern schüttet die Einnahmen nach einem bestimmten Schlüssel, den kaum jemand genau nachvollziehen kann, prozentual wieder aus. Das heißt eigentlich: Für jede kleine Band,

die nicht in die GEMA geht, kriegt Robbie Williams noch ein bisschen mehr.

Kann man sich das so vorstellen, dass es für eure Band einmal im Jahr einen warmen Geldregen von der GEMA gibt?

Bisher war das immer so taschengeldmäßig, aber jetzt haben wir zum ersten Mal auch mal ein bisschen mehr bekommen, wahrscheinlich immer noch ein Betrag, für den uns andere Bands in Deutschland belächeln würden.

Was bei der GEMA nervt, aber gleichzeitig auch schön ist, du weißt halt nie genau, wieviel es ist, deswegen plan' ich überhaupt nicht mit dem Betrag. Es kommt dann immer einigermaßen unerwartet, auf einmal ist wieder ein bisschen Geld auf dem Konto, und dann freut man sich.

Sind das eher 100 oder 1000 Euro?

Ganz unterschiedlich. Es gibt verschiedene Ausschüttungen, einmal für live, einmal für Tonträgerverkäufe. Ich als Haupttexter der Band krieg auch ein bisschen mehr. Die GEMA-Musik-Anteile teilen wir einfach durch die vier Bandmitglieder, auch wenn ich oder ein anderes Bandmitglied den Song alleine geschrieben habe oder Dennis, weil wir das zusammen im Proberaum erarbeitet haben. Das ist so eine bandinterne Absprache. Aber die Text-Anteile, die die andere Hälfte der GEMA-Ausschüttung ausmachen, gehen natürlich an den, der den Text geschrieben hat. Und manchmal kriegt man auf einmal 100 Euro GEMA-Geld, dann kann es aber auch mal sein, dass 1000 Euro kommen.

Mich würde interessieren, welche Spanne die Gagen haben. Vom tiefsten bis zum höchsten Honorar, was ist da bei euch drin?

Wir spielen auf Tour natürlich viel auf Eintritt, sind an der Kasse beteiligt und dann kann es natürlich vorkommen, dass auch »nur« 500 Euro oder so reinkommen und dann haben wir auf jeden Fall gar nichts verdient, weil wir ja eine Crew, d. h. Tontechniker, Merchandiser dabeihaben, und auch Miete für den Bus bezahlen müssen.

Wie war das früher? Aktiv machst du seit Anfang der Neunziger Musik?
Ich habe, nachdem ich von zu Hause ausgezogen bin, ein paar Jahre mit so Punk-Asseltum verbracht, nebenbei irgendwelche Jobs gemacht, im Lager oder so. Zum Beispiel Ware kommissionieren, im Weihnachtsgeschäft und im Ostergeschäft. Der Weihnachtskitsch wurde von mir und ein paar Weißrussen, die da auch noch gearbeitet haben, zusammengetragen und in Kartons verpackt und an Renates kleinen Geschenkeladen in Erkenschwick verschickt. Das hab ich oft gemacht, das waren saisonmäßig jeweils immer so vier bis acht Wochen am Stück, 50-, 60-Stunden-Woche. Viele Nachtschichten. Danach habe ich dann wieder versucht, mit dem Geld so lange auszukommen, bis ich wieder arbeiten gehen musste.

Wir haben Anfang, Mitte der Neunziger mit Muff Potter schon versucht, so viel Konzerte wie möglich zu spielen und zu proben und Musik zu machen.

Vor ein paar Jahren haben wir dann zum ersten Mal die Chance bekommen, uns ab und zu was aus der Bandkasse auszuzahlen, aber jetzt leben immer noch nicht alle Potters davon – Brami, unser Schlagzeuger, geht ja immer noch Fenster putzen. Und Dennis, der Gitarrist, hat sein Studio nebenbei. So komplett nur allein von Muff Potter lebt bei uns keiner.

Hast du schon mal was auf eBay verkauft, um dich zeitweise über Wasser zu halten?
Ja, ich habe Platten verkauft, meine Star-Wars-Actionfiguren und sogar gezielt mal Sachen gekauft, um sie wieder zu verkaufen, zum Beispiel limitierte Auflagen spezieller Vinylsingles, von denen ich mir dachte, dass sie sicher bald sehr wertvoll sein würden. Ich habe mich da latent schlecht gefühlt. Immerhin habe ich es mir verkneifen können, Muff-Potter-Artikel bei eBay zu verscherbeln, obwohl es da auch ein paar Raris gibt, aber das ist wirklich das Uncoolste, was man machen kann.

Was motiviert dich?
Rastlosigkeit ist natürlich mein Motor, die Kraft, aus der sich das meiste speist, was ich kreativ überhaupt anzubieten habe.

Es gibt nichts Berauschenderes, als mit dem Fahrrad zum Proberaum zu fahren, und man weiß, man macht gleich ein Lied weiter, das man gestern angefangen hat und nur bis zum ersten Refrain gekommen ist. Man hat die ganze Nacht, weil einem das nicht aus den Kopf gegangen ist, mit seiner Gitarre auf der Bettkante gesessen und nach einem passenden Refrain gesucht, und auf einmal hatte man diese Idee. Und diese Idee, die kennt noch kein Mensch auf der ganzen Welt, nicht mal die anderen Leute in der Band. Die gibt's nur in meinem Kopf, und die Vorfreude, den Song gleich vollenden zu können, ist schon was Besonderes.

Genauso oft ist es natürlich frustrierend, weil es im Proberaum überhaupt nicht so klingt, wie man es sich vorgestellt hat. Aber manchmal wird es auch besser, dadurch, dass die anderen es ein wenig anders spielen und vielleicht eigene Ideen dazu haben – das ist das Erfüllendste, was es für mich gibt. Natürlich wartet man darauf, das Lied endlich aufzunehmen und auf Platte zu pressen und rauszubringen, damit andere Leute es sich auch anhören können. Das ist ja auch der Wert, der bleibt. Aber das ist gar nicht mal so der Hauptaspekt, der mich an der ganzen Sache reizt, sondern mehr so das Machen an sich.

Was entgegnest du Leuten, die sagen, dass eure »Authentizität« auch nur eine weitere Art der Inszenierung ist, eine Simulation von Echtheit, an deren Raffinesse man sich dann erfreuen kann?
Ich verstehe das Argument natürlich – ich sehe diese gerade im Rockbereich viel bemühte Authentizität auch nicht als Qualitätsmerkmal von Musik. Das wird ja oft fast schon verzweifelt an allen Haaren herbeigezogen.

Aber ich bin stolz auf das, was ich mir als Autodidakt angeeignet oder perfektioniert habe. Ich schreibe schon hauptsächlich über Dinge, die ich selbst erlebt oder zu denen ich einen direkten Bezug habe. Auch gerade in Verbindung damit, dass ich nicht der geborene Sänger und überhaupt kein besonders guter Gitarrist bin, aber durch harte Arbeit und den Willen, das zu tun, mir irgendwas zusammengezimmert habe, was vielleicht einen eigenständigen Reiz hat. Und da bin ich auch selbstbewusst genug, das so festzustellen, und das macht mich stolz. Ich bin mit mir im Reinen. Das ist mir wichtig: vor mir selbst zu bestehen.

Auf welche Aspekte deiner Arbeit könntest du getrost verzichten?

Ich liebe es, Konzerte zu spielen, hasse aber den Soundcheck. Der ganze technische Aspekt liegt mir nicht so ganz und manchmal nervt es auch, auf andere Leute angewiesen zu sein, auf Tour zu sein. Wenn ich gezwungen bin, lange Zeit mit den gleichen Leuten auf einem Fleck zu verbringen, werde ich schnell ungenießbar. Ich bin eigentlich nicht gerne Teil einer Gruppe, ich bin nicht gern Teil eines Kollektivs, man muss sich da schon oft zusammenreißen und sich selbst in Erinnerung rufen, wie super das ist, diese Art von Beruf ausüben zu dürfen.

Es ist nur irgendwie eine Horrorvorstellung, dass es immer so bleiben wird. Deswegen fühle ich mich manchmal total ausgebrannt. Ich habe gerade einen Umzug hinter mir, bin direkt danach ins Studio, um eine neue Platte fertigzustellen, habe ein Buch nebenbei geschrieben und zwei Lesetouren gemacht in den letzten Monaten. Zwar gab es zwischendurch auch mal ein paar Tage Leerlauf, aber ich kann da nicht immer sofort einen Schalter umlegen und entspannen.

Ist ja eigentlich schon erstaunlich, dass es Muff Potter immer noch gibt, dass ihr mittlerweile 14 Jahre zusammen seid.

Das ist das Gute an Muff Potter, wir sind Typen, die lassen halt alles stehen und liegen für die Musik. Brami ist ja auch noch eingeschrieben, der ist im 20. Semester und wird sein Studium nie fertig kriegen und regt sich immer auf, wenn wir ausgerechnet zu Semesterbeginn im Frühling oder Herbst touren, wenn die neuen Einschreibtermine sind und er die wieder verpasst hat, und dann meckert er zwar ein bisschen, aber andererseits war das noch nie ein Problem, stand das noch nie zur Debatte, dafür 'ne Tour abzusagen. Solche Leute muss man erst mal finden, so kann man von 16 bis 21 leben, das machen viele, aber dann so langsam sehen sie den Ernst des Lebens, und dann verändert sich alles ganz schnell, und ich hab halt Typen gefunden, die 30 sind und immer noch Bock haben, das durchzuziehen.

Glaubst du, das Geld ist jetzt auch ein Grund dafür, dass es weitergeht oder ist das egal? Gab es Momente in der Band, wo das Geld geholfen hat, Krisen in der Band zu überwinden?

Die Übergänge waren auf jeden Fall fließend, erst haben wir 'ne Booking-Agentur bekommen, dann unseren Manager gefunden, dann kam irgendwann die große Plattenfirma dazu. Es gab nicht einen bestimmten Zeitpunkt, wo sich alles geändert hat, aber es ist schon wichtig, mal Geld dafür zu bekommen, für das, was man macht. Ich kann mir vorstellen, wenn wir wie am Anfang noch total rumkrebsen würden, dann hätten wir keine Zeit, die Band mit dieser Intensität zu betreiben, wie wir es momentan machen. Wir hätten einfach nicht die Freiheit, und zum anderen kann ich mir auch vorstellen, dass es vielleicht schwierig und deprimierend wäre, sich unter diesen Voraussetzungen immer wieder neu zu motivieren.

Es gibt ja auch total viele Leute, die wie wir in dieser Punkszene gestartet sind, und die dann natürlich irgendwann auch gedacht haben: »O.k., jetzt aber nur noch freitags und samstags proben, ich muss jetzt mal 'ne Ausbildung machen, sonst verhungere ich in fünf Jahren. Oder ich mach jetzt mal mein Grafikdesignstudium fertig und mach die Band noch nebenbei.« Das hatte ich zum Glück nie.

Aber es gab bei euch doch sicherlich den Punkt, wo das Hobby zum Beruf geworden ist.

Seit wir begonnen haben, Musik zu machen, herrschte bei uns Bandsozialismus, alle Einnahmen wanderten in die Bandkasse. Bei vielen anderen Bands wird nach Abzug der Benzinkosten alles durch vier geteilt, und jeder geht mit seinem Lohn nach

Hause. Wir haben alles immer in die Bandkasse getan. Nie hat einer sich privat was ausgezahlt, auszahlen lassen. Was halt daran lag, dass wir unsere Platten auch selbst gemacht haben. Unser Label Huck's Plattenkiste und die Bandkasse waren ein gemeinsamer Topf. Rein steuerlich war das sicher alles andere als korrekt. Wir haben auch ganz früh angefangen, Equipment aus der Bandkasse zu bezahlen. Es ist ja nicht so, dass Brami ein neues Becken braucht, wenn es kaputt ist, sondern Muff Potter braucht ein neues Becken, und die sind halt teuer, und deswegen haben wir von Anfang an gesagt, »Pass auf, das nächste Mal, wenn wir Geld haben, kaufen wir mal ein Schlagzeug und wenn dann wieder Geld kommt, kaufen wir 'ne Gitarrenbox, weil unsere jetzige zwar total scheiße ist, aber nicht so scheiße wie unser Schlagzeug.«

Und ich fühle mich immer noch total unabhängig, weil ich es nie darauf angelegt habe und es deswegen jetzt umso mehr genieße, für meine Musik Geld zu bekommen. Ich bin mir bewusst, dass es irgendwann auch vorbei sein oder anders werden kann. Ich habe halt vier Muff-Potter-Platten selbst rausgebracht und ich habe unzählige Muff-Potter-Touren selbst gebucht. Ich weiß, dass ich das alles kann. Ich bin im besten Sinne unabhängig von anderen, selbst wenn Universal jetzt sagen würde: »Lohnt sich für uns nicht mehr, Tschüss«, glaube ich nicht, dass unsere Band sich deswegen auflösen würde. Wir wissen halt, wie man es auch selbst machen kann. Und das finde ich auch wichtig, diese Unabhängigkeit.

Erklär mir noch mal bitte das Phänomen, was es heißt, jetzt auf einem Major zu sein, und wie es ist, wenn man sogar seine Freunde davon finanzieren kann.

Der Vorschuss hat uns natürlich eine Last von den Schultern genommen und uns auch neue Freiheiten gegeben, die wir vorher als 100-prozentige DIY-Band nicht hatten. Klingt vielleicht paradox, aber ich fühle mich jetzt mit dem Plattenvertrag freier und unabhängiger als zuvor, wo einem an allen Ecken und Enden die Hände wegen Geldmangel gebunden waren.

Und gerade der Aspekt, seine Freunde endlich mal vernünftig bezahlen zu können, war ein sehr gutes, befriedigendes Gefühl. Unser Grafiker zum Beispiel hatte schon jahrelang für uns gezeichnet, Merchandise-Motive und mehr, und wurde meistens in nicht mehr als T-Shirts oder sehr kleinen Geldbeträgen bezahlt.

Ich will noch mal ein Stück zurück, und zwar interessiert mich, wie das alles entstanden ist, dass ihr so einen Willen ausgebildet habt und letztendlich immer noch dabei seid.
Der eigentliche Motor war natürlich schon Unzufriedenheit. Das Gefühl, sich nirgendwo zugehörig zu fühlen. Rheine ist eine kulturelle Wüste. Wenn man eine Punkrockband sehen wollte, musste man selbst ein Konzert organisieren, weil es halt niemanden anderen gab, der das in die Hand nahm. Diese Unzufriedenheit galt es zu artikulieren, und dem auch irgendwas Besseres entgegenzusetzen. Das war gar nicht mal so ein revolutionärer Weltverbesserungsanspruch, sondern das Bedürfnis, die Welt um einen herum für einen Moment aufregender zu gestalten, damit sich mal einfach irgendwas verändert. Wenn man nicht selbst den Arsch hochgekriegt hätte, wäre in dieser Kleinstadt ja überhaupt nichts passiert. Irgendwas Sinnvolles tun. Den eigenen Alltag besser machen.

War das ein Modell, mit dem ihr euch beschäftigt habt: jahrelang zu ackern, um irgendwann später vielleicht davon leben zu können?
Das Ding ist ja, dass wir nie daran gedacht haben, dass man davon leben kann. Musik mit deutschen Texten war damals auch eine völlig abwegige Idee. Es gab einfach nichts anderes zu tun. Es war keine berufliche Option, es war totale Langeweile. Wenn ich nicht regelmäßig geprobt hätte, wäre ich eingegangen. Das musste so gemacht werden. Letztendlich auch nur ein Versuch, das Leben irgendwie sinnvoll zu strukturieren.

Gab es da Vorbilder oder Begegnungen? Leute, die dich ganz besonders geprägt haben?
Es gibt auf jeden Fall Leute, die inspirierend für mich waren. Aktuell ist es mal wieder so ein Workaholic-Typ wie Henry Rollins. Kurz vor meinem 30. Geburtstag war ich bei dieser Henry Rollins Spoken-Word-Show, und der hatte eine unglaubliche Ausstrahlung, so eine Energie, das hat mir gezeigt, dass ich mir keine Sorgen machen muss. Wenn ich mit 45 noch halb so viel Energie habe wie dieser Typ, dann bin ich ein glücklicher Mensch.

Ich definiere mich auch über meine Arbeit, ich kann halt nicht so gut auf der faulen Haut liegen. Marcus Wiebusch, früher … But Alive, jetzt Kettcar und Grand-Hotel-van-Cleef-Labelmensch, war auch wichtig für mich. Am Anfang, da gab es Muff Potter noch nicht lange, habe ich einen Tape-Sampler zusammengestellt, und noch bevor die erste But-Alive-Platte kam, hat Marcus mir die ersten But-Alive-Stücke für den Tapesampler zur Verfügung gestellt. Und dann haben wir auch bald die ersten Konzerte gespielt und Marcus war ein paar Jahre älter und war mir erfahrungsmäßig immer ein paar Schritte voraus. Der hatte dann 'ne Platte gemacht, und bevor wir unsere erste Platte rausbrachten, kannte der sich schon mit Tourneebooking aus. Als ich mich dann mit Tourneebooking befassen musste, hatte er sich schon mit der GEMA beschäftigt. Da hat in den ersten Jahren ein starker Austausch stattgefunden. Das war so Papa Wiebusch für mich.

Anderer Aspekt noch mal. Gibt es irgendwas, wo du denkst, dafür ist es zu spät, weil du diesen Weg eingeschlagen hast?
Ich bereue nichts konkret, aber ich würde gern ein paar Jahre meines Lebens auf eins zusammenkürzen. Es gab zu viele Jahre, wo zu wenig passiert ist. So von Mitte bis Ende der Neunziger, die vier, fünf Jahre waren von relativem Stillstand geprägt, wo nicht viel weiterentwickelt wurde. Natürlich haben wir auch Lieder geschrieben und Platten rausgebracht, aber man hätte das ein bisschen zusammenkürzen können, wenn man nicht den ganzen Tag nur gedacht hätte, die Punkszene ist das Geilste und

Alkohol sowieso. Ich habe echt viel Zeit verschwendet und ein paar Erfahrungen einfach zu oft gemacht. Ich will die Zeit nicht streichen, die war mit Sicherheit auch wichtig für meine Entwicklung, aber die hätte nicht so lang sein müssen.

Viele sagen, dass es schwierig ist, eine Beziehung zu führen, wenn man die ganze Zeit auf Tour ist.
Ja, das habe ich auch, aber ich weiß nicht, ob das nur so vom Touren abhängt. Natürlich ist das auch so ein Faktor dabei, aber das Problem habe ich ja generell, von daher …

Aber das ist jetzt nichts, worüber du dir Sorgen machst, oder? Du wärst jetzt nicht am liebsten verheirateter Familienvater, oder?
Ach, Beziehungen werden total überbewertet. Ist natürlich super, wenn Leute sich lieben und zusammenbleiben, aber alles danach auszurichten, ist völlig überbewertet. Ist ja auch oft genug das Gegenteil von der Fahrkarte ins Glück.

Was mir manchmal fehlt, ist dieses Zu-viert-ins-Auto-steigen-und-was-kostet-die-Welt-Gefühl als Band. Die ganze Zeit gibt es einen Apparat, Plattenfirma, Management, Crew, der einen umgibt. Und früher hat es einfach gereicht, zu viert im Auto zu sitzen, strotzend vor Selbstbewusstsein, scheißegal, das ist alles nur unsere Angelegenheit. Kompromisslos. Auch keine Verantwortung zu haben, die Crew, den Bus noch zu bezahlen, sondern Hauptsache, das Konzert ist gut.

Mir geht es bei dieser Frage aber eigentlich um dich, und weniger um deine Band.
Ich komme immer automatisch auf dieses Bandding, weil ich dem ja alles untergeordnet habe. Meine Wohnortwahl, meine berufliche Entwicklung, meine Beziehungen, deswegen definiere ich mich schon auch sehr darüber. In meinem Leben gibt es überhaupt keine Regelmäßigkeit, auch langfristig nicht. Und deswegen rede ich auch immer von der Band. Ich kann nicht unterscheiden zwischen Beruf und privat. Ich habe kein Privatleben. Ich muss sogar so weit gehen, Privatleben interessiert

mich manchmal gar nicht. Natürlich fahre ich gern mal in Urlaub und würde mir auch wünschen, vielleicht mal wieder eine Beziehung zu haben, aber das ist irgendwie auch nicht das, was mich hundertprozentig erfüllt.

Gibt es sonst noch Momente der Enttäuschung?
Ja, aber die habe ich ganz gut im Griff. Ich zweifel an Details, ob die Songs wirklich gut genug sind. Nicht am ganzen Muff-Potter-Konzept. Siehst du, schon wieder rede ich von der Band. Ich verzweifel halt manchmal an den Texten. Die letzten zwei Sätze brauchen immer so lange wie der ganze vorherige Songtext, denn dann wird halt gewürzt mit Salz und Pfeffer. Und das muss passen, darum komme ich manchmal auch nicht eher zur Ruhe, bis ich mir sicher bin, dass die letzte Zeile gut genug ist.

Alexander Sternberg
Schauspieler

»Hossa, wo ist die Russenparty?«

Alexander Sternberg, 1973 in Wiesbaden geboren, wurde an der Actors Academy Berlin zum Schauspieler ausgebildet und spielte an Theatern in Wien, Berlin, Halle (Saale), Senftenberg, Stendal und Nordhausen. Nach diversen Fernsehauftritten, unter anderem in »Verbotene Liebe«, und »OP ruft Dr. Bruckner« übernahm der Schauspieler von 2005 bis 2006 die Rolle des Max Petersen in der Sat1-Telenovela »Verliebt in Berlin«.

Wann war dir eigentlich klar, dass du Schauspieler werden wolltest?

Die ersten Filme, die mein Vater auf dem Videorecorder aufgenommen hatte, waren »Mephisto« von Istvan Szabo und »Der Elefantenmensch« von David Lynch. Das habe ich mir als Kind angeschaut und war fasziniert davon, wie dieser eitle Hendrik Höfgen, dargestellt durch Klaus Maria Brandauer, in Strumpfhosen an der Ballettstange irgendeinen Scheiß macht. Diese wahnsinnige Selbstdarstellung. Dass ich den Film später noch viel großartiger fand, als ich ihn verstanden habe, ist eine andere Geschichte.

Ich habe damals freitags und samstags immer die Spätfilme gesehen, die es in der ARD und im ZDF gab. Von Western bis Film noir, von Woody Allen bis Alfred Hitchcock. Ich weiß noch genau, wie ich mit 15, das hat aber wahrscheinlich jeder gemacht, »Taxi Driver« nachgespielt und mich in die Obsessionen von Travis Bickle hineinsteigert habe. Und da hat es angefangen, ich habe gedacht, das will ich auch erzählen. Das ist nicht nur eine Story, sondern diese Konflikte gibt's wirklich. Ich wusste, dass die Helden des Kinos, Lino Ventura, Steve McQueen, Alain Delon, Schauspieler sind, aber ich habe bei ihnen auch eine Ehrlichkeit der Darstellung gesehen und spürte, da sagt jemand die Wahrheit. Die Geschichten vermitteln einen Inhalt, den ich verstehe, der mir nahegeht.

Später habe ich mich dann nicht mehr getraut, Schauspieler zu werden, da wollte ich Filmemacher werden und habe mich an Filmhochschulen beworben. Hat nicht geklappt.

Dann bist du doch Schauspieler geworden und arbeitest jetzt freiberuflich?
Im Moment bin ich freiberuflich, aber von 2000 bis Ende 2004 war ich durchgehend am Theater beschäftigt, beziehungsweise 2003 habe ich drei Theaterproduktionen frei gemacht, zwischendurch auch Arbeitslosengeld bekommen und auch ein bisschen gedarbt. Durch die Sat1-Telenovela »Verliebt in Berlin«, für die ich eineinhalb Jahre als Max Petersen unterwegs war, habe ich mich finanziell ein bisschen gesundgestoßen und kann jetzt etwas entspannter bleiben. Aber der Druck des Freiberuflers ist mir durchaus bekannt.

Was für einen Vertrag hast du bekommen, als du am Theater warst?
Ich war zwei Jahre an der Schauspielschule und bin dann gleich ans Theater. Das sind die sogenannten Elevenverträge, du wirst zwei Jahre fest engagiert und bekommst ein Jahr lang ein relativ geringes Salär, das sich im zweiten Jahr dann steigert, aber natürlich zahlen die Landesbühnen oder Stadttheater keinen hohen Betrag. Man kann halt nur von der Hand in den Mund leben. Es gibt aber auch noch sogenannte Stück-Verträge, das heißt, du wirst dann nur für ein Stück angeheuert. Meistens für eine bestimmte Rolle, dann gibt's eine Gage, die für die ganze Produktion gezahlt wird.

An welches Theater bist du nach der Schauspielschule gegangen?

An die Landesbühnen Sachsen-Anhalt in Stendal. Da gibt es ein festes Ensemble, in das ich aufgenommen wurde. Zum Teil haben die in dem Ensemble schon ewig gespielt. Denn wenn man 15 Jahre fest an einem Haus beschäftigt ist, wird man unkündbar. Das ist noch so eine uralte Gesetzgebung. Wobei das auch gerade abgeschafft wird. Bei neuen Verträgen soll diese Klausel vermieden werden. Es wird auch immer wieder von Theaterseite versucht, solche Quasi-Festanstellungen zu umgehen. Ich habe von einem anderen Kollegen gehört, dass Peymann, der Intendant des Berliner Ensembles, ganz gerne mal im vierzehnten Jahr sagt, »So, danke, Tschüss, wir wollen mit dir weiterarbeiten, aber in einem neuen Vertragsverhältnis«.

Du hast dich ja zwischen den Engagements immer arbeitslos gemeldet. Gibt es eigentlich Kollegen, die das nicht machen, weil es ihnen zu stressig ist oder weil sie denken, es stigmatisiert sie?

Ja, ziemlich dumm. Man hat ein Recht auf Arbeitslosengeld, wenn man über ein Jahr fest angestellt gewesen ist. So ist die Gesetzgebung in Deutschland. Ganz normal, das machen auch Leute, die weitaus besser im Geschäft sind. Ich kann aber nachvollziehen, dass man irgendwie denkt, man hätte verloren, wenn man sich arbeitslos meldet, aber der Beruf des Schauspielers ist immer ein Auf und Ab. Schon in der Dreigroschenoper heißt es ja:

> Ja, mach nur einen Plan
> Sei nur ein großes Licht!
> Und mach dann noch 'nen zweiten Plan
> Geh'n tun sie beide nicht.

Das trifft leider oft zu. Ich kann mir zwar viel vornehmen, aber ich habe es nicht in der Hand. Am Ende sagt doch irgendeiner irgendwo an irgendeinem Schreibtisch vor meinem Bild: »Na ja, der sieht mir doch zu aristokratisch aus« oder »Der ist mir viel zu dick im Gesicht«.

Ich habe aktuell zum Beispiel eine Tournee im Herbst in Aussicht und werde bis dahin auch arbeitslos gemeldet sein. Sollte ich zwischendurch noch Drehs haben, melde ich mich halt wieder ab.

Könnte man sagen, dass du bei »Verliebt in Berlin« bis jetzt am besten in deiner Karriere verdient hast?

Ja, so viel Geld habe ich noch nie bekommen, obwohl das auch Beträge sind, die wesentlich niedriger sind, als bei anderen Fernsehserien oder für andere Schauspieler bezahlt werden, da ich ja unbekannt war und vielleicht auch immer noch bin. Natürlich verdient Henry Hübchen ganz anders. Der würde auch gar nicht mehr über Lohnsteuerkarte abgerechnet werden. Oder Götz George, der fordert pauschal einen Betrag und dann wird das ausbezahlt, da geht's dann auch nicht mehr um Drehtage.

Es gibt einen sogenannte Tagesgage, die würde so durchschnittlich bei 1200 Euro liegen für einen normalen Schauspieler, bei einigen Produktionen lässt man die Leute aber auch für 400 Euro spielen, gestandene Schauspieler. So etwas ist ganz schlecht für den Markt, macht das Preisniveau kaputt, aber im Moment leben wir in einer Situation, wo allein in Berlin ein Haufen Leute froh sind, wenn sie mal einen Tag drehen können.

Das ist ja auch in anderen Bereichen so: Wenn es eine überschaubare Menge an Auftraggebern, aber massenhaft potenzielle Auftragnehmer gibt, kommt es zu Lohndumping.

Es gibt diesen furchtbaren Satz, den man oft hört: »Wir finden immer noch jemanden, der billiger ist.« Die Leute hinter der Kamera, Maske, Technik, Kostüm, also Leute, die länger arbeiten als die Schauspieler, die morgens, abends und nachts bis zur letzten Minute am Set sind, werden oft nur marginal an steigenden Umsätzen beteiligt, auch wenn die Produktion gut läuft.

Es ist einfach so: ein guter Regisseur, ein guter Kameramann, eine gute Kostümbildnerin kosten auch ihr Geld.

Warum hast du »Verliebt in Berlin« verlassen? Oder bist du gefeuert worden?
Ich bin nicht gefeuert worden, ganz im Gegenteil, die alte Besetzung wurde sogar noch mal zurückgerufen, als die Quote bei der zweiten Staffel im Keller war. Dieser Beruf, und das ist leider manchmal grauenvoll, funktioniert nur, wenn man absolutes Risiko geht. Außerdem versucht man sich ja weiterzuentwickeln. Und nach eineinhalb Jahren ohne relevante Inhalte, ohne vernünftige Sätze, ging es nicht mehr. Ich konnte mich mit der Zielgruppe nicht identifizieren. Wenn ich jetzt sehe, wie die Rezeption dieser Serie sich entwickelt hat, habe ich gut daran getan, auszusteigen. Ich habe nebenher noch »SOKO Leipzig« gedreht, eine Episodenrolle und einen Kinofilm. Mehr konnte ich nicht drehen, weil ich halt immer gleichzeitig »Verliebt in Berlin« gemacht habe.

Wie bist du denn gestorben beziehungsweise ausgestiegen? Die Folge muss ich wohl verpasst haben, tut mir leid.
Ich bin nicht gestorben, niemand hat mich umgebracht, ich bin einfach nur mit meiner Frau in der Serie aufs Land gezogen. Nach der Hochzeit von Lisa Plenske alias Alexandra Neldel im September war Schluss. Zu diesem Zeitpunkt lief die Serie eineinhalb Jahre, und ich habe dann im Oktober angefangen zu proben und bin im November, Dezember, Februar und März auf Theatertournee gewesen.

Ist es denn so, dass du sagst, du willst nur Theater machen? Wahrscheinlich kann man sich das gar nicht erlauben als Schauspieler.
Ich glaube ja, dass man für den Beruf des Schauspielers eigentlich keine hohe Intelligenz braucht. Es ist von Vorteil, eine große Reflexionskraft zu haben. Nur ich selbst habe mir manchmal die Frage gestellt, will ich eigentlich mit 45 Jahren noch jemandem auf der Bühne mit einer Motorsäge den Kopf abschlagen

und dumm rumbrüllen? Was soll ein erwachsener Mann davon halten? Und dann muss ich mir vielleicht noch von jemandem, der 20 Jahre jünger ist, erzählen lassen, dass das große Kunst ist. Trotzdem versteht das Publikum kein einziges Wort, weil nur rumgekotzt wird. Aber ich weiß, ich werde immer Theater spielen, weil Theater immer ein gewisses Niveau hat, selbst wenn es nur leichte Unterhaltung ist. Aber natürlich Kino, Fernsehen – für alles offen.

Was würdest du angehenden Schauspielschülern mit auf den Weg geben? Was können die aus deinen Erfahrungen lernen?
Es ist schwer abzuschätzen, was auf einen zukommt, wenn man an der Schauspielschule ist und sich für diesen Beruf mit Herzblut entschieden hat. Die realen Arbeitsbedingungen sind viel härter als der Konkurrenzkampf an der Schule. Wichtig ist auf jeden Fall, die eigene Persönlichkeit zu bewahren. Die persönliche Ausstrahlung entscheidet, ob man sich in dem Beruf behaupten kann. Wenn jemand von der Ernst-Busch oder vom Max-Reinhardt-Seminar kommt, öffnen sich erst einmal Türen, weil diese Schauspielschulen Institutionen sind, die völlig zu Recht ein hohes Ansehen genießen. Eine fundierte Ausbildung ist schon absolut was wert. Aber schwierig wird's in dem Beruf nach den ersten zwei Jahren. Das dritte, vierte, fünfte, sechste, siebte Jahr. Wenn man sich im Rollenspektrum verändert, wenn man längere Zeit kein Engagement hatte.

Eins rate ich vor allem: Lern deinen Text. Lerne spielen und sprechen auf der großen Bühne und rezipiere die großen Werke. Außerdem lohnt es sich, ab und zu mal zurückzuschauen, warum ist Marlon Brando so eine große Nummer gewesen, oder warum ist Oskar Werner so ein großer Schauspieler, oder warum hat das Phänomen Marlene Dietrich funktioniert? Worum geht's hier eigentlich?

Was lernt man deiner Meinung nach nicht an der Schauspielschule?
Das Schwierige an dem Schauspieler-Beruf ist das Drumherum, nicht die Arbeit an sich. Es ist ja wunderbar, wenn du mit dem Kopf, mit dem Körper arbeitest und Versmaß hast, und das alles noch mit einem guten Regisseur, der dich erhöht. Das ist ja toll. Man lernt auf der Schauspielschule nicht unbedingt, auf Kommando zu funktionieren. Wenn du das erste Mal eine Theaterprobe mit gestandenen Kollegen hast, die 20, 30 Jahre im Beruf sind und dich direkt an die Wand spielen und du dann hoffst, dass du einen Wink von außen bekommst, wie du dich zu verhalten hast, dann hast du dich geschnitten. Trotzdem würde ich jedem, der diesen Beruf ergreifen wollte, empfehlen, sich zuerst an einer staatlichen Schule zu bewerben.

Hast du ja auch gemacht, oder?
Ja, ich kam relativ weit, dann hatte ich aber so einen Nervenzusammenbruch, weil ich unbedingt Schauspieler werden wollte, war am Boden zerstört. Das kennt man ja aus Dokumentarfilmen, alle heulen, so ist es dann auch. Was ich nicht wusste: Dass die Anforderungen später im Beruf noch viel härter sind, viel ungerechter, alles geht viel schneller. Natürlich glaubt man immer, man ist der Allergrößte, auch wenn man oft erfährt, dass es gar nicht so ist. Schauspieler in meinem Alter und in meinem Darstellungsspektrum gibt es wie Sand am Meer. Ich hatte Vorsprechen, die waren so unangenehm, man wurde wie Dreck behandelt. Ich kenne auch Kollegen, die vor einem Casting nächtelang wachliegen, denn man hat nur fünf Minuten und man wird nicht wahrgenommen, egal ob man bei »Verliebt in Berlin« mitgespielt hat, egal, ob man einen »Tatort« gedreht hat. Man wird auch heute noch durchgeschleust. Man bleibt austauschbar.

Trotzdem hat dir dein Ausflug in die Welt der Telenovela aber auch die finanzielle Möglichkeit gegeben, jetzt in aller Ruhe nach neuen Rollen zu suchen.
Im Moment habe ich eine kleine Rücklage, aber der existenzielle Druck ist in diesem wie in jedem anderen künstlerischen Beruf auch eine Katastrophe. Zumal es in der Schauspielerei noch zu Lebzeiten klappen muss mit der ganz großen Nummer. Das Risiko, unterwegs im Straßengraben zu verrecken, ist dabei eine Grundvoraussetzung. Das klingt jetzt so großspurig, aber anders funktioniert es nicht.

Auch wenn man sich voll reinkniet, ist es sehr anstrengend, dass man immer von der Entscheidung anderer abhängig ist. Du kannst der größte Hamlet aller Zeiten sein, und am Schluss wird doch der lispelnde Fuzzi neben dir genommen, weil der Regisseur es so will. Das ist das Brutale an diesem Beruf. Ich glaube, für Frauen ist es noch viel brutaler als für Männer. Allgemein gilt aber: Es ist noch viel anstrengender, nichts zu tun zu haben. Wenn die Arbeit Kraft kostet, dann bekommt man dadurch eigentlich nur noch mehr Kraft. Wenn ich eine anspruchsvolle Rolle spiele, die mich was kostet, gehe ich danach viel klarer und stärker heraus, als wenn ich irgendeinen Quatsch mache.

Momentan lebst du also von deinen Rücklagen. Hast du denn noch andere Jobs gemacht nebenbei?
Alles, Mann. Ich habe während meiner Ausbildung auf der Straße den Tagesspiegel verkauft oder Promotion gemacht in Einkaufszentren im Umland von Berlin, in Königs Wusterhausen an der Käsetheke gestanden. In den Neunzigerjahren konnte man sich ganz gut mit Promotion-Jobs über Wasser halten. Oder Messeaufbau. Mit fünf Leuten im Golf nach Mönchengladbach gefahren, dort drei Tage durchmalocht und dann morgens um 5 wieder in den Golf und ab nach Berlin. Das ist die Wahrheit. Ich hab auch auf dem Bau gearbeitet, ich habe alles Mögliche gemacht.

(Dramatisch): Und in Wirklichkeit wolltest du nur deinen Traum verwirklichen, Schauspieler zu werden …
Genauso war es. Hart, aber vielleicht hat es auch den Willen gestärkt. Der Anspruch war ja immer das Theater des 20. Jahrhunderts, auf das bin ich konstitutioniert, es geht nicht anders. Ich habe ja auch jahrelang Synchronjobs nebenher gemacht, und das hat mir so ein bisschen den Arsch gerettet.

Wie sieht es bei dir aus mit Familie?
Ich bin jetzt 33, da müsstest du mich in drei Jahren noch mal fragen. Natürlich will ich irgendwann auch Familie haben, aber einen Kinderwagen durch Prenzlauer Berg zu schieben, ist im Moment keine Option für mich. Ich würde immer denken, Moment mal, ich wollte doch ausprobieren, ob es noch weitergeht. Dieser Ehrgeiz ist immer noch nicht weg, so sehr ich es auch manchmal verfluche.

Ist das aber nicht insofern vielleicht gar keine persönliche Entscheidung, sondern eine erzwungene Situation, weil die berufliche Karriere immer als ökonomische Grundlage für Familie angenommen wird?
Ich habe natürlich im entscheidenden Augenblick, und da war »Verliebt in Berlin« doch sehr wichtig für mich, noch mehr Blut geleckt. Es würde mich gerade im Moment wirklich mehr freuen, wenn ein großer Regisseur sagt: »Komm, wir fliegen mit einem tollen Team nach Südamerika und drehen da einen Film, sei doch bitte dabei«. Wobei man natürlich nie die Liebe unterschätzen kann.

Was uns ja auch »Verliebt in Berlin« gelehrt hat. Warum ist es in dem Beruf für eine Frau eigentlich deiner Meinung nach schwieriger als für einen Mann?
Ich habe schon oft gehört, eine Frau hat bis Ende 30 Zeit, was dann kommt, muss sie sich dann überlegen. Allein das traurige Beispiel der Kollegin Jennifer Nitsch, die sich 2004 aus dem Fenster gestürzt hat, beweist, dass dieser Beruf eine Achterbahn ist. Da hieß es ja auch, dass es bekannt sei, dass sie depressiv

und unglücklich sei. Aber anscheinend konnte ihr niemand helfen oder sie hat sich nicht helfen lassen oder es war niemand da. Und das war eine hochkarätige Frau, die war bombig im Geschäft, die hat ja mit Sicherheit gute Gagen bekommen und nur mit Top-Regisseuren zusammengearbeitet. Und dann war die Einsamkeit trotzdem so groß, dass so etwas passiert. Es gibt Kollegen, nicht nur weibliche, die haben fünf Jahre am Stück gedreht, und konnten sich von ihren guten Gehältern Häuser leisten. Und plötzlich waren die fetten Jahre vorbei. Da bekam man nur noch zu hören: »Sie sind ein ZDF-Gesicht, für uns verbraucht. Wir können Sie im Moment nicht besetzen.« Das war's.

Von diesen Leuten hört man so wenig. Was hättest du denn gemacht, wenn du nicht bei »Verliebt in Berlin« gelandet wärst?
Ich hätte weiter mein Unwesen getrieben und hätte wohl weiter in Senftenberg Theater gespielt, vielleicht ab und zu hier und da ein paar Drehtage, das passiert ja auch. Ich bin ja immer zu Castings gegangen, aber da hatte ich natürlich vor der Serie keine Chance, wahrgenommen zu werden. Jetzt bin ich bekannter, was aber noch kein Versprechen für gar nichts ist.

Vielleicht auch ein Nachteil. Hast du mit dem Christian-Kahrmann-/Benny-Beimer-Syndrom zu kämpfen?
Das Problem ist, was die meisten nicht begreifen, dass man selbst gar keinen Einfluss darauf hat. Also, wenn mir jemand sagt: »Dreh doch mal so einen Film wie ›Scarface‹ oder spiel doch mal in so einem Film wie ›Einer flog übers Kuckucksnest‹ mit«, da muss ich leider zurückfragen: »Ja, wo wird er denn gedreht?« Also, ich würde auch gern mit Fellini drehen, aber das geht ja leider nicht mehr.

Schwierig ist, das ist auch bei »Verliebt in Berlin« passiert, dass die Zuschauer annehmen, dass die Person, die sie im Fernsehen sehen, deiner Persönlichkeit entspricht. Was bei mir nicht der Fall war, das muss man ganz deutlich sagen. Da gibt es natürlich Charaktereigenschaften, die man reproduziert und herstellt, aber ich denke und lebe privat ja ganz anders.

Trotzdem musst du mit deiner ganzen Person für die Rolle einstehen.

Es grenzt fast schon an Prostitution. Wenn ich die Fußgängerzonen in Karlsruhe, Münster, Hameln, Mainz langlaufe, wird mir natürlich hinterhergeschrien, oder ich werde ungefragt geduzt, die Leute schmeißen sich an mich ran. Und das ist manchmal zu viel, wäre für jeden normalen Menschen zu viel, ich kokettiere jetzt nicht damit.

Natürlich willst du als Schauspieler bekannt werden, weil du bekannt werden musst, um Jobs zu bekommen, du willst dich selbst im Spotlight sehen. Wer sagt, das sei anders, dem glaube ich nicht. Das hat auch was mit einer künstlerischen Neurose zu tun, du musst dich produzieren, du willst wahrgenommen werden. Manchmal ist es halt schwer, weil man keinen Rückzugsort hat. Wenn ich in der Öffentlichkeit erkannt werde, verändern die Leute ihr Verhalten mir gegenüber, manchmal auch negativ. Klar, »Verliebt in Berlin« ist eine Telenovela, dass ich Shakespeare am Theater gespielt habe, interessiert keine Sau. Ich kann nur ganz schwer vermitteln, dass ich auch mit einem anderen Background großgeworden bin, mit Wedekind und Heiner Müller.

Man würde sich diesen Beruf aber wohl nicht wählen, wenn man das nicht in Kauf nähme. Sicherlich ist es eine Kunst, sich einen Rückzugsraum zu schaffen, aber du hättest dich ja für einen normalen Job entscheiden können.

Ich wollte mich auch gar nicht beschweren.

Das ist aber der Gegenstand, den ich untersuchen möchte, warum es sich lohnt, trotzdem dafür einzustehen und dieses Risiko auf sich zu nehmen.

Also, ich sag dir mal, wofür sich's lohnt: Ich hatte in Senftenberg mit einem tollen Regisseur zu tun. Christoph Schroth, ein bekannter DDR-Regisseur, war einer der besten Regisseure, mit denen ich jemals zusammengearbeitet habe, weil er technische Perfektion und gleichzeitig einen unglaublichen Charme besitzt. Ich habe mir immer gewünscht, wenn ich mit dem noch fünf Klassiker mache, werde ich mit jeder Inszenierung einen Meilenstein in meiner Entwicklung zurücklegen. Das ist ein Hochgefühl, wenn man solche Leute trifft. Wenn man auf der Probe merkt, dass innerhalb einer halben Stunde die Szene tausendmal besser geworden ist, weil da unten jemand sitzt, der genau weiß, wo es hingeht.

Oder wenn man vor ausverkauftem Haus spielt. Selbst wenn die Leute über derbe Witze lachen, erfreut mich das. Das hat auch was mit Unterhalten zu tun, ob man das Publikum überhaupt erreicht. Oft genug läuft es ja auch anders. Jeder Schauspieler kennt das, wenn er auf die Bühne kommt und drei Pointen macht und keine einzige zündet. Es wird gehüstelt und geraschelt, und man denkt sich: »O. k., Alter, wie kann ich diesen Abend noch retten?«.

Bei vielen ist es ja auch schwierig, von der Bühneneuphorie dann wieder umzuschalten auf das Alleinsein. Einerseits diese erfüllende Teamarbeit, und dann die Leere, die dahinter wartet.

Das macht mich auch wahnsinnig. Das macht mich auch jetzt gerade verrückt. Ich bin einmal über die Friedrichstraße in Berlin gelaufen, und da standen fünf Bauarbeiter, alle so um die 40, 50 auf einem riesigen Gerüst, und plötzlich brüllte mir einer hinterher: »Ey du, ich habe dich im Fernsehen gesehen mit dem Kinderwagen, große Nummer, das hat uns unglaublich Spaß gemacht. Weiter so!«, und jubelt mir so zu. Das macht einen auch glücklich, weil, gut, das sind vielleicht keine Leute, die sich »Iphigenie auf Tauris« anschauen würden, aber ich habe die erreicht, für einen Moment lang unterhalten. Das klingt immer so platt. Das sind so Plattitüden, die die Schauspieler dann bei Kerner sagen, aber es ist auch ein bisschen so. Das hat denen was gebracht. Und dass ich gerne auch mal in einem Scorsese-Film verbotene Dinge tun möchte, ist auch klar.

Gibt es denn bei dir auch Rituale, um dich wieder zu erden?
Die Welt der Bühne und des Films ist ja eine artifizielle Welt. Es ist ja immer so, vor der Kamera entsteht ein eigener Raum und eine eigene Zeit, und das ist unglaublich geil. Und die Regeln der Parallelwelt erforden viel Disziplin. Es gibt Leute, die können damit leichter umgehen. Ich kann damit nicht gut umgehen. Ich bin jetzt nicht gefährdet, dass ich in Abgründe stürze, ich kenne die Abgründe, ich kenne die Dämonen, aber mit zunehmender Erfahrung habe ich die im Griff. Ich weiß inzwischen, dass es sehr wichtig ist, einen privaten Background zu haben, der sich dem Beruf auch entzieht.

Was sind denn die Dämonen? Alkoholismus? Einsamkeit? Dispokredite? Vielweiberei?
Es gibt diese Anekdote, wo Maximilian Schell mit Orson Welles telefoniert. Nun ist Orson Welles weiß Gott kein unbeschriebenes Blatt gewesen. Und Schell hat ihn also angerufen, und Orson Welles meint nur: »Schön, dass du mich anrufst. Mich hat schon seit Jahren keiner mehr angerufen.« Diese Anekdote ist zwar zum Lachen, war aber kein Witz. Da ist dann eine Legende im Olymp angekommen und bleibt trotzdem einsam. Das ist bei mir nun nicht der Fall, ich bin noch nicht im Olymp angekommen.

Meine Dispokredite habe ich alle dank Sat1 ausgeglichen. In dieser Hinsicht geht's mir gut. Das heißt, die Existenzangst fällt schon mal weg. Ansonsten pendelt meine Selbsteinschätzung permanent zwischen Größenwahn, Allmachtsphantasien und der Angst, gar nichts zu können, hin und her. Aber das geht nicht nur mir so. Gert Voss, dieser große Bühnenschauspieler, hat mal gesagt: »Das Schlimme an Schauspielerei ist, eine Sekunde der absolute Held, eine Sekunde später absolutes Nichts.«

Wenn ich nach umjubelten fünf Vorhängen dann alleine nach Hause gehe und es ist ganz still, dann kommt die eigentliche Aufgabe. Das meine ich mit der Disziplin. Vor vier Jahren fiel mir das noch viel schwerer. Da bin ich wirklich noch mit dem Taxi im Kreis gefahren und habe »Hossa, wo ist die Russenparty?« gebrüllt. Und heute kann ich dann sagen: »O.k. Jetzt bleib ganz ruhig, versuch zu lesen, versuch zu meditieren, versuch dich mit den Dingen zu beschäftigen, die du noch vorhast.«

Johanna Laute
Malerin

»Wer nicht probiert, bleibt unbehelligt«

Johanna Laute, Jahrgang 1973. Aufgewachsen in Lübeck, Umzug nach Hannover 1991, dort sechs Monate Praktikum in einer Siebdruckerei. Ab 1998 Studium an der Kunsthochschule Braunschweig.

Spielte Bassgitarre bei den verblichenen Trash-Poppern Die Grätenkinder, im Moment als Bassistin bei Flo Fernandez tätig, deren CD »La pomme d'enfer« 2008 bei dem Label Dian Recordings erscheinen wird.

Du hast dein Kunststudium erst mit 25 begonnen?
Ja. Ich hatte einen längeren Schulweg. Ich hatte an der Waldorfschule Probleme und bin nach der zehnten Klasse abgegangen, habe wieder auf einer anderen Schule angefangen, abgebrochen, wieder angefangen, um den Realschulabschluss nachzuholen, und um das Abitur zu machen, bin ich auf eine Gesamtschule gegangen. Das war mir zu zäh, also habe ich wieder abgebrochen. Dass ich schon wieder etwas abgebrochen hatte, hat mich dann allerdings so genervt, dass ich doch wieder angefangen habe.

Nach mehreren Monaten habe ich mich schließlich auf den Kunstunterricht beschränkt. Zu den anderen Fächern ging ich nicht mehr, also habe ich kein Abitur bekommen. In den Kunstkursen hatte ich zwei Einser. Vor dem Studium lebte ich zwei Jahre in einem besetzten Haus auf dem Sprengelgelände in Hannover und begann mit Konzertveranstaltungen in der Hauskneipe, was ich auch noch während meines Studiums in Hannover weitermachte. Ich hätte mich direkt nach der Schule für ein Studium bewerben können, aber da waren die Hemmungen bezüglich der Mappe. Und allgemeine Erschöpfung durch die Schule.

Du hast dich dann doch entschieden, dich an der Kunsthochschule zu bewerben. Mit welchen Erwartungen bist du an das Studium herangegangen?
Ich weiß gar nicht, was ich mir vorgestellt habe. Man geht mit einer ziemlichen Naivität ins Studium. Ich wusste schon immer, dass ich das machen will, aber ich dachte, ich könnte das Studium gar nicht beginnen, weil ich keinen Schulabschluss hatte. In dem Jahr, in dem ich mich an der Kunsthochschule in Braunschweig beworben habe, war Abitur zum ersten Mal Voraussetzung. Das war es vorher nicht. Es sei denn, man bekam »Überragende künstlerische Befähigung« attestiert. Das ist mir eben passiert. Ich glaube auch, dass die Professoren von dieser Auflage mit dem Abitur nichts hielten. Ich hätte nie gedacht, dass ich das schaffe. Da war gar kein besonderer Ernst dahinter, ich hatte die Mappe eher nachlässig zusammengezimmert, weil ich dachte, ich hätte keine Chance. Es war ein Traum, Kunst zu studieren, aber mir war nicht klar, dass es ernst werden würde. Ich habe einfach Glück gehabt.

Gab es denn einen Plan, für den Fall, dass es nichts geworden wäre mit dem Kunststudium?
Nein, ich wollte das schon unbedingt. Ursprünglich war mein erster Plan die Schauspielerei gewesen, ich habe während der Zeit in Hannover viel Theater gespielt, getanzt und Klavier gelernt. Ich habe mich an der Musical-Schauspielschule in Berlin informiert, aber die Aufgaben bei einer Aufnahmeprüfung ließen mich erstarren ob meines fürchterlichen Lampenfiebers und meiner Prüfungsangst. Mit sechzehn wollte ich auch mal eine Tischlerlehre machen, um Bühnenbilder zu bauen.

Wie hast du das Studium empfunden? Ich kann mir vorstellen, dass du dort auch auf schulähnliche Strukturen gestoßen bist.
Natürlich geht es darum, sich mit den Autoritäten gutzustellen. Das ist überall so. In meinem Falle war das Hauptproblem, dass mir mein Professor nach acht Semestern, also kurz vor dem Diplom, gesagt hat, dass er mit mir persönlich gar nichts anfangen kann. Durch die Probleme, die ich während meiner Schulzeit hatte, ist mir die Idee gar nicht gekommen, dass die Schwierigkeiten persönlicher Natur waren. Weil ich es einfach nicht anders kannte, als dass man mit Autoritäten in Konflikte gerät. Grundsätzlich. Nachdem ich den Professor gewechselt hatte, ging es mir wesentlich besser. Ich bin mit dem ganzen Betrieb besser zurechtgekommen. Eigentlich war das zu spät. Das Diplom Freie Kunst habe ich aber dennoch gemacht.

Auf welcher Ebene hat dich das Studium weitergebracht?
Das ist eine schwierige Frage. Es hilft dir bei der Auseinandersetzung mit dem eigenen Schaffen. Es ist hilfreich, wenn du viel diskutierst und dich auch mit den Arbeiten der anderen auseinandersetzt. Es lehrt dich, einen anderen Blick auf Bilder und Kunst zu werfen. Man bekommt einen geschulteren als diejenigen, die ein Bild sehen und sagen, dass es ihnen gefällt oder auch nicht, schlimmer noch: »Das ist aber ein schönes Bild.« Es hilft dir, mit der Kritik umzugehen. Manche Leute fassen es schon als persönlichen Angriff auf, wenn man ihren Musikgeschmack nicht teilt – und das stimmt ja nicht. Aber letztlich geht es nur darum, einen Studienabschluss in der Vita stehen zu haben.

Womit verdienst du momentan dein Geld?
Ich bekomme Hartz IV. Weil ich keine Lust auf diese blöden Vermittlungen vom Arbeitsamt hatte, habe ich mir einen Mini-Job an den Kammerspielen gesucht. Das tut mir sehr gut, auch wenn es keine Festanstellung gibt. Dafür ist natürlich kein Geld da. Wenn Malerarbeiten anfallen, übernehme ich sie, das hat zumindest etwas mit dem zu tun, was ich eigentlich machen möchte. Sonst laufe ich da mit einem Akkuschrauber rum oder

schiebe Bühnenbilder durch die Gegend. Das ist eine sinnvolle Aufgabe, so blöd das auch klingt, und ich arbeite mit netten Leuten. Ich bin ein Lustmensch, ich könnte das sonst nicht machen. Während meines Studiums habe ich beim Paketdienst gearbeitet, das ist völlig sinnentleert, eine Quälerei, das ist einfach nur schlimm.

Wenn das Klima am Arbeitsplatz stimmt und die zu verrichtende Arbeit im weitesten Sinne mit meiner zu tun hat, würde ich auch eine volle Stelle annehmen, weil ich mir dann ein Atelier leisten könnte. Außerdem müsste ich keine Angst mehr vor dem Arbeitsamt haben.

Wie waren deine Erfahrungen mit dem Arbeitsamt?
Beim Arbeitsamt konnten die gar nichts mit mir anfangen. Jemand, der Kunst studiert hat – das ist völlig unbekanntes Terrain für die: »Was sind Sie? Was haben Sie? Was machen Sie?« – die haben immer noch nicht begriffen, dass ich ein abgeschlossenes Studium habe. Es gibt auf den vorgefertigten Formularen nichts, was ich ankreuzen könnte. Ich musste Stunden und Stunden auf dem Arbeitsamt verbringen, und die Angestellten waren schlecht gelaunt, weil sie mich nicht so schnell abfertigen konnten wie die anderen. Am Ende wurde ich dann als Maler geführt. Wahrscheinlich Lackierer und Anstreicher. Völliger Schwachsinn.

Es gab die üblichen Disziplinierungsmaßnahmen?
Definitiv. Ich sollte lernen, wie man sich anständig bewirbt. Daraufhin habe ich gefragt, was das soll und gesagt, dass ich mich sehr wohl selbstständig auf eine Stelle bewerben kann. Dem Arbeitsamt ist es völlig egal, wofür man sich bewirbt. Ich könnte auch als Kellnerin arbeiten, Hauptsache, ich habe einen Job und falle aus der Statistik heraus.

Dann habe ich ein Profiling an der Wirtschaftsakademie machen müssen, insgesamt fünf Sitzungen, bei denen versucht wurde, mir berufliche Vorschläge zu machen. Selbst die Frau, mit der ich da zu tun hatte, hat mir gesagt, dass es totaler Quatsch für mich ist, dorthin zu gehen. Immerhin war sie sehr interessiert an dem, was ich mache, und hatte Verständnis für meine Situation. Wir haben uns sehr nett unterhalten.

Die finden ihr System also teilweise auch, sagen wir, fehlerhaft?
Ja, zum Teil schon. So, wie ich das verstanden habe, werden viele Hartz-IV-Empfänger, die diese Wirtschaftsakademie besuchen wollen, weil sie dort eine Chance für sich sehen, vom Arbeitsamt von vornherein abgelehnt. Sie bekommen keine Bewilligung, aber eigenständig kann sich keiner mit Hartz IV die Kurse an dieser Akademie leisten. In meinem Fall kam dann ein sogenannter Plan B dabei heraus, dass ich mich selbstständig mache und T-Shirts bedrucke, Taschen nähe, bedrucke und die über das Internet verkaufe. »Das kann sehr gut funktionieren«, wurde mir gesagt. Aber ja, erst einmal sollte ich mich um meinen wirklichen Berufswunsch kümmern und mich auf Stipendien bewerben.

Wie wirkt sich die wirtschaftliche Situation auf deine künstlerische Betätigung aus?
Ich befinde mich in einer Schleife. Ich habe zwar dadurch, dass ich nur einen Mini-Job habe, sehr viel Zeit, aber ich habe kaum die finanziellen Möglichkeiten, vernünftig zu arbeiten. Ich kann kein Atelier bezahlen, und ich kann mir nur bedingt die Arbeitsmaterialien leisten. Mein Arbeitsbereich beschränkt sich auf die fünfzehn Quadratmeter, in denen ich wohne. Da ist nicht viel Kunst zu machen. Das funktioniert nicht. Das läuft darauf hinaus, dass die Bilder nur noch am Computer entstehen, also nicht einmal halb fertig werden. Ich kann sie auch nicht drucken lassen, sie bleiben einfach nur Daten. Dementsprechend schwierig ist es, Ausstellungen zu machen, weil kein neues Material da ist. Ich habe in der letzten Ausstellung schon Bilder ein zweites Mal gezeigt. Ich möchte die nicht noch mal aufhängen. Völliger Stillstand gerade.

Kannst du ungefähr beziffern, wie hoch die Materialkosten für ein Bild sind?

Meine kleinen Prints haben mich etwa 200 Euro gekostet, wobei ich natürlich noch Druckfilm und Druckerfarbe übrig habe. Die ist leider verschenkt, weil ich sie in einen geliehenen Drucker gesteckt habe. Ich besitze keinen guten. Eine Leinwand kostet je nach Format etwa zwanzig Euro ab 70 cm × 100 cm, wenn sie sehr billig ist, und ein Topf gute Farbe liegt bei sechs Euro für 100 ml. In der letzten Zeit habe ich mit den absolut billigsten Acrylfarben gemalt, die machen mich wahnsinnig, weil sie nicht decken und eigentlich nur mehr Arbeit bedeuten. Eigentlich brauche ich für ein Bild nicht viel Geld, wenn man bedenkt, was ein Bildhauer für Kosten hat oder ein Filmemacher, keine Ahnung, wie die das immer machen.

Im Grunde bräuchtest du einen Förderer.

Ja, das wäre schick! Jemand, der mir zumindest ein Atelier stellt. Oder eine Ecke in einer Garage. Oder ein Hinterzimmer in einer großen Wohnung. Ich bin nicht anspruchsvoll. Ich müsste nachts arbeiten können, ich male seit Ende des Studiums fast ausschließlich nachts. Da hab ich die Ruhe dazu, und nichts lenkt mich ab. Im Sommer muss ich viel draußen sein, auch brauche ich ständig Menschen um mich, das spricht für Nachtarbeit. Wenn ich in meiner Arbeit stecke, brauche ich erstaunlicherweise kaum Schlaf. Der Tag ist für die Bildfindung, die Inspiration, die Nacht für die Umsetzung.

Von der Malerei zu leben, ist dein Traumziel?

Ja, sicher. Nur – wie soll ich das anstellen? Natürlich ist das ein Wunsch, ein Traum. Und auch mein Ziel, dorthin zu kommen. Aber ich habe keine Ahnung, wie. Wie soll man das alleine bewerkstelligen?

Kannst du dich so schlecht verkaufen?

Ja, das ist mein persönliches Problem. Dass ich nicht in der Lage bin, mich hinzustellen und zu sagen: »Hier, Leute! Ihr braucht die Laute, ist euch das klar?« Man sollte mit vollem Selbstbewusstsein hinter seinen Arbeiten stehen, aber ich bin sehr wackelig, sehr unsicher. Das ist in allen Bereichen so. Schon immer. Ich bin mit meinen Arbeiten zufrieden, aber ich lande nie bei einhundert Prozent Zufriedenheit. Ich bin mir nicht sicher, ob das gut oder schlecht ist. Es blockiert mich, andererseits denke ich, wenn ich völlig zufrieden bin, dann kann ich auch aufhören.

Es gibt immer ein höheres Ziel. Das ist der Antrieb, kann aber auch die Bremse sein. Je nachdem, wie stark die Selbstzweifel sind. Ich habe Probleme damit, mich jemandem vorzustellen, den ich vielleicht gar nicht mag oder den ich für einen Schnösel halte, und dem ich nun meine Arbeit erklären muss. Irgendwie komme ich mir dabei jedes Mal blöd vor. Es ist sicherlich mein Problem, dass ich einfach diese Haltung habe und ich merke auch, dass das zu nichts führt, aber alles in mir sträubt sich dagegen.

Gibt es Phasen, in denen du denkst: Ich bin 33 und habe zu wenig erreicht?

Komischerweise nicht. Ich wundere mich oft über die Sorgen und Ängste anderer. Ich habe es ganz schön gut dadurch, dass ich kein Karrieremensch bin. Geld ist mir überhaupt nicht wichtig, lieber habe ich die Freiheit, meine Ziele durchzusetzen. Nur stößt man da natürlich mit zu wenig Geld schnell an seine Grenzen, aber was bringt mir ein Vollzeitjob, der mich meine eigentliche Arbeit nicht machen lässt, dann habe ich lieber wenig Geld.

Seit ich nicht mehr studiere und Hartz IV bekomme, geht es mir finanziell wesentlich besser, aber es reicht eben nur für mal ein Bier in der Kneipe und nicht für einen angemessenen Platz zum Arbeiten. Ich kann mich generell ganz gut an finanzielle Situationen anpassen. Während meines Studiums bin ich mit 400 Euro ausgekommen, hatte eine Wohnung mit Kohleofen und ohne Dusche, auch das war kein Problem, sich an die Situation anzupassen. Ich hatte über 40 qm und konnte im Zweifelsfall auch dort malen.

Gibt es eigentlich zwischen den Künstlern selbst ein starkes Konkurrenzdenken?
Bestimmt. An der Hochschule gab es das. Das hat mich gequält, damit wollte ich nichts zu tun haben. Dieser Kampf war mir so egal, das hat mich auch ein wenig ins Abseits befördert. Es gab gewisse Leute, die haben immer sämtliche Flugblätter mitgenommen, auf denen Informationen zu Malwettbewerben und Stipendien abgedruckt waren, wenn die auslagen. Damit zumindest kein anderer von dieser Schule sich dort bewerben kann. Was sind das für Leute? Einige fühlten sich auch ständig ihrer Ideen beraubt.

Das habe ich immer nur von außen beobachtet, ich hatte dazu keinen Bezug. Es verbraucht zu viel Energie, sich ständig anzubiedern. Ich habe mich auch nie abends in der Kneipe zu den Kuratoren und Professoren gesetzt und mich mit ihnen unterhalten. Das war mir zu langweilig.

Ist das nicht furchtbar, zu sehen, dass das Prinzip »größte Klappe« so gut funktioniert?
Das nervt mich wie Sau. Allerdings kann man das von mehreren Seiten betrachten – die Leute mit der großen Klappe, die sich überall anbiedern, die rausgehen, die tun was für sich. Natürlich kommt man so weiter, aber das ist in allen Lebenslagen so. Der etablierte Kunstmarkt funktioniert sicherlich auch so. Dieses Konkurrenzdenken wird an der Akademie geschürt, und wenn man rauskommt, ist man darin Profi. Ich habe mich dem immer entzogen. Und deswegen kann ich jetzt nicht die Netzwerke nutzen.

Hast du Vorbehalte, Berührungsängste dem Kunstmarkt gegenüber?
Da ist eine innere Sperre. Das ist schwierig zu beschreiben. Ob das eine Verbohrtheit ist, sich in keinem Falle anbiedern zu wollen, oder eine ganz normale Hemmung? Ich weiß nicht, wie ich die nötigen Kontakte knüpfen soll. Genauso weiß ich aber, dass ich über meinen Schatten springen muss. Wer nicht probiert, bleibt unbehelligt. Das ist derselbe innere Kampf wie vor dem

Studium, dieselbe Hemmung, einfach eine Mappe zu machen. Weil man sich schon vorher ausmalt, wie kläglich man scheitern wird.

Kannst du dir überhaupt vorstellen, innerhalb der Kunstwelt zu bestehen?
Es ist sicherlich gut zu wissen, was abgeht. Aber es kann einen auch ganz schön zumüllen. Du musst auch nicht jede Band kennen, und trotzdem kannst du Musik machen. Es ist schon gut, wenn man die Einstellung hat, nicht das Rad neu erfinden zu wollen, und erst mal das macht, was man kann. Solange niemand eine Ahnung von mir hat, habe ich geradezu Narrenfreiheit. Ich habe keine Vorstellung davon, aber würde sich plötzlich die Welt für meine Bilder interessieren, müsste ich erst einmal einen Umgang damit finden.

Die Situation, nicht malen zu können, muss doch noch frustrierender sein.
Das ist sie. Sehr unbefriedigend. Manchmal zieht es mich richtig runter, dass ich nicht malen kann. Dadurch, dass ich nicht einfach in einen Raum gehen kann, um all den kreativen Input loszuwerden, staut sich so viel an. Dabei ist der Fluss so wichtig. Nach der letzten Ausstellung hatte ich ein Bild im Kopf, das ich malen wollte, habe aber keine Möglichkeit, es umzusetzen. Das verstopft mir mein Gehirn. Das ist so lächerlich, wenn man immer erzählt, was man machen möchte. Und Monate später ist immer noch nichts passiert.

Mit Flo Fernandez tretet ihr ja häufiger auf. Fällt es dir leichter, mit der Band auf die Bühne zu gehen?
Es fällt mir deswegen leichter, weil ich mit der Band nicht alleine dastehe. Bei Flo Fernandez sind wir zu dritt. Die Grätenkinder waren zu fünft, da hat man sich untereinander, und es fällt nicht so sehr ins Gewicht, was die anderen sagen, man kann leichter sein Ding durchziehen. Musik ist das Produkt mehrerer Geister *(lacht)* und nicht eines einzelnen. Ich kann wesentlich besser dahinterstehen, weil wir es zusammen erarbeitet haben und

lange, bevor es an die Öffentlichkeit kam, darüber diskutiert haben. Bei meinen Bildern fehlt mir diese Auseinandersetzung manchmal.

Siehst du Möglichkeiten, mit Auftragsarbeiten weiterzukommen, dir einen Namen zu machen?
Ich habe schon Plattencover oder T-Shirts für Bands entworfen. Das passiert auf freundschaftlicher Ebene, dafür gibt es meistens kein Geld. Das macht mir Spaß, und gerade, wenn es mit Musik zu tun hat, passt es gut zu dem, was ich mache. Aber ich bin zu sehr Computer-Stümperin, um ernsthaft Design zu machen.

Allgemein habe ich aber meine Schwierigkeiten mit Auftragsarbeiten. Wenn da jemand klare Vorstellungen hat, ist es für mich wieder eine Quälerei. Das ist nicht frei genug. Ich stelle es mir schlimm vor, in einer Werbeagentur zu sitzen. Zumal das mit meinem lästigen Lustprinzip nicht hinhaut. Also muss ich wieder anfangen zu malen. Ich sehe das nicht als ausweglos. Ich bin mir ziemlich sicher, dass ich dieses Jahr neue Arbeiten fertig bekomme. Es brennt mir ja auf den Nägeln. Oder unter den Nägeln. Wie heißt das jetzt?

Leonore Mau
Fotografin

»Ich bin nicht versichert. Weder gegen Dummheit noch gegen irgendwas«

Leonore Mau, 1916 geboren in Leipzig. Studium der Bühnenbildnerei. Ausbildung zur Pressefotografin. Ab 1953 war Leonore Mau als Fotografin tätig, zunächst vor allem mit Architekturaufnahmen. Ab 1962 lebte und arbeitete sie zusammen mit dem Schriftsteller Hubert Fichte. 1969 reisten sie erstmals gemeinsam nach Brasilien. Sie erforschten in den folgenden Jahren die afroamerikanischen Religionen in der Karibik, in Lateinamerika und Afrika. Zusammen mit Hubert Fichte hat Leonore Mau ihre Fotografien unter anderem in zwei ergänzenden Bildbänden zu »Xango«, 1976, und »Petersilie«, 1980, publiziert. Leonore Mau lebt in Hamburg.

Frau Mau, wie sind Sie eigentlich nach Hamburg gekommen?
Das geht die Leser eigentlich überhaupt nichts an. Ich bin nicht in Hamburg geboren, sondern in Leipzig. In der Zeit, als diese schrecklichen DDR-Leute dort waren, habe ich Leipzig nicht besucht. Und jetzt war ich schon ein paarmal in Leipzig und hatte zwei Ausstellungen. Und habe, was mir das Allerwichtigste ist, den Thomaner-Chor gehört. Das ist das Schönste, was es in Leipzig gibt. Und das Gewandhaus …

Wie lange haben Sie in Leipzig gelebt?
Als der Krieg zu Ende war, kamen die Russen und besetzten alles, da war mein Mann Gott sei Dank wieder zurück aus dem Krieg. Wir haben einen Koffer gepackt und nur die nötigsten

Sachen reingetan, eine Geige, eine Hutschachtel – damals trug man noch Hüte – und sind mit den Kindern ab nach Hamburg.

Das hat über eine Woche gedauert, bis wir hier endlich angekommen sind. Die schöne Wohnung, die wir in Leipzig hatten, in der vorher der Dirigent Wilhelm Furtwängler drin gewohnt hatte, die war weg. Und dann musste man sich hier in Hamburg erst mal von dem Titel »Flüchtling« befreien. Das konnte man nur, indem man sich allmählich einen bestimmten neuen Lebensstil aneignete. Aber der Anfang war schwer.

Haben Sie damals schon fotografiert?

Nein, das kam erst später. Ich war in Leipzig nach dem Abitur auf so einer Kunstschule, die war auch berühmt für Bühnenbildnerei. Aber irgendwie fehlte mir da der Kick – und dann noch auf sächsisch. Ich finde die sächsische Sprache ganz schön, weil es meine sogenannte Heimat ist, aber das kann man sich hier in Hamburg nicht erlauben. Das Abgewöhnen ging dann von alleine. Ich habe einen großen Sinn für Sprachen. Denn je mehr Sprachen man beherrscht, desto besser versteht man die Welt.

Hubert Fichte kam eines Tages aus der Innenstadt und sagte: »Weißt du was?«, ich sagte: »Nee, ich weiß nicht was.« Er sagte: »Wir müssen sofort Griechisch lernen.« Ich antwortete: »Ich lerne gerne Sprachen, aber wir haben doch gar keine Lehrbücher, die müssen wir erst mal kaufen.« Er sagte: »Ich habe schwedische Lehrbücher«, er hat eine Zeit lang als Erzieher in Schweden gearbeitet. »Aber«, sagte ich, »ich kann doch gar kein Schwedisch«. – »Na, da musst du eben erst Schwedisch lernen«. »Das ist übertrieben«, sagte ich. Das hat er dann Gott sei Dank eingesehen. Aber wir haben dann später Griechisch gelernt, Alt-Griechisch zu können, ist unglaublich.

Darf ich fragen, wie es zu dieser Zusammenarbeit mit Hubert Fichte überhaupt gekommen ist? Wie haben Sie sich kennengelernt?

Das weiß ich gar nicht mehr genau, aber wir lebten in Blankenese und Blankenese war jahrelang das Hamburger Kulturzentrum. Da gab's Leute, die hatten jeden Mittwoch das Haus voll von Leuten und da haben wir uns irgendwie kennengelernt.

Ich kann mir vorstellen, als Sie aus Leipzig nach Hamburg gekommen sind, als Sie angefangen haben zu fotografieren, waren Ihre Bemühungen nicht immer von Erfolg gekrönt. Wie war das damals?

Es war nicht einfach, aber ich hatte irgendwie Glück mit meinen Fotos. Ich erinnere mich genau: Da mein Sohn auf der Kunsthochschule am Lerchenfeld war, habe ich den Professor Alfred Mahlau kennengelernt. Und Mahlau schaute meine ersten Fotos so an und sagte: »Wissen Sie was, gehen Sie doch mal in den Hamburger Hafen zum Fotografieren.« Nun gut, das habe ich gemacht, und er hat sich die Fotos angeschaut und gesagt: »Ich gebe Ihnen meine Empfehlung an den Direktor der Hamburger Hafenzeitschrift.«

Ich bin dann da mit den Fotos aufgekreuzt, und der war total begeistert und hat gefragt: »Kann ich die haben, die Fotos?« Ich sagte: »Ja, können Sie haben«, und dann habe ich die irgendwie aus meinem Gedächtnis verloren. Ich dachte, der meldet sich irgendwann mal. Wir wohnten damals in Blankenese in einem sehr schönen Haus, ich stand gerade mit einem Eimer Wasser auf der Leiter, um Fenster zu putzen. Und da kommt ein Brief mit einem Belegexemplar, und was sehe ich da? Auf dem Titelblatt ein Foto von mir, das ganze Ding war voll mit meinen Bildern. Ich war so begeistert, dass ich den Eimer mit Seifenwasser aus Versehen umgekippt habe.

Wann war das ungefähr?

Tja, wann war das? Das ist schon ziemlich lange her. Vielleicht Anfang, Mitte der Fünfziger?

Haben Sie sich in den 50er-, 60er-Jahren als Außenseiterin mit Ihrer Kunst, mit Ihrem Kunstanspruch gesehen?

Ja, aber es gibt und gab auch immer Freunde, die anders denken.

Insgesamt kann man schon sagen, dass Sie sich mit Ende 30 in eine neue Lebensphase hineinbegeben haben. Um das zu machen, muss man ja auch eine mutige Person sein.
Man muss auch mutig sein, um zu leben. Gestern hatte ich Besuch von meinem Freund Goran, der meine Bilder für die Ausstellung in Miami verpackt hat. Er kam etwas später und meinte, er hätte einen aufregenden Vormittag hinter sich. Da hatte sich seine Großmutter in Sarajewo, wo er herkommt, im Alter von 80 Jahren von einem Felsen ins Meer gestürzt. Das muss man sich mal vorstellen. So eine Leistung kann ich nur bewundern. Mit 80 Jahren von einem Felsen ins Meer. Sie wollte einfach nicht mehr leben und niemandem zur Last fallen. Dann hat sie sich gedacht, das Meer ist doch toll, und sich umgebracht.

Ich sehe, es ist relativ geräumig hier, Sie haben viel Platz, es gibt ein Wohnzimmer, ein Schlafzimmer, ein Arbeitszimmer. Das ist ja auch nicht selbstverständlich.
Von daher geht's mir gut. Dank meines Verlages. Ich kriege ein monatliches Gehalt von der S.-Fischer-Stiftung. In unseren Büchern steckt ja auch viel Arbeit drin. Als die S.-Fischer-Stiftung gegründet wurde, Sitz Hamburg und Berlin, hatten die Interesse an meinem Foto-Archiv. Bei der Vertragsunterzeichnung sagte der Vorsitzende, Joachim Kersten: »Nach Ihrem Tode geht alles, alle Diapositive an den Verlag.« Ich sagte: »Ja, ist mir bekannt.« Jetzt gehört mein Nachlass praktisch der S.-Fischer-Stiftung.

Wenn Sie mit Hubert Fichte an einem Buch gearbeitet haben, wie sah der Produktionsprozess aus? Gab es da eine eingespielte Routine?
Ich kann nur sagen, wenn ich eine wichtige Sache fotografiert hatte, nach einer Reise oder bei Porträts, die ich auch sehr gerne machte, bin ich noch um 2 Uhr nachts in die Dunkelkammer hier im Haus gegangen. Für mich gibt es das nicht, dass etwas zu anstrengend ist, das ist so ein Modewort geworden. Anstrengung ist doch was Schönes. Aber erst einmal finde ich, wir sollten mal ein Glas Wein trinken.

Man muss auf jeden Fall sehr viel Kraft haben, um so zu arbeiten. Ich habe manchmal bis 4 oder 5 Uhr morgens in der Dunkelkammer gestanden. Die Sachen mussten ja auch unter die Leute.

Zuerst war Hubert Fichte übrigens beim Verlag Hoffmann & Campe unter Vertrag. Und als er seine Bücher »Xango« und »Petersilie« zusammengestellt hat, wollten die das sofort machen. Aber dann kam der Umschlagentwurf, und Hubert hat gesagt: »Das Rot ist schrecklich, und die Schrift ist zu eng.« Da hat der Verlagsleiter geantwortet: »Aber der Deckel ist doch schon gedruckt, das können wir nicht ändern.« Daraufhin erwiderte Hubert: »Wir wollen uns nicht streiten, wir essen jetzt schön zusammen, aber das Buch erscheint nicht bei Ihnen«. Auf einmal hatten wir keinen Verleger mehr.

Kurze Zeit später ist Hubert Fichte nach Frankfurt gefahren, weil er vorher schon was bei S. Fischer gemacht hatte, und dann schaute Frau Schöller, die damalige Besitzerin des Verlages, sich das an und sprach: »Das machen wir.« Das hat er einfach riskiert, der hat sich nie auf Kompromisse eingelassen.

Was hatten Sie zu Anfang für eine Ausrüstung?
Ein sehr guter Freund aus Leipzig, ein Arzt, der unter ähnlichen Umständen wie wir geflohen war und eine Praxis in Hamburg-Blankenese aufgemacht hatte, besaß eine Leica, die er nicht brauchte, und hat mir die Kamera zu einem Spottpreis überlassen. Die konnte ich in Raten abzahlen. In den Anfängen der Farbfotografie war die Qualität miserabel. Später habe ich Dias fotografiert, als das Material besser wurde. Das lag vor allem an Kodak. Wenn wir in Brasilien auf irgendein Fest gingen, hieß es immer: »Aquì esta Kodak.« Das war ich. Fand ich ganz lustig. Die Einheimischen haben mich allerhand gefragt, interessierten sich natürlich, da kommt jemand aus Deutschland mit wer weiß was für Wunderkameras. Aber ich hatte keine Wunderkameras, ich hatte Kodak-Material. Ich wollte immerzu das Schönste fotografieren. Wenn ich ohne Kamera unterwegs war, wurde ich nervös.

Am African Day in Harlem in New York habe ich zum Beispiel mal ganz viel fotografiert, und auf einmal sah ich von Weitem, dass auf der anderen Straßenseite ein pechschwarzer Mensch mit einem goldenen Cape entlangging. Ich dachte, wenn ich den nicht fotografiere, fall ich tot um. Ich bin sofort über die Straße gelaufen. Da fuhren auch Autos, das war mir völlig wurscht, ich hab den gekriegt.

Weil Sie Kodak ansprechen: Gab es früher Sponsoring? Haben Kamera- oder Filmmaterialhersteller Ihnen Produkte zur Verfügung gestellt?
Das weiß ich nicht mehr genau. Ich weiß nur, dass Hubert und ich 15 Jahre lang zusammen durch drei Viertel der Welt gereist sind und zweimal bekamen wir einen Anruf von der Concorde: »Hätten Sie Lust, über Weihnachten in die Emirate zu reisen? Da ist es noch schön warm. Wir laden Sie auch ein ins Hotel.« Die haben uns einfach eingeladen!

Kurz vorm Abflug riefen die noch mal an und sagten, ganz nebenbei: »Sie sind doch auch Fotografin, würden Sie uns ein paar schöne Fotos machen?« Ich sagte: »Nichts lieber als das, ich weiß genau, wie ich das machen würde, nur ich brauche von Ihnen ein ›To whom it may concern‹«, denn wenn man an die Concorde ranging, überhaupt Flugzeuge, man durfte die nicht fotografieren. Haben die sofort geschickt und ich hab mich dann unter die Concorde gelegt und Fotos gemacht und die sind sehr schön geworden.

Sie haben vorhin von den Fotos vom Hamburger Hafen erzählt. Das ist doch sicherlich auch bezahlt worden?
Das ist auch bezahlt worden, aber das waren kleine Beträge, richtig große Summen habe ich erst vom Stern bekommen. Als wir aus Haiti kamen, bin ich mit meinen Farbdias, keine Abzüge, zum Stern, da kannte ich einige Leute sehr gut und der Bildredakteur liebte es, die Leute ein bisschen zu quälen.

Da hatte ich also die Dias aus Haiti und er sagte: »Oh, da läuft 'ne Kuh.« »Ja«, entgegnete ich, »aber die Kuh ist gar nicht wichtig.« – »Ja, aber die läuft da.« –»Na gut, meinetwegen.« Und dann drehte er sich mit seinen Bürostuhl um, und sein Finger ging an die Heftplanung an der Wand. »In der und der Ausgabe könnten wir das bringen.« Und da wusste ich, er hat's gekauft. Und das Nächste, was er sagte: »Sie bekommen 20 000 DM.« War damals auch nicht gerade wenig.

20 000 DM bekam man also für eine Bildstrecke im Stern. Zuerst im Hafenmagazin oder sonst wo veröffentlichen, langsam wird dann der Name bekannter, und auf einmal wird der Stern auf einen aufmerksam.

Ich habe ja auch Vorschüsse bekommen. Beim vorletzten Mal, als wir nach Brasilien fuhren, da sagte der Redakteur: »Wir brauchen richtige Fotos über den Tourismus in Brasilien.« Und was sehe ich am ersten Tag, als wir ankamen? Ich gehe auf den Balkon und schaue auf das schöne Meer, auf den Strand von Copacabana, knallvoll mit Leuten. Diese Szene habe ich fotografiert. Das ist auch sehr schön geworden das Foto. Nur dann dachte ich, wie kriege ich das jetzt eigentlich nach Hamburg? Wir wollten ein ganzes Jahr bleiben. Ich habe das beste Hotel aufgesucht, das es an der Copacabana gibt, und einer Frau, zu der ich irgendwie Vertrauen hatte, meine Geschichte erzählt und gefragt, ob sie nicht diesen Film mitnehmen und beim Stern abgeben könnte. Das hat die gemacht, hat alles geklappt.

Und nach ein paar Monaten gehe ich an den Zeitschriftenstand, sehe mir die Zeitschriften an, und was entdecke ich da? Mein Foto. Ist natürlich riskant, wenn man den Film aus der Hand gibt. Zuerst hatten mir die Botschaften immer die Filme nach Deutschland transportiert, dann ist irgendwas passiert, irgendjemand hat Rauschgift transportieren lassen, das ist rausgekommen, und die Botschaft hat sich auf den Standpunkt gestellt: »Schluss, wir transportieren nur noch unsere eigenen Sachen, niemand bekommt mehr unseren Service.« Na ja, da konnte man nichts machen.

Sie sind immer zu zweit unterwegs gewesen?

Ja, entsetzlich. Mit einer noch neugierigeren Frage habe ich übrigens mal jemanden vom Spiegel beinahe rausgeschmissen. Das Mikrofon stand hier auf dem Tisch und er hat angefangen, neugierige Fragen zu stellen, und da habe ich gesagt, wenn Sie so weiterreden, ist das Interview beendet.

Man darf sich nicht alles gefallen lassen.
Auch auf Reisen nicht. Mir ist nie irgendwas geklaut worden. Einmal vielleicht, und das ging glimpflich aus. Die Geschichte muss ich erzählen, die hat Lachsalven bei Hubert Fichte ausgelöst. An der Elfenbeinküste wollte ich natürlich auf die Märkte, und ich hatte die Kamera über der Schulter hängen und spürte auf einmal einen wahnsinnigen Schmerz. Ich dachte, was ist denn hier los? Da hat mich so ein junger Schwarzer beschimpft, mir die Kamera weggerissen und ist damit abgehauen. Und ich mit meinen europäischen Schritten hinterher, aber der Abstand wurde immer größer. Auf einmal sah ich, wie dieser Mensch stehen blieb, weil ein Polizist ihn anhielt. Die Leute hatten den auf den Kameraklau aufmerksam gemacht, und ich bin gerannt und stand so nah vor ihm und habe gesagt, »Das ist meine Kamera«, und der Polizist hat dem Mann die Kamera aus der Hand genommen und mir gegeben, da sprach mich jemand auf Französisch an, ich solle schnell machen, dass ich wegkäme, weil der Polizist in Kürze die Kamera zur Spurensicherung einziehen würde.

Das hab ich gemacht, ich bin an die Hauptverkehrsstraße gelaufen, habe ein Auto gestoppt, und wer hielt an? Ein deutsches Lehrerehepaar, die mich ins Hotel brachten. Ich sah so fürchterlich aus, mir liefen die Tränen runter, eine dicke Blutspur an der Schulter, und der Hubert schaute entsetzt: »Was hast du denn?« Ich habe es ihm im Telegrammstil erzählt, dann brach er in Lachen aus: »Dir wird die Kamera geklaut, und du bekommst sie wieder.« Die Kamera habe ich immer noch.

Glück gehabt.
Selbst in Kolumbien, wo es ziemlich viel Kriminalität gab, ist nie was passiert. Einmal hat mich auf der Straße ein sehr feiner Herr angesprochen und gesagt: »Sie können hier in den Ranchos nicht mit diesen Kameras herumlaufen. Da dürfen Sie nicht hineingehen.« Ich habe geantwortet: »Das ist mein Beruf, und

ich gehe da rein, und ich werde auch nicht überfallen. Ich habe auch gar keine Angst davor.« Der hat immer nur gesagt, dass ich das nicht darf. Ich meine, wer verbietet mir das eigentlich? Niemand. Kaum war der weg, war ich da schon drin. Das Erste, was mir passierte: Ich wurde zum Kaffee eingeladen. Die Leute saßen vor ihrer Haustür, sahen sofort, dass ich nicht aus Kolumbien kam, sondern wahrscheinlich aus Europa, und dasselbe ist mir in Brasilien passiert.

Wir haben das mal zusammengerechnet, wir haben zwei Jahre in Brasilien gelebt, ein Jahr in Haiti, ein Jahr in Trinidad und zusammengerechnet ungefähr zwei Jahre in Afrika, und mir ist nie irgendwas kaputt gegangen.

Gab es auch manchmal Phasen in Ihrem Leben, wo Sie gedacht haben: »Ach, jetzt würde ich doch lieber eher ein sesshaftes Leben führen?«

Ich musste mich immer nur von einem Gedanken befreien, wenn ich von den Reisen zurückgekehrt bin; beim Einkaufen dachte ich immer, hier sind lauter Verrückte. Ich hab wirklich gedacht, das kann doch nicht sein, dass die Leute so leben, die sind doch alle verrückt hier in Deutschland.

Was ist Ihnen besonders verrückt vorgekommen?

Ganz verrückt ist, wenn man immer alles aufräumen muss. So viel unnötige Aufregung, viel Lärm um nichts. Ich bin keine Ordnungsfanatikerin.

Wenn man so lebt oder gelebt hat wie Sie, ist man ja immer gewissen Schwankungen unterworfen, nehme ich an. Einerseits weiß man nicht genau, was nächstes Jahr passiert, andererseits ist man sehr frei. Das kann sehr inspirierend, aber auch sehr verunsichernd sein. Wenn es um Geld geht, zum Beispiel.

Das hat mir eigentlich nie irgendwelche Schwierigkeiten bereitet.

Wie haben Sie sich Ihr Leben im Alter vorgestellt? Ich weiß nicht, ob Sie darüber früher groß nachgedacht haben.
Nein, ich bin 90 Jahre alt und sitze im Rollstuhl. Reicht das nicht?

Heutzutage muss man sich überlegen, ob man eine Rentenversicherung abschließt.
Ich habe keine einzige Versicherung. Das haben die im Krankenhaus Altona auch gefragt: »Ihre Versicherungskarte bitte.« Ich sage: »Ich habe keine Versicherung.« – »Das stimmt doch nicht.« Aber ich bin nicht versichert. Weder gegen Dummheit noch gegen irgendwas. Man müsste auch gegen Dummheit versichert sein. Hier in der Apotheke kam ich mal ins Gespräch über Versicherungen, da mischte sich der Apotheker ein und sagte: »Da haben Sie viel Geld gespart.«

Ein Arzt wird von Ihnen also nur konsultiert, wenn es akut wird, und dann müssen Sie den vollen Preis der Behandlung gleich bar bezahlen oder später überweisen?
Ja, auf Rechnung. Mein Onkel, der ein sehr bekannter Chirurg war, hat mal zu meiner Mutter gesagt: »Leg dir jeden Monat eine Summe Geld zurück, die braucht gar nicht so hoch zu sein, die rührst du nicht an, und wenn du sie brauchst, darfst du sie nehmen, ob nun für die Behandlung einer Krankheit oder sonstiger, kurzfristiger Problemlösungen.«

Was gibt Ihnen jetzt aktuell Kraft?
Ich lese sehr gerne, auch in anderen Sprachen, wenn ich sie kann, also Spanisch, Französisch, Englisch, Portugiesisch. Wir sind hier in einem meiner beiden Bücherräume, oben drüber ist noch ein Raum, da stehen die ganzen ethnologischen Bücher. Und da gibt es viele. Außerdem habe ich einen sehr guten Freund, den Mann von Pina Bausch. Von dem bekam ich mal einen sehr schönen Brief und dachte sofort, diesen Menschen muss ich kennenlernen. Also habe ich angerufen und gefragt: »Wer sind Sie? Sie haben einen so wunderbaren Brief geschrieben.« Und daraufhin wurde ich gleich nach Wuppertal eingeladen.

Mittlerweile kenne ich fast alle Stücke von Pina Bausch, bei Premieren bin ich immer dabei. Das waren überhaupt die ersten Leute in Europa, die mir Mut gemacht haben. Und das sind gute Erlebnisse, da hat man mal Leute, mit denen man richtig reden kann.

Ich kenne jedenfalls nicht viele Biografien, die so verlaufen sind wie Ihre.
Ich hab's einfach gemacht, ich hab einfach fotografiert.

Moki

Künstlerin

»Aller Anfang ist bekanntlich schwer, würde meine Oma sagen«

Moki, geboren 1982 in Brilon im Sauerland. Studiert seit 2001 an der Hochschule für Bildende Künste in Hamburg. Diverse Gruppen- und Einzelausstellungen in Hamburg, Köln, Berlin und Düsseldorf.

2006 erschien beim Hamburger Verlag Kiki Post ihr Buch »asleep in a foreign place«. Des Weiteren veröffentlicht Moki regelmäßig im ebenfalls von Kiki Post herausgegebenen Comic-Magazin Orang. 2006 erhielt sie den Preis der Sondermann-Jury der Frankfurter Buchmesse für die beste Newcomerin.

Du studierst noch?

Ich habe nach elf Semestern mit Diplom abgeschlossen und mache noch zwei Semester Aufbaustudium. Meisterklasse heißt das, das gibt es in diesem Jahr zum letzten Mal. Das wird abgeschafft. Ich bin jetzt bei einem Hacker der ersten Stunde in der Klasse, versuche, diverse Computerprogramme zu lernen, und verzweifle gelegentlich.

Wozu brauchst du Computerprogramme?

Dazu muss ich etwas ausholen. Weißt du, was Synästhetiker sind? Bei mir ist es so: Wenn ich Musik höre, sehe ich Bilder. Ich sehe Farben und Formen. Anfangs bin ich davon ausgegangen, dass es allen Menschen so geht. Bevor ich nach Hamburg gezogen bin, habe ich meine Familie und Freunde ausgefragt, welches Geschlecht die Zahlen haben oder welche Form ein Jahr hat. Die haben dann irgendwas geantwortet, und deswegen dachte ich, dass es bei ihnen genauso ist.

Ich habe erst später verstanden, dass nicht alle Menschen Musik auch visuell wahrnehmen, um bei diesem Beispiel zu bleiben. Das fand ich wirklich schade. Wenn ich auf einem sehr lauten, dröhnigen Konzert bin und die Augen schließe, ist es, als ob riesige Metallberge durch meinen Kopf fliegen. Diese Erfahrungen kann man mit niemandem teilen, deswegen möchte ich sie so gerne visualisieren. Und das geht am besten mit einem 3-D-Programm am Computer. Ich kann ja nicht solche riesigen Berge bauen und abfilmen. Ich wollte das eigentlich schon die ganze Zeit während des Studiums machen, aber da ich wusste, dass ich mindestens ein Jahr Zeit brauche, um das Programm zu lernen, habe ich erst nach dem Diplom damit angefangen. Das Diplom habe ich mit Malerei gemacht, weil das keine so große Herausforderung war.

Das wird eine Animation, oder wie kann ich mir das vorstellen?
Eigentlich wollte ich ein 360°-Kino haben, wie ein Planetarium, das vollgestellt ist mit Beamern, in dem alle Leute 3-D-Brillen tragen. Und sie können durch Bewegungen die Klänge und die Formen selbst erschaffen. Da braucht man vielleicht so einen Anzug mit Sensoren. Oder man hat einen Sensor in der Hand *(springt auf)* und macht bestimmte Bewegungen, und da entstehen dann die Bilder dazu. Damit es so ist wie bei mir. So müsste das eigentlich sein. Aber dafür müsste ich mir erst dieses 3-D-Kino bauen und brauche die ganzen Beamer und die ganze Technik, und das dauert, bis ich siebzig bin. Dann kann ich endlich Profi-Schlagzeugerin werden. Naja. So sieht eben der Plan aus. Das ist wie beim Tanzen, da vermischt sich die Bewegung mit dem Sound und den Bildern, davon bin ich total geplättet. Deswegen brauche ich auch keine Drogen, weil mein Kopf nämlich kaputt ist.

Beneidenswert! Wie läuft das eigentlich genau mit den Stipendien?
Irgendwann hat man keine Lust mehr auf BAföG und geht zu seinem Professor oder, wenn man Glück hat, kommt der Professor von selbst und fragt, ob man es mal versuchen möchte. Dann bewirbt man sich und präsentiert auf einer Auswahlausstellung ein Exponat, und hinterher suchen Kuratoren von verschiedenen Kunstinstitutionen die Leute aus, die gefördert werden. In meinem Falle war die Ausstellung in der Simultan-Halle in Köln. Soweit ich weiß, konnten sich zwei Schüler von jeder Kunsthochschule da bewerben. Wir waren dann achtundzwanzig Leute, die ausgestellt haben.

In Deutschland gibt es richtig viele Stipendien-Werke, jede Partei hat eines, es gibt die Studienstiftung des Deutschen Volkes, von der evangelischen und der katholischen Kirche, Arbeiterverbände. Es gibt Arbeitsstipendien, da fährt man irgendwo für fünf Monate hin, darf da umsonst wohnen und arbeiten. Stadtstipendien gibt es auch, man wird zum Beispiel von der Stadt Stade eingeladen und muss dann Projekte zum Thema Stade machen. Es gibt für Künstler viele Sachen, eine Freundin von mir hat jetzt für ein paar Monate ein Stipendium in Finnland. Die kann dort einfach wohnen und arbeiten, ihre Wohnung zu Hause vermieten und von dem Geld leben.

Und man poliert dann das kulturelle Image des Stipendiengebers ein wenig auf.
Genau. Die schmücken sich dann mit einem: Hey, dieser Künstler wurde von uns gefördert.

Ich bin beim Cusanuswerk. Die bieten jedes Jahr diverse Ferienakademien an, am Jahresende schreibt man einen Bericht, was man das Jahr über Tolles gemacht hat. Man muss schon auch etwas für die tun. Die haben ein krasses kulturelles Angebot. Im Herbst fahre ich nach Dresden zu einer Tagung zum Thema »Musik entsteht im Kopf – zur physischen und psychischen Wahrnehmung«. Das ist eigentlich das Einzige, was mich dieses Jahr im Bildungsprogramm wirklich interessiert. Letztes Jahr war ich auf einer Akademie zum Thema Hirnforschung.

Und das Stipendium sichert deinen Lebensunterhalt?
Ich bekomme mein BAföG-Geld einfach von denen geschenkt. Mein Vater war Arbeiter, jetzt ist er Rentner, meine Mutter ist Hausfrau, deswegen bekomme ich den Höchstsatz. 525 Euro plus 80 Euro Büchergeld. Davon muss ich nicht wie beim BAföG die Hälfte zurückzahlen.

Du gehst momentan auch nicht nebenbei arbeiten?
Nein. Alle sagen immer, ich sei ganz sparsam. Ich halte mich gar nicht für sparsam. Vielleicht in deren Augen.

Aber du hast regelmäßig Ausstellungen?
Dieses Jahr habe ich eigentlich keine, weil ich konzentriert lernen möchte. Aber dann habe ich doch wieder welche, weil ich bei manchen Sachen nicht Nein sagen kann. Weil es Gruppen sind, bei denen ich schon länger mitmache oder weil die Vorbereitung nicht so aufwendig ist. Im Sommer ist zum Beispiel eine Veranstaltung gegen die Kinderarmut in Hamburg, bei der ich mit einem Bild teilnehme. Das wird dann versteigert, und die können das Geld behalten. Nächstes Jahr muss ich das erste Mal ohne Unterstützung über die Runden kommen, deswegen möchte ich drei Ausstellungen machen.

Ich mache ungern alleine Ausstellungen, weil ich das doof finde. Das ist langweilig, und man hat so wenig Austausch. Man arbeitet ja schon die meiste Zeit alleine, wenn man dann noch alles allein aufhängt, ist das nicht so spannend. Bei den Eröffnungen kann der Smalltalk-Marathon schon mal anstrengend sein. Wenn man mit Freunden zusammen Ausstellungen macht, bei denen man das Gefühl hat, dass die Sachen sich ergänzen oder neue Assoziationen bilden, dann macht es einfach mehr Spaß. Weil man mit jemandem in Kommunikation ist. Im Frühjahr möchte ich zusammen mit Lily eine Ausstellung in Barcelona machen, da bin ich schon letztes Jahr gefragt worden. Eine möchte ich in Leipzig machen und dann noch eine in Hamburg.

Zu den Ausstellungen kommen mittlerweile auch Leute und wollen Bilder kaufen?
Ja. Die kommen auch so, per Internet. »Hello, my name is Robby the Pony, I come from Kuala Lumpur, I like your stuff, can I buy a picture?« – Dann sage ich: »Klar, überleg dir, was du haben möchtest«, und wenn ich die Sachen noch habe und weggeben kann, können die das kaufen. Das hat sich mit der Zeit eingestellt. Ich weiß auch nicht, warum. Manche Leute haben einfach das Glück, dass sie gehyped werden und das Publikum in gewissen Kreisen positive Vorurteile hat. Künstler, die Videos, große Installationen oder Performances machen, haben es schwerer, Geld zu verdienen. Ich habe das Problem nicht, wenn ich male oder Sachen bastele. Solche Dinge kann man tauschen, sich hinhängen oder sich drauflegen.

Drauflegen? Du malst doch hauptsächlich, oder?
Malerei mache ich kontinuierlich, damit kann ich nicht aufhören. Das will ich auch nicht aufgeben. Aber ich mache viele verschiedene Sachen, Performance-Kram mit gruseligen Masken und einem Bauchladen voller Fitzelkram. Wenn ich mit der Band Fussel auftrete, habe ich zum Beispiel ein Krokodilkostüm an und heiße »Walter, das Ungeheuer aus dem Teich« und verteile Kekse. Dummerweise habe ich beim Umzug meine Tyrannosaurus-Rex-Ausstechform verloren und kann keine Dinosaurierkekse mehr machen. Jetzt habe ich nur so bescheuerte Kekse, Blumen und Herzen und so.

Ich mache auch manchmal Sachen auf der Straße, Spuren von unsichtbaren Wesen und Cut-outs. Skulptural habe ich auch gearbeitet, Schädel gebaut, von denen nicht klar war, von welchem Tier sie sind. Oder Maschinen gebaut, die es nicht gibt. Gestern habe ich Akkordeon gespielt. Aber ich glaube, ich habe unsere Nachbarn genervt, weil ich gar nicht spielen kann. Ich nähe auch Sachen, Tiere und Bäume. Warte mal *(verschwindet kurz in ihrem Zimmer und kehrt mit einem etwa zweieinhalb Meter großen Stoffbaum zurück)*. Das ist zum Beispiel einer von den Kuschelbäumen. Das ist eine alte Birke. Kann man als Schal benutzen. Oder wenn man sich verstecken möchte.

Ist dir wichtig, als Person hinter dem zu verschwinden, was man macht?
Ja, unglaublich wichtig. Am liebsten wäre ich unsichtbar. Oder würde in einem Erdbunker wohnen. Verschwinden ist so gemütlich. Wenn es ein Geheimrezept gäbe, das einen unsichtbar macht, würde ich sofort alle Zutaten dafür sammeln. Dann ist man nämlich unangreifbar. Das ist doch toll.

Das Werk ist noch immer angreifbar.
Das ist doch egal. Ich bin ja nicht das Werk. Es kommt ja auch viel öfter vor, dass Leute, denen die Sachen gefallen, sagen, dass sie das gut finden, als anders herum. Deswegen hat man nicht so viele Probleme damit, dass jemand sagt, wie schrecklich er die Exponate findet. Die Leute, die es nicht mögen, interessieren sich ja auch nicht dafür. Darum bekommt man das nicht so mit, wenn Leute sagen, das ist so kitschig, das ist so anspruchslos, das ist völlig unpolitisch. Mir ist Kritik von meinen Freunden wichtig, weil sie mich verstehen und auch eine Ahnung davon haben, womit ich mich beschäftige. Was gute Kunst ist, ist ja sowieso subjektiv. Ein Freund von mir meinte mal, dass Kunst für ihn dann besonders gut sei, wenn sie ihn so berühren kann, wie der Wald, wenn der Wind weht und die Sonne aus Gold ist. Ich kann das nur unterstreichen – wenn der Betrachter hinterher andere Dinge wahrnehmen kann als vorher, wenn er aus seiner Alltagshornhaut rausgepellt wird, das ist prima.

Du hast diesen Preis erhalten …
Was denn für einen Preis? Als ich sieben war, habe ich bei einem Malwettbewerb den ersten Preis bekommen, ich habe einen Igel gemalt, dem ein Apfel auf den Rücken gefallen war. Ich weiß nicht mehr, was genau der Preis war, aber es gab tolle Tigerklammeraffen für alle Kinder.

Ich dachte eher an die Buchmesse.
Ach so. Ich weiß auch nicht, was die sich da ausgedacht haben. Jemand hat mich angerufen: »Herzlichen Glückwunsch, Sie haben den Preis gewonnen. Für das bisherige Gesamtwerk, und

Ihr Buch erscheint ja auch demnächst.« – Ich sagte: »Dankeschön«, und sollte nach Frankfurt kommen, um einen Preis abzuholen. Habe ich natürlich nicht gemacht, weil ich das peinlich finde, auf Bühnen zu stehen. Da gibt es ja auch kein Geld für.

Nur Ruhm.
Genau. Ruhm und Ehre von der Frankfurter Buchmesse für das erste Buch. Das zweite folgt nächstes Jahr, wenn ich die ganzen Bilder gemalt habe, die da drin sind.

Machst du auch Auftragsarbeiten?
Inoffiziell. Ich find das nicht so spannend. Das ist schrecklich, wenn man jemandem genügen muss. Du musst etwas machen, wozu der Auftraggeber sagt: »Prima. Das können wir uns auf die Fahne kleben.« Man muss sich so verbiegen, wenn man etwas für andere Leute macht. Das macht keinen Spaß. Aber es wird gut bezahlt, deswegen habe ich es schon zweimal gemacht. Hinterher habe ich Briefe von der Rentenkasse bekommen, wieso ich denn keine Rentenversicherung hätte. Das geht sofort in alle Kanäle, und man wundert sich, warum man in einer Woche fünf Briefe bekommt. Weil das Finanzamt die Steuererklärungen haben möchte, für 2001, für 2002, für 2003: »Bitte senden Sie Ihre Unterlagen für die letzten zehn Jahre ein!« Wie dem auch sei, wenn ich arbeite, mache ich das lieber für mich.

Wenn eine arme Band aus Bad Salzuflen kommt und sagt, dass sie ein Plattencover braucht und kein Geld hat, dann könnte sie sich eben was aussuchen. Aber die kommen meistens nicht aus den Puschen. Sie sagen, sie kommen vorbei, und dann hört man nie wieder was. Das ist auch o.k. Finde ich nicht schlimm.

Das sind eher Freundschaftsdienste, nehme ich an.
Ich habe immer ein Ideal gehabt. Als ich angefangen habe zu studieren, dachte ich, wenn man wirklich ernsthaft Kunst machen möchte, dann ist es ganz wichtig, dass man davon nicht leben können muss. Weil man dann darauf angewiesen wäre, Sachen zu machen, die man verkaufen kann. Und es gibt keine

Einschränkung, die hinnehmbar ist. Ich habe gedacht, ich würde später lieber in irgendeiner Supermarktkette arbeiten, damit ich mit der Kunst auf jeden Fall unabhängig bin. Ich dachte, das wäre ganz wichtig.

Aber jetzt glaube ich, dass es angenehm ist, wenn man davon leben kann. Weil es dann mehr Spaß macht. An meinen Bedürfnissen kann ich so viel sparen, wie ich will. Ich kann in ganz bescheidenen Verhältnissen leben. Wenn ich Kinder hätte, wenn ich also nicht nur für mich selbst verantwortlich wäre, dann würde ich das anders sehen. Ich habe ja lange genug in diesem Studentenwohnheim am Berliner Tor gewohnt, in einer umgebauten Turnhalle, mit acht Leuten, von denen zwei totale Nerds waren und einer gewalttätig. Oder in dem ehemaligen Puff in der Erichstraße. Wenn ich eine Familie hätte, würde ich alles dafür tun, dass es ihnen auch finanziell gut geht.

Damit sieht es momentan doch ganz gut aus, oder?
Ich glaube schon, dass ich nächstes Jahr kein Arbeitslosengeld beantragen muss. Wenn es mit den Ausstellungen klargeht und ich mir nicht die beiden rechten Hände breche, dann klappt das hoffentlich. Aller Anfang ist bekanntlich schwer, würde meine Oma sagen. Wenn es nicht funktioniert, heirate ich einen Millionär, und dann mache ich mir ein süßes Leben. Du musst unbedingt schreiben, dass ich als Tellerwäscherin gearbeitet habe!

Du hast ja als Tellerwäscherin angefangen, habe ich gehört?
Genau. In dem Wald neben unserem Dorf im Sauerland liegt ein Restaurant namens Ahmühle, da habe ich die Teller gewaschen. Aber nur acht Mal, weil die Spüle zu tief war und ich Rückenschmerzen bekommen habe. Vom Tellerwäscher zum Millionär, das ist doch eine lustige Vorstellung.

Das ist also dein Plan.
Mein Plan ist, so viel Geld zu verdienen, dass ich die Straßenkinder in Brasilien unterstützen kann. Das ist eigentlich der Plan. Dass ich das ganze Geld zu denen rüberschicken kann, und dort werden solche tollen Projekte unterstützt, bei denen

die Straßenkinder Instrumente lernen, Bands gründen und aus dem Teufelskreis ausbrechen können. Das finde ich großartig. Dafür würde ich gerne Geld verdienen. Wenn ich mal richtig viel Schotter hab, spende ich das. Ich würde auch gerne ein Baumhaus bauen und da wohnen. Guck mal, eine Motte.

Ja, die ist mir gerade auch schon aufgefallen.
Ganz süß, oder? Die heißt Elfriede, die Motte, die habe ich heute Morgen kennengelernt. Als ich die Spinnen vertrieben habe, ist sie mir in die Quere gekommen. Ich dachte: Du hast nicht acht Beine. Du darfst hierbleiben.

Ted Gaier

Musiker

»Ich bekomme eher Wutanfälle wegen der Biederkeit junger Leute«

Ted Gaier, Jahrgang 1964. Aufgewachsen in Ulm. Lebt in Hamburg als Musiker bei den Bands Les Robespierres, Schwabinggrad Ballett, Goldene Zitronen und Three Normal Beatles. Komponiert Theatermusik für Produktionen im Off-Bereich sowie fürs Staatstheater. Schreibt unter anderem Artikel für die Zeit. Für den Film »Hölle Hamburg« schrieb er zusammen mit Peter Ott das Drehbuch und führte mit ihm Regie.

Du machst recht viele verschiedene Dinge. Unterscheidest du zwischen den mehr oder weniger einträglichen Beschäftigungen?

Ich mache nie Sachen in der Erwägung, wie viel Geld es dafür gibt. Natürlich ist es sehr einträglich, einen Artikel für die Zeit zu schreiben, und sehr wenig einträglich, einen Artikel für die Spex zu schreiben. Das ist nicht das Kriterium, nach dem ich beurteile, ob ich etwas mache oder nicht. Gerade beim Schreiben suche ich mir die Themen selbst aus und biete sie an. Das ist eher ein Bedürfnis, etwas zu formulieren. Ich habe gerade einen Artikel über die Jägermeister-Rock-Liga und das Sponsoring von Bands geschrieben. Es war mir ein Anliegen, eine Diskussion auf einer möglichst breiten Basis zu führen. Ich kann es mir leisten, ganz danach zu gehen, ob es mir sinnvoll erscheint, etwas Bestimmtes zu machen oder nicht.

Bei der Theaterarbeit ist es ähnlich. Ich mache viele Sachen auf einem ganz niedrigen Level, bei Off-Produktionen, und wenn ich einmal im Jahr für das Schauspielhaus in Hannover oder Hamburg arbeite, gibt es so gutes Geld, dass es sich aufwiegt. Es reguliert sich glücklicherweise ganz gut. Touren mit den Goldenen Zitronen rentieren sich allein deswegen, weil man zwei Wochen unterwegs ist. Das wäre nicht so, wenn wir viele Einzelkonzerte spielen würden. Es gibt Fälle, wo wir Konzerte absagen müssen, weil die Zitronen mittlerweile so verstreut leben, dass es für ein Konzert nicht finanzierbar wäre, alle zusammenzutrommeln.

So romantisch das klingt, kann ich generell sagen, dass ich die Sachen machen kann, auf die ich Bock habe. Das hat sich in den letzten Jahren ergeben. Dadurch, dass es so viele verschiedene Tätigkeiten sind, wechselt es sich ganz gut ab. Einen gewissen Puffer hat mir die Theatermusik verschafft. Da verdient man auf Vorrat Geld. Alles, was dazukommt, kann ich mir selbst aussuchen.

Seit wann kannst du dir das leisten?
Ich bin vor neun Jahren zum Theater gekommen. Ich hatte nie etwas dagegen, in Kneipen zu arbeiten. Die wollten mich nur nie haben, weil man mich nicht als seriös oder loyal genug eingeschätzt hat. Ich habe jahrelang die Programmhefte für die Fabrik ausgefahren, bis man mich da rausgeschmissen hat, oder habe Bilder gehängt in der Kunsthalle. Es ist ja nicht so, dass ich immer nur künstlerische Arbeiten machen wollte. Dass ich länger keine physische Arbeit mehr gemacht habe, ist kein erklärter Wille. Ich finde es verkehrt, wenn man eine Biografie als Aufstiegssache sieht. Das ist gerade bei Musikern sehr verbreitet. Das verbaut einem viele Möglichkeiten, wenn man sagt: Das ist unter meiner Ehre. Bei Schauspielern ist es auch so, wenn sie sagen: »Meine Mindestgage liegt bei zweihundert pro Abend, drunter mach ich's nicht, das ruiniert meinen Marktwert.«

Davon halte ich nichts. Ich kenne da gar keine Scham. Unter Umständen schreibe ich einen Artikel auch umsonst. Es ist die Frage, was einem wie viel wert ist. Da geht es an den Kern der Sache ran. Da ich so ein bürgerliches Modell von Aufstieg nie verfolgt habe, fand ich es immer verkehrt, das in einer alternativen Bahn genauso machen zu wollen. Ich mache auch Filmregie, ich habe viele Videoclips gedreht. Wenn mich ein Freund fragt und das Projekt gut ist, mache ich natürlich auch Regieassistenz. Diesen komischen Stolz kenne ich nicht. Dieses Denken in Hierarchien, das einen offenen und emanzipatorischen Umgang mit Macht verbaut. Dass sich die Leute im Zweifelsfall doch wieder auf Hierarchien wie in der Arbeitswelt berufen, das war mir schon immer unangenehm. Ganz egal, in welchem Zusammenhang.

Aus diesem Grund habe ich ja auch die Entscheidung getroffen, so ein Leben zu führen. Ich habe nie funktioniert in Hierarchien. Ich habe in der Schule nicht funktioniert, auch nicht bei den paar Praktika, wo sich die Chefs wie Chefs benommen haben. Ich habe früher beim Film oft Skript gemacht, das waren auch oft Strukturen, die mich angekotzt haben. Dagegen habe ich einen Unwillen. Ich habe auch keine Lust, in der Hierarchie aufzusteigen und das Spiel dann meinerseits von oben zu betreiben. Das gilt auch für den künstlerischen Bereich. Ich habe zum Beispiel keine Ambitionen, Solo-Platten zu machen, sondern möchte in Gruppen arbeiten, im Dialog mit anderen. Bei dem Film, den wir mit relativ geringen Mitteln gemacht haben, bisschen Filmförderung, bisschen Bundeskulturstiftung, haben wir Doppelregie geführt und das Team weitestgehend mit Leuten besetzt, die wir aus politischen Zusammenhängen kannten und von denen wir wussten, dass sie unsere Vorstellung von kollektiv-unhierarchischer Arbeitsweise teilen. Uns unsere Idee von einem Kollektivlohn, der für alle Beteiligten den gleichen Tagessatz vorsieht. Das ist meiner Meinung nach das zeitgenössischere Modell. Die Idee vom Künstlersubjekt halte ich für völlig überholt.

Du hast gerade den Artikel über die Jägermeister-Rock-Liga erwähnt. Da gibt es gutes Geld für die teilnehmenden Bands. Allerdings kann ich mir nicht vorstellen, dass dein Urteil sonderlich milde ausgefallen ist.

Was mich am meisten ärgert und was für Kulturschaffende längerfristig noch richtig gefährlich wird, ist die Einflussnahme von Konzernen auf nahezu jeden Bereich des öffentlichen Lebens.

Marken versuchen mittlerweile, die Hauptrolle zu spielen im Kulturbetrieb. Die Marke stellt ihr Logo über die Künstler. Das ist so bei der »Red Bull Academy«, das ist so bei »Electronic Beats« – das ist die Veranstaltungsreihe von T-Mobile – bei der »Jägermeister-Rock-Liga«, beim »Welt-Astra-Tag«. Den Marken reicht es nicht mehr, dass ihr Name innerhalb der vorhandenen Infrastruktur erwähnt wird, sie wollen mittlerweile die Hauptrolle haben. Sie wollen unter ihrem Mantel Kulturschaffende präsentieren.

Im Sport gibt es das schon lange, mit einem T-Mobile-Team, dem Playmobil-Stadion. Sport ist das Modell dafür, und momentan wird das im Kultursektor eingeführt. Einhergehend damit bestehen Abhängigkeiten vonseiten der Presse, die auf Anzeigen angewiesen ist und als Medienpartner eine positive Berichterstattung liefert. In der gesamten Musikpresse hat niemand einen kritischen Ton über diese »Jägermeister-Rock-Liga« verfasst. Nur Hofberichterstattung.

Ich habe als Musiker ein Interesse, dass solche Zustände nicht zum einzig denkbaren Modell werden. Es geht auch um die Autonomie der Kunst, die es nur ohne die Interessen der Marken geben kann. Den Bands werden obszöne Summen angeboten, die man nicht abschlagen kann, wenn man sich als Familienvater versteht.

Es ist eine ganz simple Rechnung. Jägermeister kauft diese Bands ein für eine Gage, die mindestens das Doppelte vom »normalen Marktwert« beträgt, es gibt eine ganz entspannte Infrastruktur, was die Technik und den Nightliner betrifft, und das Gesamtbudget, das eine Marke wie Jägermeister für diese zwanzig Konzerte investiert, liegt unter dem, was sie in eine normale Anzeigenkampagne investieren würden. Diese eigene kulturelle Aufwertung, die dadurch betrieben wird, dass sie das zu einem Subkultur-Event mit einer bestimmten Strahlkraft machen, rentiert sich für die in jedem Falle. Bands und Musikmagazine schieben sich den Schwarzen Peter gegenseitig zu.

Ich sehe da sowohl bei der Presse als auch bei den Künstlern eine völlig illegitime Einflussnahme. Da etabliert sich ein Format, von dem man als Musiker entmündigt wird. Abgesehen davon, dass dieser Contest mit Gegröle und Applausometer ein unwürdiges Spektakel ist. Dass man mit irgendwelchen Bands zusammengepackt wird und sich einem Pöbel aussetzt, der einen zu richten hat. Das für mich indiskutabel, überhaupt darüber nach zu denken, ob man da in irgendeiner Form mitmachen könnte. Die Zitronen hatten schon recht früh Angebote von der Industrie, von großen Plattenfirmen, ziemlich langfristige, üppige Verträge. Aber es kam nicht infrage, da mitzumachen. Das war völlig außerhalb der Vorstellungskraft. Allein mit diesen Typen, diesem Managergehabe zu tun zu haben. Das ist einfach eine Welt, die verachtenswert ist.

Ist das nicht eine recht luxuriöse Haltung?
Ich kann bestimmt kein Modell abgeben für andere Leute. Ich hatte viele Diskussionen mit jüngeren Musikern, und da zeigt sich dann schon, dass man früher vor allem auch durch Plattenverkäufe ein ganz gutes Auskommen haben konnte, auch wenn die weit weg waren von Chartplazierungen. Ich musste mir einfach keine Gedanken machen, wie ich mein Auskommen bestreiten sollte durch die gewisse Popularität, die wir mit den Zitronen schon relativ früh erreicht hatten. Da war ich 21. Zwischendurch gab es immer Durststrecken, aber dann kam GEMA-Geld oder man hat eine Weile Plakate geklebt.

Ich bin in den Siebzigern und Achtzigern sozialisiert worden, als man noch dachte, dass es eine parallele Infrastruktur geben könnte für die Leute, die keinen Bock haben, mitzumachen. Wenn es schon mit der Revolution nicht klappt, schafft man eine eigene Infrastruktur. Man macht seine eigenen Körnermühlen, Teeläden, Druckereien, Schreinereien, die führt man kollektiv, was natürlich dazu geführt hat, dass ein Modell entstand für das, was man heute Selbstausbeutung nennt. Dafür war die Alternativbewegung vor uns Wegbereiter. Man wollte nicht entfremdet arbeiten, also rechnete man keinen Stundenlohn ab. Die erste Generation der taz-Leute hat 800 Mark im Monat bekommen. Auf einer ähnlichen Idee basierend, ging ja auch das ganze Indie-Business mit Punk und New Wave los, die Infrastruktur mit Fanzines, Konzertveranstaltungen, Plattenfirmen – die funktionierten zunächst auf diesem Level, dass man sagte, mir ist egal, was ich damit verdiene. Hauptsache, ich komme ein bisschen durch, ich mache es ja eh nicht des Geldes wegen.

Ich habe da noch ein anderes Selbstbewusstsein und Selbstverständnis, weil ich diese Zeit noch kenne und keine Panik bekomme, wenn mein Konto mal leer ist. Das ist auch eine Frage der Übung. Wenn ich im Zug fahre und junge Studenten reden höre, wie sie mit 23 schon Panik bekommen, dass sie zu lange studieren, dann denke ich: wie trist.

Ich hab' ja nicht studiert, aber früher haben Freundinnen und Freunde bestenfalls ein Studium angefangen, weil sie das Thema interessiert hat, und nicht, weil sie sich überlegt haben, wie sie ihr Wissen später am besten vermarkten können. Vielleicht war das damals eine luxuriösere Angelegenheit, weil man so etwas einfach machen konnte. Das hing damit zusammen, dass es genug Leute gab, die drauf geschissen haben, wie viel Geld sie letztendlich verdienen, und bereit waren, in so einer Infrastruktur zu arbeiten. Und darin einen Wert gesehen haben. Teilweise ist das auch heute noch so, die ganzen Kneipen hier auf dem Kiez, da arbeiten ja alle auf einem sehr lowen Level und machen gleichzeitig Musik und alles Mögliche. Wenn man sich dafür entscheidet und genug Selbstbewusstsein hat, sich darauf einzulassen, kann man sich auch heute noch in Strukturen durchschlagen, die alternativ funktionieren. Ist ja auch die Frage, von welchem Lebensstandard man ausgeht.

Wenn du so'n Single-Typ bist, der eine Drei-Zimmer-Wohnung in der Schanze braucht, ist das natürlich etwas anderes als hier mit vier Leuten in der WG. Oder du musst mit der Bahn fahren, anstatt zu trampen. Früher hat man ja einfach kein Geld ausgegeben. In Szenen wie unseren gab es eine eher konsumkritische Haltung. Da brauchte man kein neues Auto, da ist man in irgendwelchen Klapperkisten durch die Gegend gefahren, wenn überhaupt. Mich wundert es immer, dass heute niemand mehr trampt. Wenn ich längere Strecken mit dem Auto fahre, habe ich es aufgegeben, rauszufahren auf die Rasten, um zu gucken, ob da noch jemand steht. Da steht niemand mehr.

Kann ja sein, dass das böse Ende noch kommt in meinem Fall, aber bis jetzt habe ich noch keine Bedenken oder das Gefühl, einen falschen Weg eingeschlagen zu haben.

Glaubst du, dass eine karrieristische Grundhaltung zeitimmanent ist und sich auf die jüngeren Kulturschaffenden auswirkt?
Das kann man ja sehen, wenn man sich heutzutage deutschsprachige Rockmusik anguckt. So etwas Biederes wie Juli, Silbermond oder Revolverheld kann man sich gar nicht ausdenken. Was soll das denn? Die Stücke könnten von Bohlen, Siegel oder Farian geschrieben sein, wenn die die heutigen Codes beherrschen würden. Vom Gehalt her. Was da drinsteckt an überkommenen, langweiligen Klischees, passt auf keine Kuhherde. Man scheißt den Leuten ins Hirn, das ist Fakt.

Ich komme selbst aus der Provinz, da gab es vielleicht zwanzig Punks, aber ich habe in der Tagesschau gesehen, dass es in Berlin Leute gibt, die sich jeden Tag mit den Bullen prügeln und in besetzten Häusern wohnen, ich habe mir Platten gekauft von Bands aus Hamburg, die ziemlich extreme Musik gemacht haben, und gesehen: Das funktioniert auch.

Ich hatte immer ein Vertrauen in eine Idee von Kollektiv, ohne es selbst direkt erlebt zu haben. Eine Zuversicht. Wenn ich mich bei Konzerten der Zitronen mit jüngeren Leuten unterhalte, merke ich, dass die sich mit dem, was wir in unseren Texten verhandeln, extrem identifizieren, auch mit unserer Biografie, aber dass es für sie überhaupt keine Option ist mit ihren zwanzig Jahren. Weil dafür die Infrastruktur fehlt, einfach mal abzutauchen. Ich glaube, für eine aufregende Kunst musst du als junger Mensch die Möglichkeit haben, irgendwo abzuhängen.

Das gilt für alle interessanten Subkulturen des zwanzigsten Jahrhunderts. Du brauchst zehn Jahre Zeit, um abzuhängen. Dann entsteht etwas Gutes. Das gilt für Gammler, Hippies, Punks, Lettristen, Neue Wilde, Laptop-Frickler. Man braucht das Ablehnen von den Karrierevorstellungen, die auf einen projiziert werden, von Aufstiegsideen. Das muss man erst mal von sich weisen und vielleicht wirklich mal drei Jahre lang Hasch rauchen oder Schnaps saufen und LSD oder Ecstasy nehmen. Das ist auf keinen Fall verschwendete Zeit. Die Zeit muss man sich nehmen, wenn man ein guter Künstler werden möchte.

Die nimmt sich aber keiner mehr?
Meine gewagte These ist, dass diese ganzen deutschen Bands zurzeit deswegen so langweilig sind. Und so wahnsinnig bieder. Auch solche Leute kämen auf andere Ideen, wenn sie sich mal gehen lassen könnten. Und nicht zielgerichtet denken müssten.

Gibt es aber nicht umgekehrt gerade von bürgerlicher Seite einen etwas verklärten Blick auf Künstler? Etwas, das als »Boheme« betrachtet wird?
Dass das Klischee vom »Armen Künstler« gerne gesehen wird, hat damit zu tun, dass Authentizität in der Kunst immer eine große Rolle spielt. In gewissem Grade muss ja wirklich gehungert und geschwitzt worden sein. Das gilt für Rockmusik genauso. So sehr ich dieses Bild auch ablehne, muss ich auch zugeben, dass daran im Kern etwas Wahres ist. Man muss die Möglichkeit haben, erstmal ganz offen an Sachen heranzugehen, Einflüsse aufzunehmen, ohne zu sehr zu filtern und strategisch damit umzugehen.

Was ich über die Bands gesagt habe, gilt auch für Kunststudenten. Die haben jetzt ja schon nach zwei Semestern einen Galeristen. Und deren Kunden wollen, genau wie die Sponsoren, die eine Aufwertung dadurch erfahren, dass sie Kultur fördern und nebenbei noch relativ risikoarm investieren. Darum ist eine solche Nachfrage da, und dementsprechend verhalten sich die Künstler, die sich schon sehr früh in eine bestimmte Richtung wenden.

Wenn man in New York Künstler trifft, hat man das Gefühl, mit Image-Vermarktern zu tun zu haben. In den USA gibt es kein öffentliches Fördersystem. Dementsprechend verängstigt und marktfixiert sind dort die Künstler, haben Angst, jemanden zu verschrecken. Der Kunstmarkt wiederum will das Subversive und das Schillernde. Das ist der Grund, warum jemand wie mein alter Freund Daniel Richter so hoch gehandelt ist auf dem Markt. Der hat diese Authentizität, mit sich gerungen zu haben.

Zynisch gesehen könnte man sagen, dass der Weg, den wir eingeschlagen haben, am Ende der rentablere gewesen sein kann. Weil das, was wir uns anfangs mit vermeintlicher Peilungslosigkeit angeeignet haben, ist Wissen für später, was uns so richtig cool macht. Das wäre vielleicht noch eine Überlegung wert für die jungen Leute an den Kunsthochschulen, ob sie nicht nachhaltig in ihre Biografie investieren wollen … *(lacht)*

Wo genau siehst du denn den Unterschied zwischen einer Filmförderung, einer Theatersubvention oder einem Stipendium und einem Sponsoring, wie du es beschrieben hast?

Ich muss zugeben, ich argumentiere bei dieser Frage mittlerweile eher wie ein Citoyen als wie ein Anarcho. Traurig, aber wahr. Ich denke mir: Nehmen wir ihn doch einfach mal beim Wort. Immerhin sagt der Staat von sich, er wäre die Summe seiner Bürger und keiner seiner Bürger könne von sich behaupten, er wäre mehr wert ist als ein anderer. Die Institutionen, die über Gelder entscheiden, wie fragwürdig das Zustandekommen der Entscheidungen im Einzelnen auch sein kann, sind in irgendeiner Form nachvollziehbar, legitimiert und kontrollierbar. Und oft unabhängig von reinen Vermarktungsinteressen. Ich würde ein Fördersystem generell immer verteidigen, solange es dem Anspruch folgt, dass Kunst auch einen Wert jenseits des Marktwertes hat.

Ein Problem ist, dass sich die Offenheit, mit Geldern umzugehen, für eine Kunst, die sich anderenfalls nicht finanzieren könnte, zusehends verengt, weil der Staat auch einen Ertrag sehen möchte. Das seltsame an Theater ist, dass sich nicht wirklich entscheiden lässt, was gutes und erfolgreiches Theater ist und was der Ertrag sein könnte, denn es ist ja eh defizitär. In der Popmusik beispielsweise macht sich das an Verkaufszahlen fest oder daran, welche Legenden sich darum spinnen lassen, wie groß der Einfluss dieser Band auf andere ist, was für eine Haltung sie repräsentiert und so weiter.

Popmusik funktioniert auf welchem niedrigen Level auch immer auf dem kapitalistischen Markt. Etwas wie das gegenwärtige deutschsprachige Theater gäbe es auf dem Markt aber gar nicht. Es ist ein völliger Anachronismus aus dem 19. Jahrhundert, dass das Bürgertum eine derart unwirtschaftliche Instanz weiter hätschelt, und bereit ist, hier die sogenannte Unabhängigkeit der Kunst zu verteidigen.

Mir ist das allemal lieber als ein effizienzkapitalistisches Kulturverständnis, auch wenn diese zementierte Struktur unangenehme Hierarchien und eine nervende Bürokratie hervorbringt und Gelder blockiert, die anderswo vielleicht fehlen. Wenn man als Künstler seinen Anteil am Gemeinwesen außerhalb der etablierten Institutionen haben will, muss man ihn sich erkämpfen. Das gilt für das System der Filmförderung genauso wie für die freie Theatergruppenförderung. Alle Töpfe, die es da gibt, sind meist zwischen den 60er- und 80er-Jahren erkämpft worden.

Als ich dir geschrieben hatte, welche Personen unter anderen noch in diesem Buch auftauchen, habe ich nur zwei Frauen aus der Liste genannt. Darauf hast du mich sofort angesprochen.

Ich spiele fast nur mit Typen in den Bands, und das geht mir auf die Nerven. Das ist eine Frage der Repräsentanz. Diese Herrengesellschaft gerade im Rockkontext stößt mich zusehends ab. Es gibt einen regelrechten Backlash. Im Theater hingegen gibt es relativ viele Regisseurinnen. Die Kumpelei unter Männern, dieses altmodische, vorkapitalistische Gehabe, scheint jedoch zu gewährleisten, dass an Staatstheatern die Dominanz von Männern stärker bleibt. In der Off-Szene gibt es eine viel deutlichere Repräsentanz von Frauen.

Im Kunstbereich ist es ähnlich, Figuren wie Daniel Richter oder Jonathan Meese sind als Frauen nicht denkbar. Das wagnerische Künstlersubjekt, das Beethovensche, das Genialische, Kräftige, Vitale, dafür gibt es keine Gegenbeispiele. Es gibt viele Frauen, die ziemlich gut verdienen, wie Pipilotti Rist, Tracey Emin, Rosemarie Trockel. Aber sie müssen als Ausnahme von der Regel ganz individuelle Strategien wählen, um sich in diesem Betrieb hochzuarbeiten.

Bei diesen Castorf- und Schlingensief-Typen gibt es einen Code untereinander, der etwas Kumpeliges, sich Unterstützendes hat, und da funktioniert es, dass man sich gegenseitig hochhievt. Ähnliche Netzwerke haben Frauen ganz selten. Gerade in Hamburg ist es wirklich eklatant, wie wenige Frauen in wichtigen Bands sind. Möglicherweise haben sich durch die Text- und Diskursbetontheit Ausschlussmechanismen entwickelt, die abschreckend wirken. Die Frauen, mit denen unsereins zu tun hat, sind alle selbst künstlerisch tätig, komischerweise aber nicht im Genre Rockmusik. Eher als Filmerinnen, Grafikerinnen, Malerinnen und so weiter.

Verselbstständigt sich durch das ständige Rumhängen mit Künstlern ein unbürgerlicher Lebensentwurf?
Ob man sich seiner Sache sicherer ist? Ja, logisch. Das unterscheidet es von der politischen Subkultur. Nach meiner Erfahrung halten Leute aus dem autonomen Milieu, die sehr hart auf dieser Polit-Schiene sind, diesen Terror in den WGs irgendwann nicht mehr aus und fahren im Umkehrschluss in eine relativ bürgerliche Existenz rein. Als wären das Abschnitte, die man durchlebt. Mit 20 hat man Dreadlocks, mit 38 ist man Dozent für Soziologie, mit 50 Professor. Mein Eindruck ist, wenn man sich entschlossen hat, eine gewisse Flexibilität zu leben in einem künstlerischen Milieu, dann hat man mehr Möglichkeiten, sich durchzuwurschteln.

Du warst nie an dem Punkt, an dem du gesagt hast: Jetzt hab' ich die Faxen dicke?
Das klingt fast schon langweilig, aber eigentlich führe ich das Leben, das ich mir als 15-Jähriger vorgestellt habe. Ich bekomme eher Wutanfälle wegen der Biederkeit junger Leute. Ist ja o. k., dass man einen ergrauten Typen wie mich in der Kneipe siezt, aber die Guterzogenheit, in der das passiert, nimmt mir doch ein bisschen zu sehr überhand. Natürlich ist es auch ein Sport, den verrückten Alten zu spielen. Jedenfalls habe ich das

Gefühl, das ist das Leben, wo man am meisten erlebt. Es lohnt sich immer, in Konfrontationen reinzugehen und sich mit Sachen auseinanderzusetzen, die nicht nur das eigene Individuum betreffen.

Ein Problem bei jungen Leuten ist ihre Vereinzelung. Diese Gewissheit, die ich hatte, dass da irgendwo Leute sind, das kennen die so nicht. Die führen Teilzeitexistenzen – auf der einen Seite im linksalternativen Zentrum politische Arbeit machen, auf der anderen Seite doch das Studium durchziehen. Das erlebt man als etwas Unkomplettes. In meiner Generation konnte man mit der Illusion leben, dass man weitgehend selbstbestimmt ist, was natürlich immer eine fragwürdige Vorstellung ist. Aber diese Illusion ist etwas wert, weil sie auch Zuversicht gibt.

Für mich war Zukunftsangst nie ein Thema. »No Future« war für mich allenfalls ein »No Future« des bestehenden Systems. Ich fand es strategisch interessant, so zu tun, als würde eh alles den Bach runtergehen. Letztendlich habe ich aber nicht daran geglaubt. Kann ja sein, dass das böse Ende noch kommt in meinem Fall, aber bis jetzt habe ich noch keine Bedenken oder das Gefühl, einen falschen Weg eingeschlagen zu haben.

Viele machen sich Gedanken, ob sie ihren Lebenswandel ändern würden, wenn sie ein Kind bekämen. Weil dann die Zeit der reinen Eigenverantwortung vorbei ist. Du bist ja selbst Vater …

In meiner Haltung habe ich gar keine Umstellung gespürt. Mich erstaunt eher, wie wenig Geld eine Rolle spielt. Ich habe weder diesen Budenkoller, ich würde nun alles verpassen, noch Versorgungspanik. Das Kind ist jetzt zweieinhalb, bislang habe ich gar keinen Druck empfunden. Die meisten Künstler kommen aus einem bürgerlichen Umfeld, und wenn sie Eltern werden, schlägt das Bedürfnis nach bürgerlicher Sicherheit zurück, weil man immer den Vergleich zieht, wie man selber aufgewachsen ist und was man als geborgen empfand. Das wundert mich auch, wie sehr bürgerliche Muster wiederkehren, wenn Leute Kinder bekommen, die vorher eher ein Lotterleben gepflegt haben.

Ich sehe in meinem Bekanntenkreis, dass da ein bürgerlicher Reflex besteht, ein altes Modell von Beziehungen wieder aufkommen zu lassen, dass plötzlich doch in einer Kleinfamiliensituation gelebt wird.

Mich wundert, dass wir die Einzigen sind, die in einer WG wohnen. Das war in den Siebzigern und Achtzigern auch anders. Ich war teilweise WG-Kind. Ich fand es immer viel interessanter, wenn da noch andere Leute waren, wo man mal ins Zimmer reinschneien konnte, statt immer nur bei den blöden Eltern abhängen zu müssen.

Jedenfalls: Ich kann dem Kind nur das vermitteln, woran ich selber glaube. Da ich ja eh davon überzeugt bin, dass das das richtige Leben für mich ist, kann ich kein anderes Leben vorgaukeln. Ich glaube, es schadet einem Kind nicht, mal mitzukriegen, dass die Eltern pleite sind.

Kathrin Passig
Autorin

»Firmen funktionieren so ähnlich wie Beziehungen«

Kathrin Passig, geboren 1970 in Deggendorf, ist Journalistin und Schriftstellerin. Sie arbeitet außerdem als Web-Designerin und Übersetzerin.

Im Jahr 2000 veröffentlichte sie zusammen mit Ira Strübel das SM-Sachbuch »Die Wahl der Qual«. Ihre gemeinsam mit Holm Friebe verfassten Kolumnen für die Berliner Zeitung sind in dem Band »Das nächste große Ding« (Verbrecher Verlag, 2006) erschienen. Unter anderem übertrug sie »Chronicles Volume One« – die Memoiren von Bob Dylan, und die gesammelten Aussprüche von George W. Bush ins Deutsche (beides zusammen mit Gerhard Henschel).

2002 mitbegründete sie das Freiberufler-Netzwerk Zentrale Intelligenz Agentur in Berlin, deren Geschäftsführerin sie ist. Das von der ZIA betriebene Weblog Riesenmaschine, an dem Passig maßgeblich beteiligt ist, erhielt 2006 den Grimme Online Award.

Mit ihrem literarischen Debüt, der Erzählung »Sie befinden sich hier«, gewann Passig 2006 den Ingeborg-Bachmann-Preis und den Kelag-Publikumspreis bei den Klagenfurter Tagen der Deutschsprachigen Literatur. Im Juli 2007 erschien das »Lexikon des Unwissens« (zusammen mit Aleks Scholz) bei Rowohlt Berlin.

Ich hab ja gehört, dass du Briefe von Unbekannten bekommst, wo als Adresse »An die Schriftstellerin Kathrin Passig« auf dem Umschlag steht.
Eigentlich passt das nicht, ich schreibe ja sehr wenig. Literarisch habe ich jetzt mal einzig und allein den Text geschrieben, mit dem ich den Bachmannpreis gewonnen habe. Meine Zeitungskolumnen sind doch eher journalistisch. Artikel für das Weblog riesenmaschine.de würde ich auch eher unter Journalismus verbuchen. Die präziseste Bezeichnung wäre noch Texterin, aber der Begriff ist leider schon besetzt von Leuten, die Werbetexte schreiben.

Was wenigen bekannt ist: Du wolltest Anfang des Jahrzehnts mit Usability-Beratung ins Internet-Geschäft einsteigen.
Wir haben sogar Visitenkarten drucken lassen, und die haben sich sehr gut gemacht. Aber damit sind wir leider erst 2000 an den Start gegangen, als es mit der New Economy gerade bergab ging und mit Usability-Beratung kein Blumentopf mehr zu gewinnen war. Wir haben es damals falsch angefangen, das weiß ich jetzt genauer, wir haben eine falsche Zielgruppe anzusprechen versucht. Aber letztlich wäre ich auch nicht gut aufgehoben gewesen in dem Job, weil mir die Geduld fehlt, auf Kunden einzugehen und zu ergründen, warum genau sie ihre Website derartig bescheuert gestalten. Ich bin der Meinung, es müsste reichen, ihnen das einmal zu sagen und dann vielleicht noch einmal etwas lauter und grimmiger *(wird lauter und grimmiger)*, aber so funktioniert das in dem Geschäft nicht. Damit ist auch nie Geld verdient worden.

Mittlerweile hast du andere Einnahmequellen erschlossen?
Von etwa 2000 bis 2002 ging's mir finanziell ziemlich schlecht. Das hat sich dann durch das Übersetzen geändert. Und zwar hatte ich auf kinky-connections, einem Jobverteiler der SM-Subkultur, ein Profil angelegt und bekam auf dem Umweg über eine Bekannte einen Auftrag, DVDs zu untertiteln. Das war anfangs noch sehr gut bezahlt, später gab's nicht mehr so viel

Geld. Zum Glück konnte ich im selben Maße, mit dem die Bezahlung sich verringerte, meine Arbeitsgeschwindigkeit steigern. Von daher hat sich das wieder ausgeglichen. Letztlich war es immer noch ein sehr o.k. bezahlter Job, von dem ich die nächsten zwei, drei Jahre auch ganz gut leben konnte.

Du hast ja auch literarische Übersetzungen gemacht. Inwieweit trägt oder trug das zum Lebensunterhalt bei?
Ich habe nur ein oder zwei Bücher selbst übersetzt, danach ausschließlich Übersetzungslektorat gemacht. Lass es drei gewesen sein. Literarische Übersetzungen sind so wahnsinnig schlecht bezahlt.

Es gibt eine Initiative der Übersetzer, die fordern, dass der Übersetzer in jedem Fall auch daran beteiligt sein sollte, wenn sich die übersetzten Titel gut verkaufen.
Aber was man pro Seite bekommt, hat sich seit mindestens zehn Jahren nicht geändert, und daran wird sich wohl so schnell auch nichts ändern. Wenn ich mich recht erinnere, habe ich die erste Übersetzung gemacht für 25 Mark pro Seite, und heutzutage ist der Standard immer noch deutlich unter 20 Euro. Das kann man wirklich nur machen, wenn es einem großen Spaß macht. Das heißt, Spaß macht es ja auch nicht so richtig, aber du hast halt die denkbar freieste Zeiteinteilung und keinen Ärger mit Kunden. Du kriegst den Auftrag, und dann lassen sie dich in Ruhe, bis er fertig ist.

Was gefällt dir am Übersetzungslektorat besonders?
Wenn ich beim Bücherlesen einen Fehler finde oder denke, diesen Satz hätte man aber besser machen können, ärgere ich mich normalerweise sehr, dass ich nichts ändern kann. Das ist der Hauptgrund, warum ich immer noch ganz gerne lektoriere. Deswegen gefällt mir auch die Wikipedia so gut, wenn man da einen Fehler findet, kann man ihn sofort entfernen.

Du hast gesagt, bis 2002 war deine finanzielle Situation eher schwierig, hast du denn damals noch studiert?
Nein, 1989 habe ich angefangen, und die ersten drei, vier Jahre sogar richtig studiert, danach fast gar nicht mehr. Dann kamen Jobs bei Pixelpark und später in einer Krimibuchhandlung, sodass ich fast gar nicht mehr an der Uni war. In dieser Zeit wurde ich auch nicht von meinen Eltern unterstützt. Erst ganz zum Schluss habe ich noch einen richtigen Anlauf genommen und war dann 1999/2000 mit dem Studium fertig. Aber eigentlich habe ich, seit ich 25 war, immer gearbeitet. Ich habe übrigens auch mal für einen befreundeten Goldschmied Sachen auf eBay verkauft, dicke Perlenketten und hässlichen Goldschmuck.

Im Juweliergeschäft wird auf Schmuck eine horrende Marge draufgeschlagen, erstens will der Juwelier ja auch leben, und zweitens geben die Leute gern viel Geld aus, wenn sie eine Perlenkette verschenken. Die kann man aber genauso gut weglassen, indem man direkt beim Hersteller kauft, aber dann kann man seiner Freundin eben nicht mehr sagen, die Kette hat 10 000 Euro gekostet, so groß ist meine Liebe. Sogar Diamanten habe ich verkauft, ich kannte mich damals sehr gut aus mit Perlen und Diamanten. Inzwischen habe ich alles wieder vergessen. Das war noch zu D-Mark-Zeiten. Ich weiß noch, dass ich einmal bei so einer Versteigerung 1000 Mark Gewinn gemacht hab. Das war schon so, dass damit der Monat mit Miete und allem gesichert war. Ich schätze mal, dass ich ein Jahr nur von eBay gelebt habe.

Du sagst von dir selbst, du wärst »im Internet aufgewachsen«. Wenn man es recht besieht, hast du dich ja schon so früh mit Computern beschäftigt, dass du dann eigentlich genau rechtzeitig dein Wissen und deine Fähigkeiten einbringen konntest, als es einen Bedarf vonseiten der Industrie gab.
Jein. Bei manchen Dingen war ich auch zu spät, zum Beispiel konnte ich bis vor fünf Jahren außer ein paar Offline-Skript-Sachen überhaupt nicht programmieren. Das hätte natürlich vorher schon viel Geld gebracht, wäre ja jetzt auch nicht so

schwer zu lernen gewesen. Meine Webdesign-Kenntnisse hätte ich mir auch vergolden lassen können, wenn ich mich geschickter vermarktet hätte, aber mir ist es damals nicht gelungen, meine Leistungen an der richtigen Stelle zu verkaufen.

Es wäre eigentlich relativ einfach gewesen, sich fest anstellen zu lassen, zum Beispiel bei Pixelpark. Schon wenn man HTML nur buchstabieren konnte, haben die einen fest angestellt. Das wollte ich aber schon damals nicht. Ich hab lieber mit anderen zusammen in Bürogemeinschaften gearbeitet. Ein Jahr lang habe ich auch versucht, von zu Hause aus zu arbeiten. Aber das war psychologisch ungünstig, weil man gar nicht mehr rauskommt und verwahrlost und sich ungewaschen an den Schreibtisch setzt. Das Bett ist auch zu nah und zu verlockend, aber der Hauptgrund für die Bürogemeinschaft waren die hohen Internetkosten vor zehn Jahren. Ich habe allein für Einwahlgebühren um die 300 Mark im Monat bezahlt, und genauso teuer war auch der Büroarbeitsplatz mit Standleitung.

Viele haben ja in den Achtzigern die Leute belächelt, die ständig vor dem Computer gesessen haben.
Das kann ich nicht beurteilen, weil ich mit 14, 15 Jahren die uncoolen Nerds eigentlich schon ziemlich gut fand.

Jetzt hast du gerade das »Lexikon des Unwissens« fertiggestellt, bei zwei weiteren Büchern hast du noch deine Finger im Spiel, »Das nächste große Ding«, »Das Riesenmaschine-Buch«. Jörg Schröder soll dir einmal den Rat gegeben haben, dass man dieselbe Sache für immer durchziehen muss, wenn es läuft, mindestens muss man in Dekaden denken, denn so denken auch Kulturbetrieb und Feuilleton. Was zieht man daraus für Schlüsse?
So ein bisschen beunruhigt mich das auch. Ich kann mich ja damit abfinden, dass nicht regelmäßig Geld aufs Konto kommt, sondern nur ab und zu, und dann auch wieder lange Zeit nichts. Aber durch die Übersetzungen war ich daran gewöhnt, dass zumindest in sehr regelmäßigen Abständen bezahlt wird. Zwar immer unterschiedlich viel, aber man wusste, zu dem und dem

Termin kommt frisches Geld. Und das sind natürlich bei den Buchverträgen größere Vorschuss-Summen, die entsprechend länger reichen, aber ganz wohl fühle ich mich damit nicht, dass man unter Umständen nur ein, zwei Mal im Jahr Geld sieht. Und den Rest der Zeit dem Betrag beim Schwinden zuguckt. Ist jetzt keine Klage, unterm Strich ist es dasselbe, aber es fühlt sich noch ein bisschen komisch an.

Sicherlich eine trügerische Angelegenheit, wenn das Konto so unnatürliche Sprünge macht. Aber was meinst du, wird das mit den Büchern bei dir so weitergehen?
Das hat mich eigentlich nie beunruhigt, ob das jetzt so weitergeht oder nicht. Ich glaube, man braucht, wenn man selbstständig sein will, as opposed to fest angestellt, eine gewisse Gemütsruhe. Man darf nicht nachts wach liegen, weil man überlegt, ob das wohl in Zukunft so weitergeht. Darüber habe ich mir in den Zeiten, in denen es schlecht gelaufen ist, nie Gedanken gemacht, und darüber mache ich mir jetzt auch keine Gedanken. Ich glaube, man kann diese Fähigkeit im gewissen Rahmen erlernen, aber für manche Leute ist so ein Leben nicht das Richtige.

Was kann man aus deiner Sicht aus den Erfahrungen der Zentralen Intelligenz Agentur lernen? Würdest du sagen, dass es eine gute Idee war, sich mit Freunden zu einer Firma zusammenzuschließen?
Das Problem ist, wenn man selbst drinsteckt, kann man immer nicht so genau beurteilen, was man jetzt anders macht als andere. Das ist mit zeitlichem Abstand oder von außen vielleicht besser zu sehen. Die Arbeitsteilung in unserer Agentur ist natürlich für mich ein klarer Vorteil, weil ich nie besonders gut in Kundenakquise und Selbstvermarktung war. Das funktioniert in der ZIA deutlich besser als allein. Und so war es ja auch von Anfang an beabsichtigt. In dem Moment, wo man, wie zwei Leute unter einer Decke als Pferd verkleidet, als Firma verkleidet auftritt, wird man halt auch als Firma wahrgenommen.

Meinst du, dass man überhaupt so lange zusammenarbeiten kann, wie Jörg Schröder vorschlägt?
Meiner Meinung nach funktionieren Firmen oder Projekte so ähnlich wie Beziehungen. Die ersten ein, zwei Jahre ist man verliebt und bemüht sich, und dann gewöhnt man sich ein bisschen dran, wird etwas fauler, später trennt man sich auch wieder, aber ich glaube nicht, dass man sich darüber Sorgen machen muss. Schlimmer fände ich es, bis zur Rente immer genau dasselbe zu machen. Und eigentlich bin ich viel besorgter darüber, dass man durch Firmenstrukturen und dass es so mühsam war, die Formalitäten, Buchhaltung und so weiter auf die Beine zu stellen, in einer Stellung festsitzt, die anfangs Spaß macht, dann Routine, später langweilig geworden ist.

War dein Germanistik- und Anglistik-Studium in irgendeiner Art und Weise relevant für das, was du jetzt machst?
In überhaupt gar keiner Weise, außer dass es mir sehr viel Zeit gelassen hat, andere Sachen auszuprobieren und dass es mich sehr gelangweilt hat. Ich hab in diesem Studium nichts gelernt, auch nicht im Anglistik-Studium. Ich habe halt immer viele englische Bücher gelesen und dadurch das gelernt, was ich dann beim Übersetzen brauchen konnte. Aber das hatte mit dem Studium nichts zu tun.

Du hast auch schon mal in die Festanstellung reinschnuppern dürfen. Wie waren deine Erfahrungen, und wie sind die Unterschiede zu deiner jetzigen Arbeit?
Das Hauptproblem bei der ganzen Schreiberei ist, dass man sich selbst motivieren muss. Ich bewundere Schriftsteller, die so eine Selbstdisziplin haben, dass sie sich jeden Tag hinsetzen und stur ihre zehn Seiten runterschreiben, aber ich kenne niemanden, der das kann. Und das ist wohl das Schwierigste an aller Arbeit von der Sorte. Beim Programmieren gibt es natürlich immer unterschiedliche Wege zum selben Ziel, aber du weißt hinterher, wann du es gut gemacht hast und wann du es schlecht gemacht hast. Wenn du es gut gemacht hast, funktioniert's, wenn du es mittel gemacht hast, funktioniert es, ist aber sterbenslangsam,

wenn du es schlecht gemacht hast, funktioniert's halt nicht. Das ist ja bei Literatur leider ganz anders. Oder bei Journalismus.

Eigentlich habe ich ja Jobs ganz gerne, die man machen kann, ohne dabei besonders kreativ sein zu müssen. Arbeit, die auch dann geht, wenn man gar keine Lust hat, zu arbeiten.

Was ich in letzter Zeit immer deutlicher merke, ist, dass ich dringend lernen muss, meine Zeit klarer einzuteilen, zum Beispiel vielleicht einfach nur zwei Stunden am Tag wirklich zu arbeiten, aber die dann auch wirklich für Arbeit zu nutzen. Es ist ganz oft so, dass ich 12, 14 Stunden im Büro bin und in der Zeit letztlich nur das schaffe, was man auch in zwei oder vier Stunden hätte erledigen können. Aber während der gesamten Zeit ein schlechtes Gewissen habe, dass ich nicht aus dem Büro weggehen kann, weil ich ja eigentlich arbeiten muss. Und, das kommt ja dann durch meinen blöden Arbeitsrhythmus noch dazu, dass abends weggehen halt eigentlich in meiner Mittagspause stattfindet, das heißt, wenn ich hinterher weiterarbeiten will, kann ich auch nur ein, zwei Bier trinken. Aber eigentlich ist dann nach zwei Bieren schon der Arbeitswille weg. Ich habe gute Vorsätze, das jetzt irgendwann mal besser hinzukriegen, aber das ist halt ein mühsamer Lernprozess.

Von dir ist ja auch die These aufgestellt worden, dass man durch Prokrastinieren manchmal viel bessere und sinnvollere Ergebnisse erzielt (zum Beispiel Linux erfinden), im Rest der Zeit dagegen nur Multimedia-CD-ROMs im Kundenauftrag erstellt, die aus dem Presswerk sofort zum Shredder gefahren und zu Parkbänken verarbeitet werden …

Zum einen ist es so, dass vieles, was ich mache, strenggenommen Arbeit ist, aber ich mache es eher zur Erholung, Programmierung zum Beispiel. Es gibt von Paul Graham, von dem auch der Essay »How to do what you love« ist, den man überhaupt täglich lesen sollte, einen Text über gute und schlechte Prokrastination: Es ist relativ leicht, einen Tag damit zuzubringen, irgendeinen Quatsch wie die Steuererklärung zu machen und sich dann gut zu fühlen. Das ist aber eigentlich genau falsch, weil man in der Zeit überhaupt nichts Sinnvolles gemacht hat.

Wenn man die ganze Zeit nur rumprokrastiniert hätte oder irgendwas geschrieben, woran gerade das Herz hängt, irgendwas programmiert, irgendwas ausgedacht oder einfach nur draußen in der Sonne gesessen und gute Ideen gehabt hätte, wäre der Tag sinnvoller angelegt gewesen, und trotzdem hätte man albernerweise ein stärkeres schlechtes Gewissen als nach einem Tag mit Steuererklärung. Man sollte sich öfter vor Augen führen, dass es keinen Sinn macht, sich gut zu fühlen, wenn man Papierkram sortiert hat.

Wie wichtig sind Freunde in deinem Beruf, also Beziehungen, Netzwerke? Wie trennt man privat und geschäftlich?
Ich bin sehr sehr froh, dass ich mich nicht an Leute ranschmeißen muss, um geschäftliche Kontakte zu knüpfen. Ich hätte auch Schwierigkeiten, geschmeidige Konversation über alle möglichen Feuilleton-Angelegenheiten zu führen, kann mir schlecht Gesichter und Tätigkeitsfelder merken. Das ist einer der Punkte, bei denen ich sehr froh bin, dass es in unserer Agentur eine Arbeitsteilung gibt und dass ich nicht alles allein erledigen muss.

Kannst du dich denn davon frei machen? So eine richtige Trennung von Freizeit und Beruf gibt es doch fast gar nicht mehr.
Ich finde das aber auch nicht besonders attraktiv, warum sollte man am Wochenende Wochenende machen? Da sind die Badeseen, die Clubs, die Parks voll. Es ist doch viel angenehmer, dienstags Wochenende zu machen. Ich finde es eher problematisch, dass man in einer Festanstellung gezwungen wird, mit Leuten zusammenzuarbeiten, mit denen man gar nicht zusammenarbeiten will. Ich meine, wir können es uns wenigstens aussuchen.

Der einzige vage Nachteil, den ich mir da jetzt einreden könnte, wenn ich mir Mühe gebe, ist, dass man mit Leuten privat dann weniger zu tun hat, wenn man festgestellt hat, dass man auf der Arbeitsebene mit ihnen nicht klarkommt. Das ist mir jetzt schon ein paarmal so gegangen, dass man Leute nett gefunden hat, und als man versucht hat, mit ihnen Projekte auf die Beine zu stellen, es überhaupt nicht geklappt hat. Man lernt über die berufliche Zusammenarbeit die Idiosynkrasien der einzelnen Leute viel schneller kennen, die man privat erst viel später oder nie rausgefunden hätte. Aber das gilt natürlich umgekehrt genauso, man hat dann entsprechend privat mehr mit Leuten zu tun, mit denen es geschäftlich gut läuft. Ich kann da grundsätzlich keinen Nachteil erkennen.

Ist es nicht auch wichtig, sich Freiräume von der Arbeit zu suchen?

Ich weiß nicht, ich bin mir da nicht sicher. Eigentlich ist alles Interessante, was ich mache, worüber ich gerne reden will, in irgendeiner Form Arbeit, mal bezahlt, mal nicht bezahlt. Die nicht bezahlten Sachen sind die interessanteren, aber irgendwann gibt's dann auch für die ehemals unbezahlten Arbeiten Geld auf die eine oder andere Art. Ich finde da eigentlich nicht so viel Schlechtes, sich beim Biertrinken über die Arbeit zu unterhalten. Wenn das ein Problem ist, dann weil man langweilige Arbeit macht.

Hört sich so an, als ob Arbeit in deinem Leben einen ziemlich hohen Stellenwert einnimmt?

Es kommt darauf an, wie man die Arbeit definiert. Wenn du sagst, Geldverdienen, das, was Geld einbringt, ist Arbeit, dann interessiert es mich auch nicht so sehr. Ich habe gerade einen interessanten Text über das Thema extrinsische versus intrinsische Motivation gelesen. Da geht es darum, dass kreative Arbeit nur dann entsteht, wenn man sie freiwillig und aus innerer Motivation macht, wenn nicht das Geld an erster Stelle steht oder ein Auftraggeber, der sagt: »Denk dir mal dies und jenes für mich aus.«

Das kommt mir auch aus eigener Erfahrung extrem plausibel vor. Deshalb glaube ich, ist es wichtig, dass man einen großen Teil dessen, womit man sich beschäftigt, wenn man es sich leisten kann, unbezahlterweise macht, eben weil man es gern macht. Weil es das Einzige ist, wo man wirklich gute Arbeit leisten kann. Es kommt vielleicht auf die Art der Arbeit an, aber bei kreativer Arbeit bin ich mir ganz sicher, dass diese Argumentation richtig ist. Mag sein, wenn es um die Programmierung von Satellitenraketensteuerung geht, dass es dann sehr gut ist, wenn man dafür bezahlt wird.

Ja, wie du sagst: wenn man es sich leisten kann, unbezahlt zu arbeiten. Kann man nicht genauso gute Ergebnisse erzielen, wenn man kreativ tätig ist und trotzdem dafür Geld bekommt? Ich würde bestreiten, dass der Mangel an Geld einen zwangsläufig kreativer macht.
Bei manchen Forschungsstipendien bekommt man einen bestimmten Betrag und hat dann fünf Jahre Zeit, in denen man letztlich machen kann, was man will, und trotzdem sinnvolle Ergebnisse hervorbringt. Wenn man sich allerdings subventionierte Kulturprojekte anschaut, habe ich das Gefühl, dass das Publikum mit Füßen getreten wird, weil diese Institutionen auf Eintrittsgelder gar nicht angewiesen sind und deswegen extrem unpopuläre Sachen machen können. Ich war schon zu diversen übersubventionierten Lesungen eingeladen, und das führt dann vor allem dazu, dass keine Werbung oder Pressearbeit gemacht wird. Und der einzige Erfolg, den die Veranstalter verbuchen können, ist, dass es ihnen auch dieses Jahr wieder gelungen ist, die schönen Fördergelder von der EU oder wo immer die herkommen mögen einzuheimsen und zu verprassen. Daraus ziehen diese Kulturprojekte ihre Bestätigung und nicht aus der Tatsache, dass die Veranstaltungen vom Publikum besucht wird. So etwas sollte es nicht geben.

Typische Bewerbungsgesprächsfrage: Kathrin, wo siehst du dich in fünf Jahren?
Ich hoffe, dass wir uns nicht zerstreiten und dass es die ZIA in ähnlicher Form wie heute noch gibt, aber ich hoffe auch, dass wir dann andere Projekte machen als jetzt, weil ich glaube, dass eine gewisse Abwechslung der Firma und allen Beteiligten guttut. Ich hoffe auch, dass die ZIA nicht versteinert in ihrer jetzigen Situation, sondern dass es ihr gelingt, dieses Zwischending

aus Beständigkeit und Flexibilität zu bewahren. Ich würde auch gerne noch ein paar andere Sachen machen, die mit der Agentur nichts zu tun haben.

Sag mal. Oder darf man nicht drüber reden?
Du kennst doch diese gemeinnützigen Umweltschutzprojekte in der Einöde, wo Leute Trockensteinmauern aufschichten, Alpenwanderwege ausbauen oder Pfade durch Sümpfe schlagen. Diese Projekte haben das Problem, dass die Leute zwar freiwillig mitmachen, aber trotzdem noch enorme Kosten erzeugt werden durch Organisation, Anfahrt, Verpflegung, Unterkunft.

Ich träum ja seit Jahren davon, im SM-Bereich so ein Zwischending zu machen, wo die Leute bezahlen, da hinzufahren und dann aber vor Ort unter lustigen Arbeitslagerbedingungen ordentlich schikaniert werden und gemeinnützige Arbeit verrichten. Dafür gibt's auf jeden Fall eine Zielgruppe, und zum anderen wird im SM-Bereich oft so unproduktiv Energie verschwendet. Es wäre doch schön, wenn man Leute piesacken kann und dabei noch was Nützliches rauskommt. Das hätte nur Vorteile für beide Seiten.

Wer könnte das besser umsetzen als du? Da kannst du ja auch sehr gut deine Erfahrungen aus der ZIA einfließen lassen. Die Motivation, die bei dir dahintersteht, ist nichts Geringeres als die Verbesserung der Welt, wenn ich das richtig sehe.
Ich nehme mal an, mein Weltverbesserungsanspruch ist auch ein bisschen dem geschuldet, dass es im Web so einfach ist, Dinge zu verbessern. Du hast eine Website programmiert, und du stellst fest, dies und jenes funktioniert noch nicht so toll – fippfapp, ist es geändert. Und alle Nutzer profitieren davon, und ich glaube, dass ich nicht die Einzige bin, die zunehmend ungeduldiger wird, dass es im Rest der Welt eben schwieriger ist und länger dauert. Eigentlich ist es überhaupt nicht einzusehen, warum einfache Verbesserungen nicht umgesetzt werden.

Gibt es neben dem Drang zur Weltverbesserung noch irgendwas, das deinen Anspruch an deine Arbeit treffend beschreibt? Ist es dir beispielsweise wichtig, deinen Namen überall zu lesen?
Ich finde den Personenkult gerade um Autoren sehr unangenehm, deshalb mag ich auch eigentlich keine Lesungen, weil ich das Gefühl habe, die Leute wollen nur einen echten Autor vor sich sitzen haben, der könnte auch seine Einkaufszettel vorlesen, und es geht irgendwie nur um so eine alberne Form der Autorenanbetung. Dabei komme ich mir sehr blöd vor und will dieses System eigentlich auch nicht unterstützen. Ich fände es sehr angenehm – es würde zumindest den Literaturbetrieb viel angenehmer machen, ach, die Bildende Kunst und das Musikbusiness sicher auch –, wenn auf Produkten keine Namen mehr abgedruckt wären, wenn überall Luther Blissett draufstünde.

Stimmt, wenn du nicht aufpasst, fährst du die nächsten Jahre auf dem Ticket der Betriebsnudel.
Bin ich mir nicht sicher. Ich habe neulich bei einer Lesung jemanden getroffen, dessen Name mir überhaupt nichts sagte, das muss jetzt nichts heißen, der meinte so beiläufig zu mir, dass er den Bachmannpreis ja auch mal hatte. Der konnte dann zwei, drei Jahre vom Schreiben leben, aber danach wieder nicht mehr. Und wenn man sich die Liste der Leute anschaut, die diesen Preis gewonnen haben, dann kenne ja nicht nur ich die meisten Namen nicht. Ein Bachmannpreis ist auch keine Gewähr für ein festes Einkommen bis zur Rente.

Jonas Burgert
Maler

»Ich habe 15 Jahre gemalt, und kein Schwein hat sich dafür interessiert«

Jonas Burgert, geboren 1969, lebt und arbeitet als Maler in Berlin. Er studierte von 1991 bis 1996 an der Berliner Hochschule der Künste (UdK), 1997 als Meisterschüler bei Dieter Hacker. Vom internationalen Kunstmarkt wahrgenommen wurde Burgert 2005 bei der Ausstellung »gegenwärtig: Geschichtenerzähler« in der Hamburger Galerie der Gegenwart. Werke von ihm sind mittlerweile in zahlreichen Sammlungen vertreten. Er wird von der Hamburger Produzentengalerie vertreten.

Wie lange hast du schon in dieser Fabrikhalle dein Atelier?
Diese Halle habe ich seit eineinhalb Jahren gemietet. Vorher konnte ich mir so einen Raum nicht leisten, und jetzt habe ich mir das mal gegönnt.

Ist das teuer?
Jeden Monat 800 Euro, und so viel Geld hatte ich früher auf gar keinen Fall über. Ich bin ja ein klassisches Exemplar des armen Künstlers gewesen und habe früher in Gemeinschaftsateliers in irgendwelchen Ecken zugebracht. Mein letzter Malplatz hat 80 Euro gekostet in so einer Industriehalle hier gegenüber, da waren noch lauter andere Leute drin, Metallwerkstätten. Das wäre sonst gar nicht zu bezahlen gewesen.

Und wie bist du hier reingekommen?
Ich habe gesehen, dass die Halle leer stand, und dann konnte ich das auf einmal finanzieren. Ich fand den Raum so gut, weil

hier zehn Meter Abstand zwischen den Säulen ist. Normalerweise steht immer in der Mitte noch eine weitere Säule.

Malst du jetzt auch größer, seitdem du mehr Platz hast?
Nein, natürlich habe ich auch schon früher großformatig gemalt, aber es ist erstaunlich, wie man sich immer seinen Verhältnissen anpasst. Und auf plötzlich ist der Raum nicht mehr zu groß. Ich habe gerade aufgeräumt, weil ich gestern Sammlerbesuch hatte; erst Ateliervisite und dann ins Restaurant. Essengehen ist jetzt Teil meines Berufes, das habe ich auch nicht gewusst. Früher bin ich nie essen gegangen. Und nun andauernd.

Woher kamen die Sammler?
Aus Venedig, haben dort einen Palazzo gekauft.

Findest du es seltsam, nun mit der Welt der Sammler in Kontakt zu treten?
Der Kontrast ist riesig. Und für die ist es sicherlich auch sehr exotisch hier in dieser Industriegegend. Die meisten, die in meinem Atelier vorbeikommen, finden das toll, genießen die raue Atmosphäre. Das gibt ihnen so ein Entdeckergefühl, nach dem Motto: »Den Künstler haben wir entdeckt, damals, als der noch in Berlin-Weißensee in so einer Lagerhalle war«.

Können die sich denn noch als Entdecker bezeichnen? Muss man sich sehr bemühen, um auf dich zu stoßen?
Nee, nicht mehr. Aber ich bin ja erst seit ungefähr zwei Jahren auf dem Kunstmarkt. 2004 wurde ich wirklich entdeckt. Christoph Heinrich, Leiter der Hamburger Galerie der Gegenwart der Hamburger Kunsthalle, hat auf dem Kunstsalon, einer Off-Ausstellung, die jährlich parallel zur Messe Artforum in Berlin stattfindet, meine Bilder gesehen. Da gab es Kojen für 300 Künstler, die niemand kannte und die überhaupt nicht am Markt etabliert waren.

Dieser Museumsdirektor hat meine Nummer recherchiert, mich angerufen und gesagt, er möchte fürs Museum ein Bild drei mal drei Meter kaufen. Ich dachte, der verarscht mich.

Meine Unkosten für den Kunstsalon waren 200 Euro, und die musste ich mir leihen, weil ich das Geld gar nicht hatte. Da habe ich ihm das Bild verkauft.

Es gab dann im Frühjahr 2005 ein Gruppenausstellung in der Hamburger Kunsthalle mit dem Titel »Geschichtenerzähler«, unter anderem mit Neo Rauch und Peter Doig. Und da habe ich den größten Raum von allen bekommen, wo letztendlich sechs Riesenschinken von mir aufgehängt wurden, obwohl mich keiner kannte. Und das ist natürlich genau die Plattform, die du brauchst, damit deine Arbeit überhaupt mal registriert wird. Vielleicht bist du danach gleich wieder weg, aber du hast auf jeden Fall die Chance. Und dann ging's los. Meine Bilder waren noch vor dem Eröffnungsabend sofort alle verkauft, völlig verrückt. Da haben große Sammler in Deutschland zugeschlagen, Harald Falckenberg und Thomas Olbricht.

Und eine Woche später hat Charles Saatchi zwei große Bilder aus dem Atelier rausgekauft. Dann kam eine Galerie auf mich zu, eine völlig neue Erfahrung, auf einmal hatte ich eine Galerie, die mich mit auf die Messen nahm. Und jetzt bin ich sozusagen in dem Kunstmarkt drin.

Eine merkwürdige Erfolgsstory.
Ja, deswegen schreiben die ja alle auch darüber. Die Geschichte habe ich auch schon tausendmal erzählen müssen. Die vom Spiegel fanden meine Bilder gut, aber sie fanden natürlich auch die Geschichte interessant, dass der Erfolg so plötzlich kam. Ist natürlich überhaupt nicht exemplarisch.

Aber jetzt kann ich malen und all das tun, was ich immer tun wollte. Der Erfolg ist phantastisch, aber auch wahnsinnig anstrengend. Hat alles auch Schattenseiten. Man muss die Kraft haben, das durchzuhalten, weil der Markt sehr gierig ist und ein hohes Tempo vorlegt. Bei mir gibt es Wartelisten von Interessenten, die Bilder kaufen wollen. Und dann hat man schon mal einen ganz anderen Druck von außen, dem man sich nur schwer entziehen kann.

Ich hab zehn Jahre davon geträumt, dass diese Leute bei mir

auf der Warteliste stehen. Ich denke immer, na klar, kriegen die ein Bild, logisch, aber wann denn? Was für ein Bild denn? Es ist nichts da, ich muss das erst mal malen. Es ist ja alles weggekauft, das ist schon absurd. So ein Bild dauert ja auch.

Was wäre passiert, wenn du damals nicht entdeckt worden wärst?

Dann hätte ich weitergemalt, na klar, ich war ja vorher nicht unglücklich. Das ist auch entscheidend bei so einer Sache. Ich habe 15 Jahre gemalt, und kein Schwein hat sich dafür interessiert. Dabei musste ich auf ein »normales« Leben verzichten. Meine Freunde, die sich beruflich anders entwickelt haben, verdienten irgendwann Geld, nicht, dass sie reich wurden, aber alles im grünen Bereich, hatten ein Auto, eine schöne Wohnung, fuhren in Urlaub, und das habe ich alles nicht gemacht. Ich glaube, man muss die Kunst extrem lieben, sonst hält man das gar nicht durch. Und sowohl Konzentration als auch Selbstkontrolle als auch ein dickes Fell mitbringen.

Was habe ich neulich gehört, 3 Prozent können von der bildenden Kunst leben? Die wenigen, die dann in den Markt reinkommen, werden hofiert, und alles ist toll. Das Zwischending, wo man mal ab und zu ein bisschen verkauft und gerade mal so überleben kann, diese Normalität gibt es in der Kunst nicht.

Die Verführung, dass du dir irgendwann sagst, »Nun mache ich mal was anderes, dann kann ich wenigstens normal leben«, wird im Laufe der Zeit immer größer. Mit 20 ist das alles o.k. und auch noch mit Ende 20, aber wenn man dann so Anfang 30 ist, wird vieles infrage gestellt. Das Komisch-Verrückte daran ist, dass diese Unsicherheit dir erst klarmacht, ob das wirklich dein Lebenskonzept ist. Wenn nicht, hörst du nämlich auf. Dann hast du nämlich gar keinen Grund, weiterzumachen. Denn diesen existentiellen Druck musst du erst mal aushalten.

Deswegen hat jede Anstrengung und jede Belastung auch einen positiven Aspekt. Man stellt fest, ob man für diesen Weg wirklich geeignet ist. Ich habe teilweise Zeiten gehabt, wo ich jeden Tag überlegt habe: »Kann ich irgendwas anderes in meinem Leben machen?« Und jedes Mal kam ich zur Entscheidung: Nein. Wenn man sich auf dieser Ebene mit der Kunst auseinandersetzt, dann hält man es auch durch. Dann erkennt man, man ist so, man kann sowieso nichts ändern. Das ist ja kein Beruf, den man sich bei der Berufsberatung auswählt.

Und was hast du gemacht, als du gemerkt hast, dass es schwierig ist, von der Malerei zu leben?

Ich konnte von der Malerei gar nichts bezahlen. Ich hab Jobs gemacht, die waren möglichst anspruchslos, möglichst so, dass ich nicht vorher oder hinterher darüber nachdenken musste, weil ich meinen Kopf freihalten wollte für das, was ich hier mache. Und die waren alle schlecht bezahlt, ich habe einmal fürs Fernsehen Bühnenbilder gemacht, Dekorationen für Fernsehshows ausgedacht. Das war der bestbezahlteste Job, den ich je hatte, ich war total glücklich, als ich den bekommen habe, und trotzdem musste ich nach zwei Monaten kündigen, weil ich auf einmal den ganzen Tag damit zu tun hatte, sogar nachts.

Und ehe ich mich versah, hat mich diese Arbeit vollkommen vereinnahmt, ich bin mit meinen Bildern überhaupt nicht vorangekommen und habe dann wieder aufgehört. Schweren Herzens, weil ich plötzlich ein bisschen mehr Geld zur Verfügung hatte, in dem Moment war die Verführung wieder groß, ein »normales« Leben zu führen.

Du hast an der Universität der Künste in Berlin studiert. Inwieweit hast du von deinem Studium profitiert?

Das Problem war ja immer, dass die Professoren immer schon fast wieder raus aus dem Markt gewesen sind. Es wäre spannender gewesen, man hätte Professoren Mitte 40 gehabt, und nicht Mitte 50 oder 60, die dann teilweise veraltete Diskussionen in die Uni reintragen, die man auch schon tausendmal gehört und gesehen hat. Ich hatte einen guten Professor, Dieter Hacker, der war diskursfreudig, deswegen bin ich bei ihm geblieben, weil der immer dafür war, dass man sich über Kunst streitet. Das fand ich gut.

Es gibt ja auch viele, die nur Jünger ausbilden wollen. Die sollen dann alle so malen wie der Professor. Das Spannende sind natürlich deine Kommilitonen, wie die so ticken, die mit dir im selben Boot sitzen, die eigene Generation. Man lernt auch, seine Arbeiten zu verteidigen und Kritik zu ertragen, dafür hat es sich gelohnt. So ein Studium kann man machen, aber erst danach wird's richtig ernst. Je älter du wirst, umso radikaler wird das Leben zu dir.

War dir schon vor der Uni klar, dass die Malerei deine Kunstform sein wird?
Ich habe eher vorher lange gehadert, ob ich das wirklich machen soll. Ich war nach dem Abitur ein Vierteljahr in Mittelamerika unterwegs und habe erst Philosophie studiert, ein paar Semester, habe ich auch wirklich gemacht, bin wirklich da hingegangen. Ich war nicht nur eingeschrieben. Aber ich habe dann ganz schnell gemerkt, dass mir dieser sinnliche Aspekt fehlt, die emotionale Dichte und das Maßlose, das Risiko.

Das analytische Prinzip ist spannend, aber das war nicht meine Welt. Bei diesen endlosen Diskussionen über das Sein platzte mir irgendwann der Kopf. Ich habe dann gemerkt, dass ich nur noch die Gedichte von Nietzsche las, weil die mir bildhafter erschienen. Da erkannte ich, irgendwas stimmt nicht, ich muss in eine andere Richtung gehen. Und gemalt habe ich immer schon, wahrscheinlich wollte ich das zu der Zeit verdrängen, weil mein Vater auch Künstler war. Wenn man 20 ist, will man alles machen, nur nicht das, was der Vater gemacht hat. Mein Vater war auch sehr dagegen, hat immer gesagt, »Fürchterlicher Beruf, man weiß überhaupt nicht, wie man überleben soll«. Und dann hat es mich aber doch am meisten interessiert. Irgendwie war es nicht zu verhindern, setzte sich dann durch.

Wie lange malt man eigentlich an so einem großformatigen Bild?
Zwei, drei Wochen.

Von der Idee bis zum fertigen Bild?
Dann aber auch jeden Tag von morgens bis abends.

Was machst du, wenn du dich vermalst?
Das ist ja das Tolle: Einfach rübermalen. Du kannst alles immer wieder zerstören, das muss man auch, »Kill your darling«-Prinzip: Man muss schöne Stellen zugunsten des gesamten Bildes opfern. Du musst radikal sein.

Das Gemeine ist, dass es manchmal Stellen gibt, die sind einem richtig gut gelungen und dann merkst du, dass diese Stellen für das Bildthema nicht so passend sind. Und dann musst du sie halt wieder opfern. Solche Prozesse laufen tausendfach ab. Zerstören und Aufbauen ist das, was das Bild letztlich auch spannend macht. Wenn du eine Idee einfach nur ausführst, wird es Malen nach Zahlen, dann wird es leblos. Der Prozess ist das Wichtige.

Aber du gibst beim Malen immer erst eine Struktur vor?
Es kommt immer darauf an. Da hinten steht ein sehr kompliziertes Bild, da sind nachher 50 Figuren versammelt, und in solchen Fällen gebe ich mit Ölfarbe ganz dünn die Linien vor, damit ich kompositorisch ungefähr weiß, wo was ist. Bei so einem Bild finde ich diese Arbeitsweise ganz angenehm, weil es doch sonst sehr schwierig ist, auf der Größe das Zusammenspiel der einzelnen Elemente zu komponieren. Bei einem kleinen Detail wie diesem Kopf hier male ich einfach los.

Und dann musst du alle zehn Minuten wieder zehn Meter zurückgehen und das Bild mit Abstand betrachten.
Ich habe so ein Malpodest, eine große Holztreppe auf Rollen, die laufe ich dauernd rauf und runter. Das ist auch körperlich anstrengend, aber ich finde ja ein bisschen Bewegung gut. Ich brauche das auch, ich stehe den ganzen Tag, das finde ich sehr gut. Keine Rückenschmerzen.

Drei Wochen lebst du also zusammen mit einem Bild. Und dann verkaufst du es. Zack, ist es weg. Ist das nicht schade?
Gerade hat das Denver Art Museum in den USA ein Bild gekauft. Wenn ein Museum kauft, ist es natürlich super, was Besseres kann einem nicht passieren. Aber meistens sind es Privatleute, die meine Bilder kaufen. Wer weiß, was die damit machen? Ist schon eine komische Sache, vielleicht sieht man ein Bild nie wieder. Das liegt dann in den Kellern oder Lagern irgendwelcher Großsammler.

Wenn du es dir aussuchen kannst, würdest du das Bild aber lieber einem Museum verkaufen?
Ja, das Werk sollte uns allen gehören. Ein Museum muss es erhalten und pflegen, sich kümmern; zeigen müssen sie es natürlich nicht, auch da kann es im Lager stehen. Aber immerhin ist es im Besitz der Öffentlichkeit. Es gibt natürlich auch absurde Phänomene. Ein Bild von mir wurde neulich auf einer Auktion angeboten, und irgendjemand hat es anonym am Telefon gekauft. Sotheby's sagte, seriöser Kunde, die durften aber den Namen nicht preisgeben.

Aber das ist ja bei anderen Malern noch viel schlimmer, denn die Summen sind so enorm, dass auch die Spekulation zunimmt. Dann kommen die großen Dealer, die nur Kaufen-Verkaufen kennen, und erzielen auf dem Kunstmarkt Gewinnspannen, die man an keiner Aktienbörse erwirtschaftet. Das ganz große Geld machen die Auktionshäuser und die Großsammler.

Die bestimmen ja auch maßgeblich die Nachfrage. Allein, weil sie sich für einen bestimmten Künstler interessieren, erhöhen sie seinen Marktwert.
Das war bei mir natürlich auch der Fall. Die Leute haben gesehen, dass Falckenberg und Olbricht gekauft haben, das sind wohlklingende Namen in der Kunstwelt. Und auf einmal hat auch Saatchi gekauft. Das ist dann eine Kettenreaktion. Und dann spielt die Presse schon eine große Rolle. Aber mittlerweile würde der Markt für mich auch ohne Öffentlichkeit funkti-

onieren. Ich bräuchte eigentlich gar keine Ausstellungen, ich könnte alles direkt abverkaufen.

Und wie lange wird das noch so weitergehen?
Alle haben ja Angst davor, dass diese Kunstblase so platzt wie die New-Economy-Blase, aber ich bin mir dessen nicht sicher. Viele Galeristen, die den Markt gut kennen, sagen: »Das Verrückte ist, dass es wahnsinnig viele sind, die große Summen bieten.« Es gibt wohl so 1000 Sammler auf der Welt, die ab 100 000 Euro aufwärts kaufen, und das ist nicht wenig. Und es werden eher mehr, die bereit sind, richtig Geld zu zahlen, nicht weniger. Es gibt eine Schicht von sehr sehr reichen Leuten, die richtig darum kämpfen, wer die Million für so ein Bild bezahlen darf. Eine Blase wäre es vielleicht, wenn einige wenige die Preise künstlich pushen.

Was, meinst du, sehen diese Leute in deinen Bildern?
Mittlerweile ist der Markt so massiv, dass man gezwungen ist, dauernd über die monetäre Ebene zu sprechen. Eigentlich geht es ja um die Kunst. Und der Kunst ist alles scheißegal, ob du Klapprad fährst oder Rolls-Royce. Die Kunst ist aber auf der anderen Seite auch gnadenlos. Bei mir gab es ja auch Zeiten, in denen ich nicht wusste, was ich essen sollte, so blöd es klingt. In solchen Momenten habe ich immer gedacht: »Dann kann ja wenigstens das Bild gut werden.« Aber denkste, gar nicht, wenn du unruhig und unkonzentriert bist, wird auch das Bild scheiße. Der Kunst ist es auch in dieser Hinsicht völlig egal. Das ist der entscheidende Punkt. Wenn alles wieder bergab geht, hoffe ich, dass ich mir die Liebe zur Malerei erhalten habe.

In letzter Zeit habe ich so viel Honig ums Maul geschmiert bekommen, das ist auch gefährlich. Alle finden plötzlich toll, was ich mache. Warteliste, was heißt denn das? Das heißt, du kannst malen und weißt sofort, es ist verkauft. Ich weiß, die Summen für die Bilder werden immer höher, und genau das muss man ausblenden, wenn man ins Atelier geht.

Denkst du manchmal, den Leuten ist es egal, was sie kaufen, Hauptsache, es ist ein Burgert?
Ich male in erster Linie für mich, immer noch. Manche Bilder sind reserviert, »verkauft«, bevor sie überhaupt fertig sind, und das ist zum Beispiel was ganz Unangenehmes. Ganz komisch, da hat man gar keine Motivation mehr. Deswegen habe ich jetzt auch der Galerie gesagt, das geht nicht, bitte nur fertige Bilder verkaufen.

Da geht's dann wirklich irgendwann nur noch um Abliefern. Gelingt es dir, die Tür hinter dir zuzumachen und dich auf das Wesentliche zu konzentrieren?
Ich muss zugeben, das letzte halbe Jahr war ich noch sehr aufgekratzt. Ich hoffe nicht, dass die Bilder dadurch schlechter geworden sind, aber ich habe gemerkt, dass ich erst mal üben musste, mit der Öffentlichkeit umzugehen. Auch mit Zeitungsartikeln. Als der Spiegel über mich schrieb, war ich schon aufgeregt, weil ich nicht wusste, was dabei herauskommt. Wenn die mich in so eine Schublade gesteckt hätten, wäre ich erledigt gewesen. Eigentlich Quatsch, eigentlich hätte ich ganz cool bleiben müssen.

Setzen sich im Kunstmarkt diejenigen durch, die am lautesten schreien?
Das ist wie überall. Es gibt die Leute, die laut schreien, die setzen sich durch. Aber es gibt genau das Gegenteil. Im Endeffekt muss es egal sein. Wenn jemand gut ist, setzt er sich durch, egal, wie und wie viel der redet. Obwohl man schon beobachten kann, dass Künstler immer mehr zu Popstars werden. Manche Artikel in Zeitschriften wären so vielleicht früher nicht passiert. Die machen dann natürlich auch mehr Fotos von dem Künstler als von seinen Bildern. Das ist bezeichnend für diese Zeit.

Ich fand immer den Gedanken am schlimmsten, dass ich in eine Ausstellung gehe und meine Bilder scheiße finde. Egal, wie erfolgreich man ist, dass die Bilder nicht gut sind, weil man sich zu wenig Zeit genommen hat und hektisch war. Das ist eine

Sache, die man sehr ernst nehmen muss. Wann verlässt ein Bild das Atelier?

Wie viel kostet es eigentlich, so ein Bild zu malen?
Material? Keine Ahnung, 300 Euro vielleicht? Vielleicht auch ein bisschen mehr. Schwer zu sagen. Das große Bild da hinten kostet auf jeden Fall 1000 Euro an Material.

Und wird dann für 30 000 verkauft?
Ungefähr, aber diesen Betrag muss man natürlich relativieren. Davon bekommt meine Galerie, die Produzentengalerie in Hamburg, die Hälfte, und für den Rest, der übrig bleibt, muss ich noch mal ordentlich Steuern zahlen. Die Nachfrage bestimmt den Preis, und so entstehen für meine Verhältnisse ziemlich hohe Preise. 50 Prozent für die Galerie ist schon o.k., weil die wahnsinnige Unkosten haben und in der ganzen Welt herumfahren und die Bilder auf den Messen präsentieren. Die meisten Künstler haben ja nicht unbedingt die Gabe, ihr eigener Manager zu sein. Das Merkwürdige ist natürlich, dass man mit einem Geldwert einen geistigen Wert bezahlen will. Ich vermeide es meistens, den Preis zu nennen, weil das den neutralen Blick auf die Kunst versperrt. Ich bin sehr dankbar, dass die Preisgestaltung die Galerie übernimmt.

Wie sieht denn ein Arbeitstag von dir aus?
Ich fange so um elf, zwölf an. Morgens mache ich die Sachen, die ich aus dem Kopf weghaben will. Mich belastet es immer, wenn ich zwischendurch noch irgendwelche Telefonate führen oder Mails schreiben muss. Das mache ich dann vormittags. Dann kann ich hierherkommen und habe das Gefühl, alles ist erledigt. Kopf frei. Das beruhigt mich.

Dann male ich meistens so acht bis zehn Stunden, und dann bin ich immer einsam zum Schluss. Ist ja auch ein einsamer Job irgendwie. Zu Beginn ist noch alles gut, aber nach fünf, sechs Stunden, habe ich neulich festgestellt, mache ich immer Radio an, damit da mal einer plaudert. So leise, dass ich gar nicht genau höre, was gesagt wird. Ich switche hin und her zwischen

Motor FM oder Deutschlandfunk. Fünf, sechs Stunden Einsamkeit scheint bei mir noch zu funktionieren, aber danach ist es mir plötzlich zu ruhig, bedrängt es mich, wird es mir unangenehm.

Es gibt auch Tage, da arbeite ich bis nachts um zwei. Ab und zu mache ich mal ’ne Nacht durch, aber das ist nicht gut. Ich find’s richtig blöd sogar. Weil irgendwann ab drei Uhr nachts ist es nicht mehr konzentriert, nicht mehr effektiv. Besser, früh aufzustehen.

Was machst du, falls das Interesse an der Malerei nachlässt?
Keine Ahnung. Im Moment sieht’s gut aus. Mal sehen. Wer weiß. Das Entscheidende ist, dass man genug Ideen hat und die Vision gut ist. Davon hängt alles ab. Wenn einem nichts mehr einfiele, das wäre scheiße. Es ist eine Kunst, auch wenn man keinen Erfolg mehr hat, trotzdem mit der Kunst glücklich zu sein. Man muss die Fähigkeit bewahren, sich an seinen eigenen Bildern festhalten zu können. Ich bin der Meinung, dass die Arbeit jeden Tag Spaß machen sollte, man muss in das Atelier wollen und nicht sich auferlegen, da hinzugehen. Die Sache selbst muss es tragen, und nicht der Erfolg. Kann man eh nicht planen. Wenn es klappt, ist es ein Traum. Ich kann davon leben, kann weiter meine Bilder malen. Einen besseren Beruf gibt’s gar nicht.

Verwirklichst du jetzt Projekte, von denen du früher dachtest, das ist zu ambitioniert oder zu teuer?
Ich habe zum Beispiel immer nur im Untergeschoss einer alten Remise, in einer alten Doppelgarage gehaust. Zu ebener Erde auf einem mülligen Parkplatz, weil das nur 100 Euro kostete. Es war dunkel, ich bin aufgewacht und musste Licht anmachen. Ich war ja verrückt und habe nur gearbeitet. Und nun ist die obere Etage mit dazugekommen, ich bin nach oben gezogen, habe eine Treppe reingebaut und mir einen kleinen Garten angelegt: eine kleine Wiese mitten in der Stadt, mit Terrasse. Ich habe es mir schön gemacht, alles ist total hell.

Eigentlich holst du nur ein paar Dinge nach, die für andere Leute schon länger zur Normalität gehören.
Ich mache mir die Lebensumstände ein bisschen besser, und genieße ein bisschen mehr. Man kann ja nicht nur arbeiten im Leben. Arbeit wird sowieso völlig überhöht in dieser Gesellschaft. Alle sagen, man muss mit seiner Arbeit Erfolg haben. Darum geht es scheinbar. Und dass vieles andere dabei flöten geht, wird oft übersehen. Dabei ist Arbeit nur ein Teil des Lebens. Zwar elementar, aber nicht der Lebenszweck, dem sich alles unterzuordnen hat.

Wichtig ist auch, dass man den Freundeskreis pflegt. In den letzten zwei Jahren habe ich kaum Gelegenheit gehabt, meine Freunde zu treffen, und neulich habe ich einfach mal ein Fest veranstaltet und alle eingeladen. Kamen auch alle. Das war total nett, und mir wurde ein bisschen klar, dass man diesen Austausch nicht unterschätzen darf. Denn die Arbeit entwickelt einen starken Sog. Es ist ja nicht normal, wochenlang niemanden zu sehen. Und man muss auch mal an den See fahren.

Bildnachweis

Jörn Morisse: S. 25, 39, 57, 83, 128, 155, 169, 193, 226, 239
Rasmus Engler: S. 13, 67, 95, 116, 141, 183, 205
Nike Clausing, Tina Hernaiz: S. 149
Melissa Logan: S. 213

PIPER ORIGINAL

Till Raether
Das Leben ist nur eine Phase

Roman. 192 Seiten. Klappenbroschur

Alle wollen ihr Leben ändern, die wenigsten tun es. Aber vielleicht haben sie ja einfach nur zu wenig Urlaub. Till Raethers Held verfügt über sieben Tage, eine kleine Ewigkeit, da kann man sich erstmal ein bißchen treiben lassen, schließlich ist es Sonntag morgen. Und natürlich fällt es auch leichter, sein Leben zu planen als die nächste Woche. Doch nun steht Luise vor ihm am Küchentisch, ihre nackten Füße stecken in rosa Pantoffeln. Wie eine Drohung hält sie einen Zettel in der Hand, es ist seine brandneue Lebensliste. Unser Held richtet sich innerlich auf, jetzt ist der Moment gekommen, Farbe zu bekennen. Denn auf dieser Liste ist auch der unschuldige Eintrag »Kinder kriegen« zu lesen, von dem er Luise bisher offenbar nichts erzählt hat.
»Das Leben ist nur eine Phase«, der erste, so hinreißend komische wie pointierte Roman des »Brigitte«-Kolumnisten Till Raether erzählt von Liebe, Freundschaft und Sofa-Vormittagen mit den »Waltons«.

04/1058/01/R

SERIE PIPER

Uwe Scheler

Erfolgsfaktor Networking

278 Seiten. Serie Piper

»Beziehungen schaden nur dem, der keine hat.« Wer dagegen die richtigen Leute kennt und von ihnen geschätzt wird, profitiert in allen Lebensbereichen davon. Wenn Sie also noch nicht über Ihr persönliches Netzwerk verfügen, sollten Sie schnellstmöglich damit beginnen, es aufzubauen. Mit Netzen fängt man nicht nur Fische. Networking ist ein methodisches und systematisches Vorgehen, Kontakte zu knüpfen, Beziehungen zu pflegen und längerfristig zu gestalten. Networking beruht auf Gegenseitigkeit – was ein Vorteil für den anderen ist, hat auch immer gute Folgen für einen selbst. Networking heißt Interesse an anderen Menschen haben und Kontakte sowie Begegnungen aktiv herbeiführen. Ob es um einen Tip, eine Information oder um Hilfestellungen geht: Wer über ein funktionierendes Netzwerk verfügt, kommt schneller ans Ziel – beruflich wie privat.

05/1207/01/L

Bert Ehgartner

Die Lebensformel

Sieben Voraussetzungen für ein glückliches lange Leben.
336 Seiten. Serie Piper

Warum gelingt es einigen Menschen, ein glückliches langes Leben zu führen, während andere chronisch krank werden oder früh sterben? Auf der Suche nach Antworten auf diese Fragen durchforstete Bert Ehgartner alle beweiskräftigen Langzeitstudien der Medizin und fand heraus, dass die Entscheidung in der Lebensmitte fällt. Menschen, die bis ins hohe Alter ein aktives Leben führen, erfüllen bereits Jahrzehnte davor sieben wichtige Voraussetzungen. Mit dem eigens für dieses Buch entwickelten großen Lebensformel-Test können Sie schon heute ermitteln, wo Ihre persönlichen Risiken und Stärken liegen. In einem einfach zu realisierenden Sieben-Punkte-Programm hilft Ihnen das Buch, den optimierten Lebensstil zu finden, der Sie zu einem genussvollen glücklichen Leben führt.

05/1991/01/R

Hannes Stein

Endlich Nichtdenker!

Handbuch für den überforderten Intellektuellen. Mit praktischen Übungen. 208 Seiten. Serie Piper

Sie lieben das Denken und haben ein Faible für Witz, Ironie und Widerspruch? Sie Ärmster! Denn langjährige Untersuchungen haben bestätigt, was leidgeprüfte Intellektuelle schon immer geahnt haben: Regelmäßiges Denken zerstört Karrierechancen, macht grenzenlos einsam und führt zu Langeweile. Wie Sie jedem gedankenschweren Ballast für immer entsagen und mit leerem Schädel und vollem Herzen auf die Sonnenseite des Lebens gelangen, zeigt Hannes Stein in seinem Handbuch für den überforderten Intellektuellen. Denn wer hätte das gedacht: Auch Nichtdenken will gelernt sein!

»Allen überforderten Grüblern sei dieses Buch ans Herz gelegt.«
Deutschlandradio

05/2145/01/L

Rainer Moritz

Die Überlebensbibliothek

Bücher für alle Lebenslagen. 320 Seiten. Serie Piper

Wer das Leben bestehen und das Glück spüren will, braucht Bücher. In seiner Überlebensbibliothek schreibt Rainer Moritz über Romane, die die Macht haben, uns und unser Leben zu verändern. Sie begleiten uns in allen möglichen Lebenslagen und ersetzen den besten Freund – oder den Therapeuten. Mit Julien Greens »Adrienne Mesurat« warnt Moritz vor den Schrecken des Familienlebens und rät mit Philip Roths »Sabbaths Theater« zu Sex im Alter, während er Heimwehgeschädigten Maria Beigs »Rabenkrächzen« ans Herz legt. Wer beabsichtigt, mit seiner Mutter zusammenzuleben, lese Jelineks »Klavierspielerin«, wer lebenslängliches Liebesglück nicht für Kitsch hält, »Saturday« von McEwan. Und wer nicht die Zeit hat für alle dicken Bücher aller Autoren, nehme eben: »Die Überlebensbibliothek«.

05/2146/01/R